멋진 내 얼굴

내 이름 3행시

One Change

New Normal 시대를 여는

대학생
인생설계
워크북

3.0

나를 찾아 떠나는 여행

New Normal 시대를 여는
대학생 인생설계 워크북 3.0

2018년 3월 5일 1판 1쇄 발행
2019년 9월 20일 1판 4쇄 발행
2021년 2월 15일 2판 1쇄 발행
2022년 1월 20일 2판 3쇄 발행
2023년 2월 25일 3판 1쇄 발행

지은이 • 이의용
펴낸이 • 김진환
펴낸곳 • (주) **학지사**

04031 서울특별시 마포구 양화로 15길 20 마인드월드빌딩
대표전화 • 02)330-5114   팩스 • 02)324-2345
등록번호 • 제313-2006-000265호

홈페이지 • http://www.hakjisa.co.kr
페이스북 • https://www.facebook.com/hakjisa

ISBN 978-89-997-2842-6 93370

정가 17,000원

출판 · 교육 · 미디어기업 학지사

간호보건의학출판 **학지사메디컬** www.hakjisamd.co.kr
심리검사연구소 **인싸이트** www.inpsyt.co.kr
학술논문서비스 **뉴논문** www.newnonmun.com
교육연수원 **카운피아** www.counpia.com

New Normal 시대를 여는

"I'm OK!
You're OK!
We're OK!"

대학생
인생설계
워크북

3.0

나를 찾아 떠나는 여행

이의용 저

학지사

"

마라톤 선수가 아니라 자유 여행가가 되세요!

"

저는 가르치는 것을 좋아합니다. 그래서 기업에 있으면서 대학에 출강할 수 있었습니다. 특히 신입사원 교육에 관심이 많아 회사 내 연수원으로도 수없이 출강을 했습니다. 그때마다 "저들이 입사하기 전에 이런 것을 미리 준비하고 오면 좋겠다."라는 생각을 많이 했습니다. 그래서 '인생설계와 진로'라는 교과목을 기획하여 당시 출강하던 국민대학교에 제안을 했습니다. 꼭 20년 전입니다. 그 후 제가 국민대학교 교수가 되면서 이 교과목은 신입생 필수 이수 교과목으로 확대되었고, 이번 2023년 1학기로 40학기를 맞이하는 최장수 교양과목이 되었습니다. 취업률이 중시되면서 이 프로그램은 여러 대학으로 전파되어 왔습니다.

사회로 진출하는 '진로'의 마지막 단계에 와 있는 대학생들에게 '진로'를 가르친다는 건 사실 비정상적인 일입니다. 그렇지만 그럴 수밖에 없는 사정이 있습니다. 속력보다 방향이 중요하기 때문입니다. 우리 청소년은 남에 대해서는 열심히 공부하지만 정작 자신에 대해서는 공부하지 못합니다. 그러니 인생의 방향에 대해서도 고민하기 어렵습니다. 오직 시험공부만 열심히 한 후, 점수에 맞춰 대학과 전공을 선택하는 경우가 많습니다.

그 후유증이 대학생활은 물론이고, 취업하는 과정에서도 여러 문제점을 낳고 있습니다. 2022년 통계청 사회조사에 따르면, 전공과 직업의 일치도는 36.8%에 불과합니다. 그 후유증은 취업 후로도 이어집니다. 취업 후 1년 이내에 4명 중 1명이, 그 1년 후에 또 1명이 중도 퇴직을 합니다. 개인과 사회 전체에 엄청난 손실입니다. 이는 출생률 저하의 한 원인이 되기도 합니다.

초·중·고교의 진로 교육이 근본적인 문제 해결책입니다. 최근 초·중·고교에 진로 교과목이 시작된 것은 그나마 다행입니다. 그러나 진로 지도가 '무엇이 되느냐?'에 머물러서는 안 됩니다. '무엇을 할 것이냐?' 그것을 하기 위해 '어떤 무엇이 될 것이냐?'로 전환되어야 합니다. '취업 준비' 과정으로 전락하고 있는 대학의 진로 교육도 참으로 안타깝습니다.

사회 진출을 준비하는 대학생의 진로 교육은 취업 준비를 넘어 '행복한 생애설계'로 진화되어야 합니다. 앞으로 대학의 진로 교육에서는 다음과 같은 점에 중점을 두었으면 합니다. 첫째,

건강한 자아 확립과 자존감 회복, 둘째, 자기 주도력 체득, 셋째, 폭넓은 인문교양 함양, 넷째, 소통 역량 강화, 그리고 건강관리, 결혼과 육아, 재정관리 등….

인생은 마라톤 경주가 아니라 자유 여행이라고 생각합니다. 진로 교육은 남이 정해 준 목표를 향해 경쟁하며 달리는 마라톤 선수가 아니라, 자신이 정한 목표를 향해 나아가는 자유 여행객이 되도록 인도하는 과정이 되어야 합니다. 그 출발점이 신입생 때입니다. 행복한 인생설계는 대학생활 설계에서 시작됩니다.

코로나19로 인해 마스크로 얼굴을 가린 지 꼭 3년이 되었습니다. 그 사이에, 그리고 그 후 지금 우리 삶에 얼마나 많은 변화가 왔는지 우리는 실감하고 있습니다. 그래서 2021년에 펴냈던 『대학생 인생설계 워크북 2.0』 내용에 상당 부분을 더하고 빼고 바꾸고 나누어서 『대학생 인생설계 워크북 3.0』을 펴냅니다.

인생은 '여행'입니다. 그래서 수업도 학습자가 자유롭게 여행하는 방식으로 기획했습니다. 제1부 '나를 찾아 떠나는 여행'을 통해 '나'를 찾아 바로 세우기 바랍니다. 제2부 '미래를 향해 떠나는 여행'을 통해 내가 살아갈 미래 여행을 치밀하게 설계해 보기 바랍니다. 유튜브에 단원별로 강의도 올려놓았으니 참고하기 바랍니다.

사랑하는 우리 청년들이 이 워크북을 통해 행복한 인생을 설계하기 바랍니다.

"I'm OK! You're OK! We're OK!" "내 인생은 내가 설계하고 내가 주도한다!"

2023년 2월 코로나 마스크를 벗으며,

저자 이의용

차례

전체 차례

제1부

나를 찾아 떠나는 여행

제1장

수업 안내

1. 담당 교수와 인사

2. 세계 여행 빙고게임

1) 꼭 가 보고 싶은 세계의 도시 이름을 한 칸에 하나씩 적는다.

2) 하이파이브를 하며 동료들을 만난다.

    (1) 인사를 나눈다. 하이파이브, "같이 갑시다!"

    (2) 같은 도시가 있다면 O표를 한다. 1명에 1개씩!

    (3) O표 칸이 가로, 세로, 대각선으로 4개가 이어지면 "빙고!"를 외친다.

3) 짝꿍을 정한다.

3. 팀 빌딩

1) 조장 후보자 지원
2) 조장 후보자의 조원 모집 스피치(2분)
3) 조 가입(6명)

조장이 하는 일
• Moderator(진행자)
• 토론 순서, 발언권, 발언 시간 정하기
• 조원의 학습활동 촉진하기
• 모둠 활동 리드하기
• Networking 촉진하기

4) 모둠형으로 좌석 정리

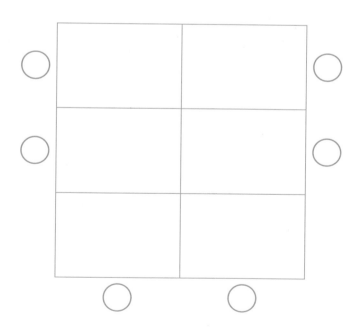

5) 조 활동

(1) 우리 조원 기억하기-진진가[1]

　　나의 진진가

　　①

　　②

　　③

이름	기억해 두어야 할 점

(2) 우리 조 공통점 찾기

　　① 다음 표로 나에 대해 진단해 본다.

　　② 공통점이 가장 많이 겹치는 문제 번호를 찾는다.

　　③ 우리 조 공통점 3가지는 무엇인가?

번호	문제	보기	나	조원들
1	손깍지 끼면 어느 손 엄지가 위쪽에?	① 오른손 엄지　② 왼손 엄지		
2	걸레 짜는 동작(방향)은?	① 오른손을 바퀴가 앞으로 구르는 모양으로 짠다 ② 반대로		

---

1 조원들에게 자기 소개를 하면서 2가지는 사실, 1가지는 거짓을 말하고 그것을 찾아내게 한다.

3	귀 후비는 손가락은?	① 엄지 ② 검지 ③ 장지 ④ 약지 ⑤ 새끼
4	태어난 달은?	(　　　　)월
5	붕어빵 어디부터 먹나?	① 머리 ② 꼬리 ③ 가슴 ④ 아무데나
6	사탕 어떻게 먹나?	① 녹여서 천천히 ② 깨물어서
7	훌라후프 돌리는 방향은?	① 시계 바늘 도는 방향 ② 반대 방향
8	라면 먹을 때 어느 것 먼저?	① 국물 ② 면
9	양말 벗을 때 어느 쪽 먼저?	① 왼발 ② 오른발
10	공부할 때…… .	① 음악 들으면서 ② 음악 안 듣고
11	계란 어느 것 좋아하나?	① 노른자위 ② 흰자위
12	노래방에 가면?	① 노래 부른다 ② 안 부르고 듣는다
13	화나면 말이……?	① 많아진다 ② 줄어든다
14	다리 꼬고 앉을 때	① 왼쪽이 위로 ② 오른쪽이 위로
15	사람 보면 인사를…… .	① 먼저 한다 ② 상대방이 먼저 한다
16	길 모를 때…… .	① 묻는다 ② 안 묻는다 ③ 헤매다 나중에 묻는다
17	치약 짤 때…… .	① 뒤끝에서부터 누른다 ② 가운데를 누른다
18	수업 시간에 어디에 앉나?	① 앞 ② 뒤 ③ 옆 ④ 가운데
19	책 읽는 순서는?	① 대충 내용 먼저 훑어 본다 ② 그냥 처음부터 읽어 나간다
20	식사 때 어느 것 먼저 먹나?	① 국 ② 밥 ③ 반찬 ④ 물

(3) 우리 조 이름 정하기

6) 네트워킹
(1) 조원 단톡방을 만든다.
(2) 조장들이 모여 전체 단톡방을 만든다.

7) 우리 조 공통점 3가지 발표

(1) _____

(2) _____

(3) _____

8) 조 이름 발표

_____

4. 왜 <나를 찾아 떠나는 여행>인가?[2]

1) 건강한 자아개념을 확립하기 위해

_____

_____

_____

2) 자존감을 향상시키기 위해

_____

_____

_____

3) 대학생활을 설계하기 위해

_____

_____

_____

4) 미래를 설계하기 위해

_____

_____

_____

---

2 p. 76 참조.

5) 이질적인 사람들과 소통하고 좋은 관계를 이루기 위해

_____

_____

_____

6) 이러한 준비가 이루어지지 않을 경우 어떤 문제가 생길까?

_____

_____

_____

5. 수업 안내

1) 수업 목적
(1) 자아 정체성을 확립한다.
(2) 자신의 가치, 재능을 발견한다.
(3) 자부심과 자신감을 회복한다.
(4) 슬기로운 대학생활과 미래를 설계한다.

2) 수업 목표
(1) 대학생활을 성공적으로 이룰 수 있다.
(2) 자신을 다른 사람에게 깊이 있게 설명할 수 있다.
(3) 자신을 좋아하고 자랑스러워하게 된다.
(4) 다른 사람을 존중하게 된다.
(5) 다양한 친구를 사귈 수 있다.

3) 수업 흐름

| 대학생활 | ▶ | I
나 탐색 | ▶ | I
자존감 | ▶ | You
We
관계 |

4) 수업 내용

1학기 나를 찾아 떠나는 여행		2학기 미래를 향해 떠나는 여행	
제1장	수업 안내	제1장	수업 안내, 동기부여
제2장	진단, 동기부여	제2장	진단
제3장	슬기로운 대학생활 1-인생	제3장	동문선배 초청 특강
제4장	슬기로운 대학생활 2-캠퍼스 생활	제4장	직업현장 탐방
제5장	슬기로운 대학생활 3-우리 대학	제5장	직업 탐색
제6장	슬기로운 대학생활 4-시간	제6장	미래의 직업세계 1
제7장	나 알기 1	제7장	미래의 직업세계 2
제8장	나 알기 2	제8장	직업 가치관
제9징	나 알기 3	제9징	미래의 그림-비전
제10장	긍정적 태도	제10장	비전 만들기
제11장	긍정적 태도 연습	제11장	직장 선택과 미래 명함
제12장	자존감과 열등감	제12장	인재와 역량 1
제13장	내 장점 찾기	제13장	인재와 역량 2
제14장	근자감 콘서트	제14장	취업의 현장
제15장	인간관계	제15장	채용의 현장
제16장	인간관계 방법	제16장	자기 소개서
제17장	멘토 인터뷰	제17장	면접
제18장	진단, 나 영상 콘서트 준비	제18장	진단
제19장	나 영상 콘서트 • Happy Anding	제19장	비전 콘서트

6. 수업 진행 원칙

◎ 이 수업은 강의가 없는 활동 중심이다. 이 수업은 다음과 같은 4가지 원칙에 따라 진행된다.

1) 참여

학습자는 지식형성 과정에 능동적으로 참여하는 주체가 되어야 한다.

2) 학생 주도

학습자는 수업의 중심이 되어야 한다(student-centered learning). 교수자는 지식의 전달자가 아닌, 학습자의 주도적인 지식 활동을 돕는 학습의 조력자(facilitator)가 되어야 한다.

3) 체험

학습자는 관객이 아니라 주역으로 활동에 참여해야 한다. 특히 워크북을 작성하는 과정에서 스스로 성찰, 사색을 체험할 수 있어야 한다.

4) 상호작용

학습자는 다양한 배경과 전공 지식을 가지고 있다. 교수자는 이들이 개인 활동, 1:1 활동, 모둠 활동, 전체 활동 등을 통해 개인이 가진 능력과 지식의 폭을 확장하여 집단지성(collective knowledge)을 형성하도록 도와야 한다.
이를 위해 학습자와 교수자, 학습자와 학습자는 질문과 응답, 토의와 토론을 통해 긴밀하게 상호작용을 이뤄야 한다.

7. 수업 진행 순서

◎ 이 수업은 비행기 여행 방식으로 진행된다.

1) Take-off(이륙)	**(1) 구호** "I'm OK, You're OK, We're OK!" **(2) 탑승 확인** 기존의 [호명-대답]식의 출석 점검 방식을 흥미로운 단문 단답식으로 전환하기 예 5분간 데이트하고 싶은 연예인 이름… **(3) 좋아 박수**(p. 141 참조) "나는 내가 정말 좋아!" **(4) 굿 뉴스** 조원들과 최근 가장 좋은 소식 한 가지씩 말하기 **(5) One Change 점검** 조원들과 이번 학기 내가 실천할 변화 한 가지를 정하고 수업 때 추진 상황을 점검하기
2) Flying(비행)	담당 교수의 지도에 따라 워크북을 중심으로 학습 활동하기 • 개인 활동, 1:1 활동, 모둠 활동, 전체 활동 • 오픈채팅, 줌, 소그룹 활동, 워크북 작성
3) Landing(착륙)	그날의 수업 내용, 소감을 한 줄로 적기

※ 이 순서는 수업 내용에 따라 적절히 조정한다.

8. 평가 기준

출석	발표	한 줄 소감	워크북 작성	참여
출석 규정에 따름	근자감 콘서트, 나 영상 콘서트	매주 수업 소감 적기	충실하게 작성하여 점검받기	수업 태도 등

※ 위의 기준은 조정될 수 있음

Landing

■ 오늘 수업 한 줄 소감

_____

_____

_____

제2장 ●
진단, 동기부여

Take-off

● 구호	"I'm OK! You're OK!, We're OK!"
● 탑승 확인	Q. 내 이름으로 3행시 짓기
	A.
● 좋아 박수	"나는 내가 정말 좋아!"
● 굿 뉴스(조별로)	

● 나의 One Change 점검 (조별로)	목표	
	진행 상황 (10점 척도)	

Flying

1. 수업 전 진단(Pretest)

◎ 지금, 내 인생은 어떤 상태인가? 다음 진단을 통해 알아보자. 문항을 자세히 읽고 객관적으로 해당 여부를 점수를 매겨 보자.

(전혀 아니다: 0점 ~ 보통이다: 5점 ~ 매우 그렇다: 10점)

1. 대학생활	
질문	점수(0~10)
1. 우리 학교에 입학한 것에 만족하며, 그 이유를 설명할 수 있다.	
2. 내가 선택한 전공에 만족하며, 그 이유를 충분히 설명할 수 있다.	
3. 대학생활 중 이루고 싶은 것들이 있다.	
4. 대학생활에 대한 기대와 열정, 의욕이 넘친다.	
5. 대학생활에서 좋은 학점 얻는 것보다 더 중요한 것이 무엇인지 알고 있다.	
6. 고등학교 시절보다 더 재미있고 유익한 대학생활을 이룰 수 있을 것 같다.	
7. 대학생으로서 고등학교 시절에 익숙한 생활 습관이나 패러다임을 어떻게 바꿔 나가야 할 지 구체적으로 알고 있다	
8. 우리 학교 캠퍼스 지도를 거의 파악하고 있다.	
9. 내게 필요한 우리 학교의 학사 제도를 충분히 알고 있다.	
10. 내가 해결하고 싶은 문제가 생길 때 찾아갈 수 있는 곳을 잘 알고 있다.	
계	

2. 나	
질문	점수(0~10)
1. 내 이름의 뜻을 설명할 수 있다. (한자로 쓸 수 있다)	
2. 내가 출생한 시각, 장소, 당시 상황 등을 설명하고 있다.	
3. 내 인생에서 중요한 사건을 10가지 정도로 정리할 수 있다.	
4. 사진을 보지 않고 내 얼굴을 그릴 수 있다.	
5. 내 신체의 특징을 잘 파악하고 있다.	
6. 내 성격, 가치관, 습관 등을 잘 안다.	
7. 나에 대해 3분 정도 원고를 보지 않고 설명할 수 있다.	
8. 10년 후 나의 모습을 그려 보며 고민해 보곤 한다.	
9. 나는 일기를 쓰거나 메모를 하면서 내 자신을 성찰해 보곤 한다.	
10. 주위의 간섭을 받지 않고 내가 주도적으로 살아가고 있다.	
계	

3. 자존감	
질문	점수(0~10)
1. 나를 좋아한다.	
2. 나를 가치 있는 존재라고 생각하고, 있는 그대로의 나를 사랑한다.	
3. 내가 지닌 재능에 만족하며, 내게 숨겨진 재능을 계속 찾아 개발하고 있다.	
4. 나의 성장환경, 현재의 생활환경에 대해 만족한다.	
5. 나의 재능, 소유, 형편을 남들과 비교하지 않는다.	
6. 나에 대한 주위 사람들의 평가는 그리 중요하지 않다고 본다.	
7. 나는 날마다 발전하고 있다고 생각한다.	
8. 다른 사람들로부터 자신감이 넘친다는 소리를 자주 듣고, 나도 그렇게 생각한다.	
9. 나의 장점에 대해 몇 가지 설명해 줄 수 있다.	
10. 나의 장점을 잘 살릴 수 있는 직업을 생각해 놓고 있다.	
계	

4. 태도	
질문	점수(0~10)
1. 다른 사람들로부터 '긍정적이다' '친절하다'는 말을 자주 듣는다.	
2. 맡은 일을 적극적으로 한다.	
3. 내가 하는 일(공부)이 즐겁다.	
4. 내 주위의 사람들(가족, 친구 등)에게 감사하는 마음을 가지고 있다.	
5. 잠자리에 들기 전 하루 동안 고마웠던 일을 생각해 보거나 적어 두곤 한다.	
6. 나는 실패를 통해서도 배울 수 있다고 생각한다.	
7. 나는 앞으로 내 인생이 행복한 방향으로 전개될 것이라는 낙관적인 생각을 갖고 있다.	
8. 정직하고 언행일치가 되는 삶을 살아가려고 노력하고 있다.	
9. 하는 일이 잘 진행되지 않을 때 포기하지 않고 극복하려고 한다.	
10. 주위 사람들의 필요를 생각하고 배려하며 살아가려고 노력하고 있다.	
계	

5. 대인관계	
질문	점수(0~10)
1. 첫인상이 좋다는 얘기를 자주 듣는다.	
2 심야에 연락해도 기꺼이 나와 줄 친구가 있다.	
3. 고민이 있을 때 상의할 선배나 선생님, 멘토가 있다.	
4. 곤경에 처했을 때 발 벗고 나서서 도와야 할 만한 사람이 있다.	
5. 진정으로 내게 조언해 줄 친구가 있다.	
6. 부모님과 소통을 잘 한다.	
7. 교수님과 편하게 소통하는 편이다.	
8. 과거 수강한 교수님과 연락을 주고받는다.	
9. 나는 친구와 갈등이 생길 경우 해결하는 방법을 알고 있고, 해결하고자 노력한다.	
10. 인생에서 인간관계가 얼마나 중요한지 알기에 만나는 모든 사람을 소중히 대한다.	
계	

6. 시간	
질문	점수(0~10)
1. 시간 약속을 잘 지킨다.	
2. 평소 우선순위를 정한 후 중요한 일을 먼저 한다.	
3. 내가 할 일은 반드시 내 손으로 책임지고 처리한다.	
4. 내가 해야 할 과제나 공부 등을 미루지 않는다.	
5. 더 중요한 일을 충실히 하기 위해 덜 중요한 일을 과감히 포기한다.	
6. 똑같은 일을 하더라도 다른 사람보다 빠른 시간 안에 효과적으로 처리하는 편이다.	
7. 과제의 마감을 반드시 지킨다.	
8. 시험 공부할 때 공부할 내용의 순서와 시간 계획을 세워서 한다.	
9. 스마트폰 등 시간을 갉아먹는 요인들을 단호히 물리칠 수 있다.	
10. 다른 사람의 약속 제안을 거절할 수 있다.	
계	

2. 수업 전 진단 결과

구분	사전진단(Pretest) 점수	사후진단(Posttest) 점수
1. 대학생활		
2. 나		제1부 수업 마무리 후 진단하여 사전 사후 진단 점수를 비교한다.
3. 자존감		
4. 태도		
5. 대인관계		
6. 시간		

1) 6개 항목 중 점수가 상대적으로 높은 항목은 어느 것인가?

_____

2) 6개 항목 중 점수가 상대적으로 낮은 항목은 어느 것인가?

_____

3) 현재 이 상태로 살아간다면 10년 후 나의 모습은 어떠할 것으로 생각하는가?

_____

_____

4) 이 수업을 통해 보완해야 할 부분은 어떤 것인가?

_____

5) 이 수업을 이수한 후 같은 문항으로 진단을 실시할 경우, 어떤 변화가 있기를 기대하는가?

_____

3. 동기 부여

1) 다음 시를 읽고, 가장 공감이 가는 부분을 적어 보자.[1]

(1) 지금 내가 알고 있는 것들을 그때도 내가 알았더라면(킴벌리 커버거, kimberly kirberger)

_____

_____

2) 다음 음악을 듣고, 가장 공감이 가는 부분을 적어 보자.[2]

(1) 나를 찾아가는 여행(허만성)

_____

_____

(2) 요즘 청춘(한올)

_____

_____

(3) 그건 네 생각이고(장기하와 얼굴들)

_____

_____

---

[1] 인터넷에서 검색해 볼 것
[2] 인터넷에서 검색해 볼 것

4. 나의 One Change 등록

내가 이번 학기 100일 중 중 꼭 실천하고 싶은 목표 한 가지는?

[예] 수업 100% 출석하기, 과제 100% 즉시 하기, 금연하기, 일기 쓰기, 이번 학기에 영화 10편 보기
자격증 따기, 이번 학기에 수업 중 질문 20번 하기, 약속 시각 지키기, 매일 20명과 인사하기
매일 "고맙습니다." 50번 하기, 매일 내 방 청소하기, 매일 다른 사람과 점심 식사 하기
등 뒤로 X자 양손 닿기, 화초 기르기, 이번 학기 중 매일 운동장 3바퀴 걷기, 엘리베이터 안 타기
이번 학기 중 학교 뒷산 5번 오르기, 매일 아침 6시에 서쪽 하늘 사진 찍어 앨범 만들기,
규칙적으로 취침하고 기상하기, 좋은 표정 짓기, 강의실에 미리 가서 수업 준비하기,
하루에 영어 단어 5개 외우기 등

나의 One Change

※ 한 가지를 정해 이번 학기 중 계속 실천하고, 진척 사항을 매주 동료들에게 설명한다.

5. 나에게 미리 보내는 졸업 축하 메시지

Landing

■ 오늘 수업 한 줄 소감

제3장
슬기로운 대학생활 1
- 인생

Take-off ✈

구호	"I'm OK! You're OK!, We're OK!"
탑승 확인	Q. 나와 인연이 많은 숫자는?
	A.
좋아 박수	"나는 내가 정말 좋아!"
굿 뉴스(조별로)	

나의 One Change 점검 (조별로)	목표	
	진행 상황 (10점 척도)	

34

Flying

1. 인생이란?

1) 다음의 예문을 참고하여 영어로 빈칸을 채워 보자.[1]

> 예문: Life is a challenge… (Meet   ) it.

(1) Life is a gift… (A   ) it.   (2) Life is an adventure… (D   ) it.

(3) Life is a sorrow… (O   ) it.   (4) Life is a tragedy… (F   ) it.

(5) Life is a duty… (P   ) it.   (6) Life is a game… (P   ) it.

(7) Life is a mystery… (U   ) it.   (8) Life is a song… (S   ) it.

(9) Life is a opportunity… (T   ) it.   (10) Life is a journey… (C   ) it.

(11) Life is a promise… (F   ) it.   (12) Life is a beauty… (P   ) it.

(13) Life is a struggle… (F   ) it.   (14) Life is a goal… (A   ) it.

(15) Life is a puzzle… (S   ) it.

2) 빈칸을 채워 보자.

"인생은 (   )이 아니라 (   )이다. 왜?"

3) Life is a journey, not a guided tour.[2]

---

[1] 받아라, 감행하라, 극복하라, 맞서라, 수행하라, 치러라, 벗겨라, 불러라, 잡아라, 끝마쳐라, 이행하라, 찬양하라, 싸워라, 성취하라, 풀어라.

[2] 인생은 가이드가 안내하는 안전한 여행이 아니라 험한 여행길이다. 가이드가 없는 여행은 힘들고 고생스럽지만, 가이드가 없기 때문에 스스로 부딪히며 배운 산 경험은 우리 인생에 가장 소중한 자산이 될 것이다. 내가 걸어갈 길은 오직 나만이 결정할 수 있다. 내 인생은 내가 설계하고 내가 주도한다.

2. 인생＝마라톤 경주?

◎ 인생과 마라톤 경주는 어떻게 다른지 비교해 보자.[3]

마라톤 경주	기준	인생
	목적지	
	코스	
	거리	
	규칙	
	평가	
	도움 받기, 도움 주기	
	휴식	
	목적	

---

3 유튜브 이의용TV, '인생은 마라톤 경기가 아니다(1, 2)' 참조.

3. 성공, 행복의 조건은 무엇이라고 생각하는가?[4]

1) _____

_____

_____

2) _____

_____

_____

3) _____

_____

_____

Life is …		
(1) Accept	(6) Play	(11) Fullfill
(2) Dare	(7) Unfold	(12) Praise
(3) Overcome	(8) Sing	(13) Fight
(4) Face	(9) Take	(14) Achieve
(5) Perform	(10) Complete	(15) Solve

---

4 유튜브 이의용TV, '성공의 조건, 행복의 조건'을 참고하여 내 생각을 적어 보자.

4. 내 인생 Dream List

◎ 내가 살아가면서 꼭 이루고 싶은 것들을 작성해 보자.

5. 내가 바꿔야 할 패러다임[5]

1) 오노다 히로는 왜 29년간이나 정글에서 살았을까?[6]

_____

_____

2) 고등학교 생활과 대학생활의 차이점을 비교해 보자.

고등학교 생활	대학생활

---

[5] 유튜브 이의용TV, '대학생활 패러다임' 참조.

[6] 제2차 세계대전 중의 일본군 장교. 종전(1945년) 후에도 1974년까지 29년 동안 전쟁이 끝난 걸 받아들이지 않고 혼자 싸워 왔다.

3) 인생에는 4가지 자립이 필요하다.

   (1) 지식적인 자립

   _____

   (2) 심리적인 자립

   _____

   (3) 사회적인 자립

   _____

   (4) 경제적인 자립

   _____

Landing

■ 오늘 수업 한 줄 소감

_____

_____

_____

제4장

슬기로운 대학생활 2
- 캠퍼스생활

Take-off

● 구호	"I'm OK! You're OK!, We're OK!"
● 탑승 확인	Q. 모든 동료에게 가장 멋지고 반갑게 큰 소리로 인사하기 A.
● 좋아 박수	"나는 내가 정말 좋아!"
● 굿 뉴스(조별로)	

● 나의 One Change 점검 (조별로)	목표	
	진행 상황 (10점 척도)	

Flying

1. 나는 왜 우리 대학에 진학했나?[1]

_____

_____

_____

_____

2. 내가 대학생활에서 가장 하고 싶은 것은 무엇인가?

(1) 폭넓은 친구 관계 형성

(2) 이성 교제

(3) 동아리 활동

(4) 폭넓은 교양 습득

(5) 취업 준비

(6) 봉사 활동

(7) 전공 공부

(8) 아르바이트

(9) 사회문제 참여

(10) 그밖에 (   )

자기관리	배움
도전, 체험	**관계**

---

1 (1) 내가 원하는 전공이 있어서, (2) 장학금 등 혜택이 있어서, (3) 부모님이 원하셔서, (4) 집에서 가까워서, (5) 학교 선생님이 추천하셔서, (6) 성적을 고려하여, (7)기타 다른 예를 들어도 됨. 유튜브 이의용TV, '나는 왜 대학에 들어왔나' 참조.

3. 나는 어떤 유형의 대학생활을 기대하는가?

유형	특징
학점추구형	학교 수업에 충실하다. 좋은 성적을 받기 위해 고등학교 3학년 때처럼 공부에 최선을 다한다. 그러나 공부 이외의 활동에는 소극적이다.
자격증 준비형	입학하자마자 공무원 시험 등 특정한 자격을 얻는 일에 모든 노력을 집중한다. 시험 준비를 위해 수업이나 동아리 활동 등에 거의 참여하지 않는다. 도서관이나 학원에서 많은 시간을 보낸다.
점프형(Jump)	대학에 들어왔지만, 현재 위치에 만족하지 못해 다른 도약을 모색한다. 전과, 편입, 반수를 병행한다. 또는 해외연수생이나 교환학생에 선발되기 위해 외국어 공부에 힘쓴다. 일단 현재의 위치에서 벗어나고 싶어서 휴학을 하기도 한다.
고민형	현재의 위치에서 만족하지 못하거나 대학생활에 회의를 느껴 다른 길을 모색한다. 그러나 실제로는 결단이나 실천력이 부족해 시도하지 못하고 고민만 한다. 4년(2년) 동안 고민만 하며 현실에 참여하지 않고 소극적으로 대학생활을 보낸다. 성적도 좋지 않고, 가까운 친구도 없다.
사교형	공부보다는 친구 사귀기에 관심을 갖는다. 학과보다는 동아리 모임에 더 참여한다. 여러 동아리에 가입하여 선후배, 동기들과 활동하기를 즐긴다.
놀자형	청소년기에 놀지 못한 것을 보충하기 위해 공부를 멀리 한다. 수업은 제쳐 두고 여행, 연애, 사교활동 등에 전념한다.
맹목형	대학 졸업장 따는 것이 목적이다. 목적이나 목표, 의욕 없이 그냥 다닌다. 졸업 후 가업(家業)을 이을 생각을 한다.
벌이형	학비, 생활비를 마련하기 위해 아르바이트에 주력한다. 아예 휴학을 하고 취업을 하거나 학업과 취업을 병행하기도 한다. 학교를 다니면서 창업을 해 '사장'을 겸하기도 한다.
장(長)학생형	수업에 적극적으로 참여하지 않거나 계속 휴학을 한다. 학적만 유지한 채 대학을 10년 이상 다니기도 한다. 가정환경, 경제적 어려움, 결혼생활, 취업 등이 원인이다.

▶ 내가 기대하는 유형은?

4. 나는 왜 대학에 진학하였나?

프랑스 파리의 어느 수도원 입구에 큰 돌비석이 있는데, 그 비석의 비문에는 다음과 같은 글이 씌어 있다.

"apres cela, apres cela, apres cela."

프랑스어로 씌어진 글인데, "그 다음에는, 그 다음에는, 그 다음에는….."이라는 뜻이다. 이 비문에는 다음과 같은 유래가 있다.

법과대학 졸업반 학생이 한 학기를 남기고 도저히 학자금을 조달할 수가 없었다. 그는 신부에게 찾아가 도움을 호소했다. 그러자 신부는 "마침 조금 전에 어떤 교인이 좋은 일에 써 달라며 돈을 한 묶음 갖다 놓고 갔다네. 이건 분명히 자네를 위한 것이군." 하면서 돈을 한줌 집어 주었다.

청년은 당황하여 "이거 정말 가져도 되는 겁니까?"라고 묻자, 신부는 "아, 그럼 자네 꺼야. 그것은 하나님께서 자네한테 주시는 걸세."
학생이 돌아서려는데 "잠깐만!" 하며 신부가 불러 세웠다.
"내가 하나 묻겠네. 자네 그거 가지고 가서 뭘 할 건가?"
"물론 등록금을 내야죠."
"그 다음에는?"
"공부를 해야지요."
"그 다음에는?"
"변호사가 되어 억울한 사람들을 돕겠습니다."
"좋은 생각이구먼, 그래 주었으면 좋겠네. 그 다음은?"
"돈 좀 벌겠습니다."
"장가를 가겠습니다."
"그 다음에는?"
심상치 않은 질문에 그는 더 이상 대답을 하지 못했다.
신부는 빙그레 웃으면서 말했다.
"내가 말하지. 그 다음에는 자네도 죽어야 하네, 자네도 하나님의 심판대 앞에 설 것일세. 알았는가?"
"알겠습니다."

돌아서서 나오는 그의 귓가에 계속 들리는 음성, "그 다음에는, 그 다음에는, 그 다음에는….."
계속 들려오는 음성에 그는 그 돈을 내던지고 수도원에 들어가 훌륭한 수도사가 되어 한평생 다른 사람을 도우며 살았다.
그의 묘비문 "apres cela, apres cela, apres cela."는 그가 평생 자기 책상 앞에 써 붙여 놓았던 좌우명이었다.

5. 대학생활 목표 세우기

수강신청	
외국어 능력	
자격증	
공모전	
동아리 활동	
대외 활동	
아르바이트	
기타	

6. 대학 선배들이 전하는 '대학생활 잘하는 법'

▲ 고교생활 습관을 되풀이하지 말라. 나쁜 습관에 길들지 말라. 욕, 흡연, 음주, 지각 등.

▲ 구체적인 진로를 빨리 정하라. 그래야 해야 할 일, 하지 말아야 할 일이 구분된다. 전공이 비전이나 적성에 맞지 않을 경우 한탄만 하며 세월을 보내지 말고, 속히 다른 방법을 강구하라.

▲ 수강신청을 잘하라. 전공, 진로, 외국어, 자격증, 좋아하는 과목, 잘할 수 있는 과목 등을 스스로 정하라.

▲ 아르바이트를 단순히 돈 버는 수단으로 삼지 말라. 아르바이트는 경력을 쌓는 기회다.

▲ 공모전, 서포터즈, 연수, 봉사, 인턴활동 등 대외활동을 통해 사회에 진출할 경험과 인맥을 쌓아라.

▲ 학교수업 후 곧장 귀가하지 말고 학교 이곳저곳을 살펴라. 그리고 익숙해져라. 이곳이 내 인생의 중요한 4년을 함께 할 공간이다. 캠퍼스에 애정을 가져라.

▲ 1학년 때에는 공부만 하지 말고 놀아라. 그런데 그렇게 하면 반드시 후회할 날이 온다. 1학년 때 놀다가 뒤늦게 학점 채우느라 고생한다. 근데 그게 쉽지 않다. 미리미리 착실히 해 둬라.

▲ 젊음을 불살라라. 그러나 좋은 숯을 남겨라. 뭘 하더라도 제대로 하라. 결과가 나올 때까지 물고 늘어져 끝장을 봐라.

▲ 대학생활의 추억을 빠짐없이 기록하라. 일기, 사진, 블로그 다이어리 등에. 남에게 묻지 말고 자신에게 물어라. 내 생각을 만들어라. 내 삶은 내가 주도하라.

▲ 남들이 가는 길을 생각 없이 따르지 말라. 나만의 길을 찾아라.

▲ 한 달에 전공 도서 한 권은 꼭 읽어라. 남들이 추천해 준 책을 읽기보다. 내가 읽고 싶은 책을 찾아라.

▲ 조금씩이라도 저축하라. 조금씩이라도 기부를 하라. 가계부를 써라. 연금이나 노후대책을 지금부터 세워라.

▲ 무리를 지어 다른 친구들을 배척하지 말고, 두루두루 친해져라.

▲ 교수님들을 뵈었을 때 그냥 지나치지 말고 반갑게 인사하라. 고민이나 모르는 것이 있을 때 교수님들께 찾아가 여쭤 보며 친해져라.

▲ 고등학교 때 해 보지 못했던 일들을 경험하라. 자원봉사, 여행, 동아리 활동 등.

▲ 품의 있는 얘깃거리를 만들어라. 연예인 얘기, 연애(이성) 얘기가 다는 아니다.

▲ 하루에 한 번 부모님과 통화하라.

★ 내가 더 추가하고 싶은 것들

_____

_____

_____

7. 대학생에게 추천하는 영화(관람한 영화 번호에 V 표시)

번호	제목	감독	제작 연도	제작 국가	러닝 타임	장르	키워드
1	<모던 타임즈>	찰리 채플린	1936	미국	87	코미디	자본주의, 포디즘, 노동, 인권
2	<8월의 크리스마스>	허진호	1998	한국	97	멜로	일상, 관계, 죽음
3	<낮은 목소리- 아시아에서 여성으로 산다는 것>	변영주	1995	한국	98	다큐	여성, 위안부, 식민주의, 역사
4	<로제타>	다르덴 형제	1999	벨기에, 프랑스	94	드라마	청소년, 노동, 인권
5	<빌리 엘리어트>	스티븐 달드리	2000	영국, 프랑스	110	드라마	성장, 가족, 일상
6	<걸어도, 걸어도>	고레에다 히로카즈	2008	일본	114	드라마	가족, 죽음, 관용, 애도
7	<세 얼간이>	라지쿠마르 히라니	2016	인도	171	코미디, 드라마	관계, 성찰, 성장, 교육시스템
8	<길버트 그레이프>	라세 할스트롬	2015	미국	118	드라마	성장, 가족, 일상
9	<시티즌 포>	로라 포이트라스	2015	독일, 미국	114	다큐	정보화 사회, 정보인권, 감시와 통제
10	<위로공단>	임흥순	2015	한국	95	다큐	노동, 여성, 근대화, 자본의 이동
11	<다가오는 것들>	미아 한센- 러브	2016	프랑스	102	드라마	인생 성찰, 자유, 선택
12	<나, 다니엘 블레이크>	켄 로치	2016	영국, 프랑스	100	드라마	복지, 노동, 관료제
13	<내셔널 갤러리>	프레드릭 와이즈먼	2016	독일, 미국~	180	다큐	공간의 공공성, 미술관, 커뮤니티
14	<어바웃타임>	리차드 커티스	2013	영국	123	드라마	시간

8. 대학생에게 추천하는 책 (읽어 본 도서 번호에 V 표시)

번호	제목	저자(역자)	출판 연도	출판사	장르
1	『근린 생활자』	배지영	2019	한겨레	소설
2	『내가 확실히 아는 것들』	오프라 윈프리(송연수)	2014	북하우스	칼럼 모음집
3	『데미안』	헤르만 헤세(전영애)	2009	민음사	소설
4	『리버보이』	팀 보울러(정해영)	2007	놀	소설
5	『사피엔스』	유발 하라리(조현욱)	2015	김영사	인문학
6	『아주 작은 습관의 힘』	제임스 클리어(이한이)	2019	비즈니스북스	자기 계발서
7	『연금술사』	파울로 코엘료(최정수)	2018	문학동네	소설
8	『왜 우리는 대학에 가는가』	EBS 왜 우리는 대학에 가는가 제작팀	2015	해냄	다큐멘터리 책
9	『우아한 거짓말』	김려령	2009	창비	소설
10	『자기 앞의 생』	로맹 가리(용경식)	2018	문학동네	소설
11	『코스모스』	칼 세이건(홍승수)	2010	사이언스북스	자연 과학
12	『하마터면 열심히 살 뻔했다』	하완	2018	웅진지식하우스	에세이
13	『호밀밭의 파수꾼』	제롬 데이비드 샐린저(이덕형)	1998	문예세계문학선	소설
14					
15					

▶ 내가 관람한 영화 및 읽어 본 책은? (V 표시)

▶ 내가 관람하고 싶은 영화 및 읽어 보고 싶은 책은? (O 표시)

Landing

■ 오늘 수업 한 줄 소감

제5장

슬기로운 대학생활 3
- 우리 대학

Take-off

● 구호	"I'm OK! You're OK!, We're OK!"
● 탑승 확인	Q. 나의 One Change 목표는? (p. 29)
	A.
● 좋아 박수	"나는 내가 정말 좋아!"
● 굿 뉴스(조별로)	

● 나의 One Change 점검 (조별로)	목표	
	진행 상황 (10점 척도)	

Flying

1. 우리 학교 알아보기[1]

1) 우리 학교의 서립 배경, 교육 목적 등
2) 우리 학교의 중요한 역사 3가지
3) 우리 학교의 교상, 교포
4) 우리 학교의 교가 가사 중 중요한 단어들
5) 우리 학교가 추구하는 인재상
6) 우리 학교에서 배출한 주요 인물 3명
7) 우리 학교의 명물 3가지
8) 우리 학교의 명소 3곳
9) 우리 학교의 개교기념일은?

---

[1] 국적은 바꿀 수 있어도 학적은 바꾸지 못한다는 말이 있다. 우리 학교에 대해 깊이 알아두자.

2. 우리 학교 학사제도·생활정보 알아보기

1) 전공 교과목
2) 교양 교과목
3) 비교과 프로그램
4) 규칙, 제도
5) 생활정보

3. 우리 학과 알아보기

1) 우리 학과 리서치
2) 교과목별 담당교수
3) 우리 학과 광고 만들기

Landing

■ 오늘 수업 한 줄 소감

_____

_____

_____

제6장 ●
슬기로운 대학생활 4
- 시간

Take-off

● 구호	"I'm OK! You're OK!, We're OK!"
● 탑승 확인	Q. 오늘 아침 일어난 시간은? A.
● 좋아 박수	"나는 내가 정말 좋아!"
● 굿 뉴스(조별로)	

| ● 나의 One Change 점검
(조별로) | 목표 | |
| | 진행 상황
(10점 척도) | |

Flying

1. 어느 날 나의 일과표

시간대	누구와 무엇을 하며 보냈나?
	누구와 무엇을 하며 보냈나?

2. 인생의 3대 자산은?[1]

1) T _____

2) M _____

3) P _____

3. "Time is gold"?

1) 시간과 금의 공통점

(1) (   )가 있다.

(2) 인간에게 필수적이다.

(3) 많을수록 좋다.

(4) 사용하는 방법에 따라 (   )가 달라진다.

(5) (   )

2) 시간과 돈(금)의 차이점

돈(금)	시간
유형이다.	무형이다.
어떤 행위의 결과로 얻어진다.	누구에게나 공짜로 주어진다.
사람들이 아껴 쓴다.	사람들이 아껴 쓰지 않는다.
( )이 가능하다.	( )이 불가능하다.
돈으로 시간을 얻을 수 ( ).	시간으로 돈을 얻을 수 ( ).

---

1 건물은 콘크리트 같은 물질로 구성되어 있지만, 인생은 시간으로 구성되어 있다. 시간(Time), 돈(Money), 열정(Passion). 유튜브 이의용TV, '시간 사용 설명서' '시간 경영 1~3' 참조.

4. 다음에 해당되는 단어를 찾아 적어 보자.

구분	단어	의미
1) 순서(priority)를 가리키는 말[2]		먼저 할 일과 나중에 할 일을 구분하라
2) 때(time)를 가리키는 말[3]		가장 좋은 때에 그 일을 하라!
3) 기간(duration)을 가리키는 말[4]		절박함으로 아껴 써라!
4) 속도(speed)를 가리키는 말[5]		여유를 만들어라!

5. 시간의 길이

단위	일(日)	시간	분	초
1년	365	8,760		
10년				
100년				

---

[2] 먼저, 나중에, 이미, 아직, 이다음에

[3] 그때, 과거, 현재, 미래, 내일, 오늘, 모래

[4] 오래, 잠깐, 순간, 길게, 짧게, 지루하게

[5] 천천히, 빨리, 얼른, 잽싸게

6. 내 시간을 갉아먹는 벌레들

환경적 요인(남의 요인)	check	나의 요인	check
통학시간이 길다.		공강시간을 효과적으로 활용하지 못한다.	
생활환경이 정리정돈이 안 돼 있다.		휴일시간을 효과적으로 관리하지 못한다.	
친구, 이성과의 만남이 너무 잦다.		체력이 약하고 잠이 많다.	
술자리가 너무 잦다.		일정표 없이 닥치는 대로 산다.	
아르바이트 시간이 너무 길다.		멍 때리는 시간이 길다.	
계획에 없던 갑작스런 일정이 자주 발생한다.		약속이나 제안을 거절하지 못한다.	
꼭 참석해야 하는 일이 자주 생긴다.		SNS나 게임, TV를 통제하지 못한다.	
		과음을 자주 해 회복하는 데 시간이 많이 걸린다.	
		할 일을 습관적으로 미룬다.	
		할 일을 습관적으로 몰아서 한다.	
		동작이 지나치게 느려 시간이 많이 걸린다.	
		일에 집중하지 못해 시간이 많이 걸린다.	

7. 시간 사용 설명서[6]

하늘에서 가느다란 관을 통해 물이 흘러내리고 있다. 그런데 이 관에는 꼭지가 없어 물을 멈추게 할 수 없다. 그 물이 언제 멈출 지는 아무도 알지 못한다. 이 물이 바로 시간이다. 우리 인생의 재료가 시간이니 시간은 곧 생명이다. 시간은 세상에서 가장 소중한 것이다. 그래서 선인들은 시간은 돈(Time is money)이라며 아껴 쓰라고 당부한다.

오늘도 86,400초가 우리에게 배달되고 있다. 그런데 아쉽게도 시간은 보관도, 교환도, 환불도 안 된다. 그래서 흘러간 과거는 부도수표요, 다가올 미래는 어음이며, 오직 지금만이 현금이라고 한다. 우리에게 주어지는 지금(Present)이야말로 신의 선물(Present)인 것이다.

시간은 매 순간 다른 품질로 우리에게 다가온다. 마치 투수가 던지는 공의 구질이나 속도가 매번 다르듯이 말이다. 1982년 세계야구선수권대회에서 당시 김재박 선수는 일본과의 결승전에서 그 유명한 개구리 번트로 적시안타를 날려 첫 우승의 감격을 전 국민에게 안겨 주었다. 시간 앞에서 우리 인간은 늘 타자의 입장이다. 투수의 공이 배트를 맞히는 일은 없다. 타자(내)가 배트를 공에 맞혀야 한다.

타자에게는 받아치기에 적합한 공과 그렇지 못한 공이 있을 뿐이다. 번트나 안타나 희생 플라이나 홈런을 만들어 낼 수 있는 좋은 공을 놓치고 나면 후회만 남는다. 그리고 그것이 거듭되면 삼진 아웃이다. 그래서 좋은 타자가 되려면 공의 코스나 구질, 스트라이크인지 볼인지를 판단하는 선구안 (選球眼, batting eye)을 갖춰야 한다.

날아오는 공에 배트를 맞출 것인가, 날아오는 공이 배트를 맞춰 주기를 기다릴 것인가는 타자에게 매우 중요한 선택의 문제다. 우리의 일상에서도 마찬가지다. 일을 때에 맞출 것인가, 때가 일에 맞춰 주기를 기다릴 것인가. 성경은 "범사에 기한이 있고 천하만사가 다 때가 있다."라고 가르친다. 시간에는 긴 시간과 짧은 시간만 있는 것이 아니라 좋은 시간과 나쁜 시간이 있다. 다시 말해, 어떤 일에 적합한 때와 그렇지 못한 때가 있다. 그러므로 우리는 내가 하려는 일에 가장 적합한 때를 찾아내야 한다.

---

6 유튜브 이의용TV, '시간 사용 설명서' 참조.

다음과 같은 경우에 해당한다면 시간 사용 설명서를 다시 봐야 한다.

<u>첫째, 어떤 일을 닥치는 대로 아무 때에나 하는 경우</u> 그러다가 좋은 때를 놓치고 나쁜 때에 그 일을 하면 시간도 낭비되고 성과도 낮아질 수밖에 없다. 사람마다 생체리듬에 기초한 피크타임(peak time)이란 게 있다. 가장 정신이 집중되고 에너지가 넘칠 때다. 정신 집중이 필요한 일은 피크타임에 하는 것이 효과적이다. 피크타임을 놓치면 시간도 많이 걸리고 일의 품질도 떨어진다. 피크타임 개념이 없는 경우 늘 시간이 부족하고 바쁘다. 오늘 나의 피크타임은 언제인가. 이번 주, 이번 달 내 피크타임은 언제인가. 나아가 올해, 그리고 내 생애 전체에서 피크타임은 언제인가. 그것을 찾아내야 한다. 3시간 걸리는 일을 2시간에 하는 게 시간을 아끼는 것이 아니다. "이 일을 하는 데 몇 시간이 걸릴까?"에 앞서, "이 일은 언제 하는 게 좋은가?"라는 질문을 해야 한다.

<u>둘째, 한번 예정한 일을 미루는 경우</u> 오늘 할 일을 내일로 미뤄서는 안 된다. 그 일은 오늘 하는 것이 가장 좋아서 정했기 때문이다. 그런데도 습관적으로 일을 미루는 건 '일은 아무 때나 해도 된다.'고 생각하였거나 때를 잘못 정했기 때문이다.

<u>셋째, 원래 하기로 한 시각에 늦는 경우</u> 공과금도 늦게 내면 가산금이 부과되듯, 때를 놓치면 대가가 따른다. 수업에 10분 지각한 학생이 이를 10분으로 복구하기는 어렵다. 습관적인 지각은 인생에서 많은 시간을 갉아먹는다.

<u>넷째, 하던 일을 중간에 포기하는 경우</u> 보험도 중도에 포기하면 납입한 원금만큼도 돌려받지 못한다. 습관적인 중도 포기는 그동안 투자한 시간, 돈, 땀을 흔적도 없이 지워 버린다.

<u>다섯째, 하기로 한 일 대신 다른 일을 하는 경우</u> 간혹 A과목 수업 시간에 B과목 과제를 하는 학생을 볼 수 있다. 그러면 A과목은 언제 하나? B과목 시간에? 이런 경우 또 다른 과제를 만드니 사는 게 늘 바쁘다.

1년은 8천760시간이고, 우리 인생은 80년을 기준으로 70만 시간쯤 된다. 우리 인생에 단 한 번뿐인 시간이 흘러가고 있다. 미루면 그만큼 똥이 되고 만다. 부디 인생에 가장 소중한 일을 찾아, 그 일에 가장 적합한 골든타임에 적시안타를 날리기 바란다.

1) 하루 중 나의 피크타임은 언제인가, 그 시간에 주로 어떤 일을 하는가?

_____

_____

2) '야명조(夜鳴鳥)'

히말라야 설산에는 야명조(夜鳴鳥)라는 새가 있다. '밤에만 집을 짓겠다고 우는 새'라는 뜻에서 지어진 별명이다. 이 새는 밤만 되면 혹독한 추위를 이기지 못해 내일은 꼭 집을 지어야겠다며 울부짖는다. 그러다 날이 밝아 햇살이 비치면 밤새 얼었던 몸을 녹이며 어제 저녁의 일을 까맣게 잊어버린 채 하루 종일 논다. 다시 밤이 오면 낮의 일을 후회하며 내일은 꼭 집을 지어야겠다고 다짐하면서 운다.

3) 제주공항 출구 바닥의 안내문

우리의 삶도 한번 지나간 순간은
돌이킬 수가 없다.

8. 시간을 가리키는 2가지 개념

크로노스(Chronos)	카이로스(Kairos)
• 달력이나 시계로 잴 수 있는 시간 개념 • 직선적이고 연속적이라는 개념 • 지금 1초와 다른 때 1초는 가치가 같다	• 어떤 특정한 시기(기회, 위기) • 나침반으로 가리킬 수 있는 중요성, 목표성 • 지수적(指數的)이고 실존적이라는 개념
• 그 일을 하는 데 몇 시간 걸리나? (긴 시간, 짧은 시간)	
• 일의 성과는 투입한 시간에 비례한다.	• 일의 성과는 시기의 좋고 나쁨에 따라 다르다.

• 어떤 일에 얼마나 많은 시간을 투입하느냐가
  중요하다.
	• 어떤 일에서 얼마나 많은 가치를 얻어내느냐가
	  중요하다.

9. 인생에 가장 중요한 3가지 금은?

(　　황금　　), (　　소금　　), (　　　　　　　)

10. 가장 중요한 때

"가장 중요한 때는 (　　　　). 가장 중요한 사람은 (　　　　) 만나는 사람. 가장 중요한 일은 (　　　　) 내 앞의 사람에게 선행을 베푸는 것."

– 톨스토이

11. 어제-오늘-내일

과거는 통제가 불가능하다. 미래는 약간 통제가 가능하다. 그러나 현재는 통제가 가능하다. 그래서 어제는 (　부도수표　), 내일은 (　어음　), 오늘은 (　　　　)과도 같다.

12. 내가 고쳐야 할 시간 경영 습관

◎ 시간 경영은 인생 경영이다. 시간 경영에 성공하는 사람들이 인생에 성공한다. 내가 반드시 고쳐야 할 시간 경영 습관은 무엇인가?

유형	나의 경우	그로 인해 잃게 되는 것
1. 닥치는 대로 일하기		
2. 미루기		
3. 정해진 시각에 늦기		
4. 중도에 포기하기		
5. 계획에 없는 다른 일 하기		
6. 그밖에 시간을 낭비하는 나의 습관들		

13. 나의 시간 경영 원칙(10계명)

◎ 나의 삶을 바꿀 시간 경영 원칙을 만들어 지켜보자. (3가지 이상)

1	
2	
3	
4	
5	

14. 시간을 말한다

1) '오늘'은 '어제' 죽은 사람이 그토록 갈망하던 '내일'이다. -소포클레스

- 천지를 창조하는 데 6일이 걸렸는데, 차관을 얻는 데 왜 4주간이나 걸려야 하는가? -뉴욕의 신탁은행 광고
- 한국의 학생들은 하루 15시간 동안을 학교 학원에서 미래에 필요하지 않은 지식과 존재하지도 않을 직업을 위해 시간을 낭비하고 있다. -앨빈 토플러
- 시간을 이용할 줄 아는 사람은 하루를 사흘로 통용한다. -영국 속담
- 아침 잠은 시간의 지출이며, 이렇게 비싼 지출은 달리 없다. -앤드루 카네기
- 저녁을 하루가 거기서 죽어 간다고 생각하고 바라보며, 아침을 모든 것이 거기서 태어난다고 생각하고 바라보아라. 그대의 시각이 한 순간마다 새로워지는 것처럼, 현명한 사람이란 모든 것에 경탄하는 사람을 말한다. -앙드레 지드
- 미래를 신뢰하지 마라, 죽은 과거는 묻어 버려라, 그리고 살아 있는 현재에 행동하라. -롱펠로
- 오늘이라는 날은 두 번 다시 오지 않는다는 것을 잊지 말라. -단테
- 가라, 달려라, 그리고 세계가 6일 동안에 만들어졌음을 잊지 마라. 그대는 그대가 원하는 것은 무엇이든지 나에게 청구할 수 있지만 시간만은 안 된다. -나폴레옹
- 사람은 금전을 시간보다 중히 여기지만, 그로 인해 잃어버린 시간은 금전으론 살 수 없다. -유태 격언
- 시간의 걸음걸이에는 세 가지가 있다. 미래는 주저하면서 다가오고, 현재는 화살처럼 날아가고, 과거는 영원히 정지하고 있다. -F. 실러
- 삼십 분이란 티끌과 같은 시간이라고 말하지 말고, 그동안이라도 티끌과 같은 일을 처리하는 것이 현명한 방법이다. -괴테
- 세월은 본래 길건만 바쁜 자는 스스로 줄이고, 천지는 본래 넓건만 천한 자는 스스로 좁히며, 바람과 꽃과 눈과 달은 본래 한가한 것이건만 악착같은 자는 스스로 분주하니라. -채근담
- 승자는 시간을 관리하며 살고, 패자는 시간에 끌려 산다. -J. 하비스
- 신이 우리를 가르칠 때는 채찍을 쓰지 않는다. 신은 우리를 시간으로 가르친다. -발타자르 그라시안
- 시간에의 충실, 그것이 행복이다. -에머슨
- 오늘의 식사는 내일로 미루지 않으면서 오늘 할 일은 내일로 미루는 사람이 많다. -C. 힐티
- 인간은 항상 시간이 모자란다고 불평을 하면서 마치 시간이 무한정 있는 것처럼 행동한다. -세네카

2) 인간의 70년 평균 행동

영국의 BBC 방송은 인간의 70년 평균 행동을 조사하여 다음과 같이 보도한 적이 있다.

- 사람들은 말을 하면서 인생의 12년을 보낸다.
- 먹는 시간을 모두 합하면 3년 반이 된다.
- 머리카락은 720킬로미터가 자라며 손톱을 깎지 않고 놔두면 25미터까지 자란다.
- 21세까지 호흡한 공기로 풍선을 분다면 350만 개를 불 수 있다.
- 아기가 태어나서 1년 동안 흘리는 침을 모으면 143리터짜리 드럼통의 3/4 정도나 된다.
- 아기는 생후 2년이 될 때까지 무려 128킬로미터를 기어 다닌다.
- 사람은 보통 2천여 명의 이름을 알고 있으며, 그 가운데 150명을 친구라고 부른다.
- 사람은 평생 3만 8천 300리터의 소변을 본다.
- 사람의 심장은 27억 회 뛴다.
- 사람은 평생 50톤의 음식물을 섭취하며, 4만 9천 200리터의 물을 마신다.
- 사람은 평생 3천 번 울고, 54만 번 웃는다.
- 사람은 평생 3억 3천 100만 리터의 피를 심장에서 내보낸다.

3) 일 년의 소중함을 알고 싶으면… (더글러스 아이베스터 코카콜라 회장의 신년사 중에서)

일 년의 소중함을 알고 싶으면, 입학시험에서 떨어진 학생에게 물어 보십시오. 일 년이 얼마나 짧은지를 알게 해 줄 것입니다.

한 달의 소중함을 알고 싶으면, 미숙아를 낳은 산모에게 물어 보십시오. 한 달의 기다림이 얼마나 소중한지 알게 해 줄 것입니다.

한 주의 소중함을 알고 싶으면, 주간 잡지 편집장에게 물어 보십시오. 한 주가쉴 새 없이 돌아간다는 것을 알게 해 줄 것입니다.

하루의 소중함을 알고 싶으면, 아이가 여섯 명이나 딸린 노동자에게 물어 보십시오. 하루 24시간이 진정 소중한 시간이라는 것을 알게 해 줄 것입니다.

한 시간의 소중함을 알고 싶으면, 약속 장소에서 애인을 기다리는 사람에게 물어 보십시오. 한 시간이 정말 길다는 것을 알게 해 줄 것입니다.

일 분의 소중함을 알고 싶으면, 기차를 놓친 사람에게 물어 보십시오. 일 분의 절박함을 알게 해 줄 것입니다.

일 초의 소중함을 알고 싶으면, 간신히 교통사고를 모면한 사람에게 물어 보십시오. 그 짧은 순간에 운명이 바뀔 수 있다는 것을 알게 해 줄 것입니다.

천분의 일 초의 소중함을 알고 싶으면, 올림픽에서 은메달을 딴 사람에게 물어 보십시오. 그것이 신기록을 세울 수도 있는 긴 시간이라는 것을 알게 해 줄 것입니다.

어제는 이미 지나간 것이요, 미래는 신비일 뿐입니다. 오늘이야말로 당신에게 주어진 최고의 선물입니다. 그래서 우리는 '현재(Present)'를 '선물(Present)'이라고 합니다.

4) 지금 하십시오(작자 미상)

할 일이 생각나거든 지금 하십시오.
오늘은 하늘이 맑지만 내일은 구름이 덮일지 모릅니다.
어제는 이미 당신의 것이 아니니 지금 하십시오.

친절한 말 한마디가 생각나거든 지금 말하십시오.
내일은 당신의 것이 안 될지도 모릅니다.
사랑하는 사람은 언제나 붙어 있지 않습니다.
사랑의 말이 있다면 지금 말하십시오.

미소를 짓고 싶으면 지금 웃으십시오.
당신의 친구가 떠나기 전에
장미는 피고 가슴이 설레일 때
지금 당신의 미소를 주십시오.

불러야 할 노래가 있다면 지금 부르십시오.
당신의 해가 저물면 노래 부르기엔 너무 늦습니다.
당신의 노래를 지금 부르십시오.

5) 빨리(이옥용)

빨리 일어나고
빨리 밥 먹고
빨리 학교에 갔다.
그러나 수업은 빨리 시작하지 않았다.
빨리 놀고
빨리 배우고
빨리 싸웠다.
그러나 키는 빨리 크지 않았다.

빨리 물 주고
빨리 해 주고
빨리 꽃 피라고 빌었다.
그러나 선인장은 죽어 버렸다.

6) 서서히 가라(아일랜드 격언)

생각하는 여유를 가져라. 그것이 힘의 원천이다.
노는 시간을 가져라. 그것이 영원한 젊음의 비결이다.
독서하는 시간을 가져라. 그것이 지식의 샘이 된다.
사랑하고 사랑받는 시간을 가져라. 그것이 신이 부여한 특권이다.
행복한 시간을 만들어라. 그것이 행복으로 향하는 길이다.
웃는 시간을 만들어라. 자기 중심적이기에는 하루가 너무 짧다.
노동하는 시간을 가져라. 그것이 성공을 위한 대가다.
자선을 베푸는 시간을 가져라. 그것은 천국의 열쇠다.

Landing

■ 오늘 수업 한 줄 소감

_____

_____

_____

제7장
나 알기 1

Take-off

● 구호	"I'm OK! You're OK!, We're OK!"
● 탑승 확인	Q. 투명인간이라면 가 보고 싶은 곳은? A.
● 좋아 박수	"나는 내가 정말 좋아!"
● 굿 뉴스(조별로)	

● 나의 One Change 점검 (조별로)	목표	
	진행 상황 (10점 척도)	

74

Flying

1. 나는 누구인가?

1) 어떤 중요한 사람을 처음 만났다고 가정하자. 그에 대해 10가지만 물어볼 수 있다.
   그렇다면 무엇을 물어 볼 것인가? 다음 표의 왼쪽 칸에 질문을 적어 보자.

번호	알고 싶은 것(질문)	대답
1		
2		
3		
4		
5		
6		
7		
8		
9		
10		

2) 이번에는 그 질문에 대한 답을 내가 해 보자. 위 표의 오른쪽 칸에 대답을 적어 보자.

2. '나'에 대한 여러 개념[1]

◎ '나'에 대한 철학적, 심리학적 전문용어의 개념을 알아보자.

1) 자아개념(self-concept)

개인이 가지고 있는 자신에 대한 견해. "나는 어떤 사람인가?" "나의 능력은 어느 정도인가?" "나는 지금 어느 처지에 있는가?" 등의 질문에 대하여 스스로 자신에게 답을 제시하는 것. 긍정적인 개념과 부정적인 개념이 있다.

2) 자아정체감(self-identity, ego-identity)

내가 누구인지, 내가 독특한 존재인지를 일관되게 인식하는 것.

3) 자아의식(self-consciousness)

성찰, 반성, 자각 등을 통해 스스로 자신과 자신의 내면적 세계에 대해 아는 것.

4) 자아존중(self-respect)

자신의 품위를 스스로 높이고 긍지와 자신감을 갖는 자아개념. 자아존중은 대인관계나 사회생활 등에서 매우 중요하다.

5) 자아존중감(self-esteem)

자기 자신을 가치 있고 긍정적인 존재로 평가하는 개념.

6) 자기효능감(self-efficacy)

특정한 문제를 자신의 능력으로 해결할 수 있다는 자기 자신에 대한 신념이나 기대감.

---

1 유튜브 이의용TV, '나 알기 연습' 참조.

3. 왜 나(자아개념) 알기인가?

건강한 자아개념이 정립되어야,

- 내가 내 인생의 (   )이라는 주체성을 갖게 된다.
- 이 세상에 대한 책임감을 갖게 된다.
- 국가와 사회의 과거와 현실을 바로 보는 세계관이 확립된다.
- 자아개념에 걸맞는 (   )을 선택하고 자아 실현과 사회 봉사를 할 수 있다.
- 이상적인 자아와 현실적인 자아, 의무적인 자아와 실현 가능한 자아를 조화시켜 자기를 (   )하며 행복한 삶을 이뤄나갈 수 있다.

4. '나'를 알아보는 4가지 관점

건강한 자아개념을 형성하려면 자신에 대해 잘 알아야 한다. (지피지기백전불태)

1) 생물학적인 나(physical self)[2]

사람은 얼굴, 혈액형, 머리카락, 성별, 피부 등 외형적인 모습으로 고유한 자기 정체성을 갖는다. 이 세상의 모든 사람은 서로 다르고 특별한 존재이다. 그러므로 정체성 차이로 우열을 평가하거나 차별해서는 안 된다.[3] 생물학적인 나를 표현하고 있는 것이 이름, 사진, 신분증, 여권이다.

---

2 체력, 재산, 소유 등을 포함하여 물질적인 나(material self)로 분류하기도 한다.

3 둘 이상의 대상을 차이를 두어 구별하는 것이 차별이다. 사람은 성별, 장애, 병력, 나이, 출신, 민족, 인종, 피부, 언어 등을 이유로 차별을 받아서는 안 된다.

다음 용어의 뜻을 알아보자.

(1) sex와 gender

_____

_____

(2) 성인지 감수성

_____

_____

2) 역사적인 나(historical self)

족보, 성장사 등 살아온 흔적으로 그 사람이 누구인지 분석한다. 이력서가 대표적인 예다.

3) 사회적인 나(social self)

어떤 사람들과 함께 살아 왔고, 살아가고 있는지로 그 사람이 누구인지 분석한다.

4) 심리학적인 나(psychological self)

외적인 행동을 결정하는 가치관, 감정, 성격, 생각(인식) 등을 통해 그 사람이 누구인지 분석한다. 심리적인 나는 겉으로 잘 드러나지 않기 때문에 심리 진단 도구를 사용해서 알아낸다.

5. 4가지 자아개념

1) 자아개념에는 다음과 같은 4가지가 있다.

    (1) 현실적인 자아(real self): 현실적인 나

    (2) 이상적인 자아(ideal self): 이상적으로 되기를 바라는 나

    (3) 의무적인 자아(ought self): 부모 등이 기대하는 나

    (4) 실현 가능한 자아(possible self): 앞으로 노력하면 가능하다고 보는 나

2) 4가지 자아개념의 수준은 자아존중감, 자기효능감 등에 중요한 영향을 미친다.

    (1) 현실적인 자아에 대한 평가가 낮을 경우 자존감이 낮아지고 우울증, 좌절감, 실패감이 생긴다.

    (2) 이상적인 자아, 의무적인 자아 수준이 현실적인 자아 수준보다 크게 높을 경우 '아무리 노력해도 그 기준에 도달할 수가 없다.'는 자신에 대한 좌절감, 불만족, 불안감, 좌절감, 실패감이 생긴다.

    (3) 이상적인 자아, 의무적인 자아 수준이 실현 가능한 자아와 큰 차이가 나지 않을 경우 '노력하면 그 기준에 도달할 수 있다.'는 생각으로 노력하게 된다.

➡ <u>따라서 이상적인 자아, 의무적인 자아 수준은 현실적인 자아, 실현 가능한 자아 수준을 고려해야 한다.</u>

3) 나의 경우는 어떤가?

_____

_____

_____

6. 나 알기 연습

1) 내 이름 설명하기[4]

성명(한자)	설명(뜻, 작명 배경 등)

2) 내 이름으로 3행시 짓기

성명	3행시

3) 15자로 나 소개 글짓기[5]

---

4 한자로 적어 보기, 이름의 뜻, 작명의 배경 등
5 띄어쓰기, 문장부호 없이 문자로만 15자. 나를 가장 멋지게 소개해 보기

4) 지금 내 머릿속의 생각

지금 내 머릿속을 채우고 있는 생각들을 그림으로 표현해 보자.

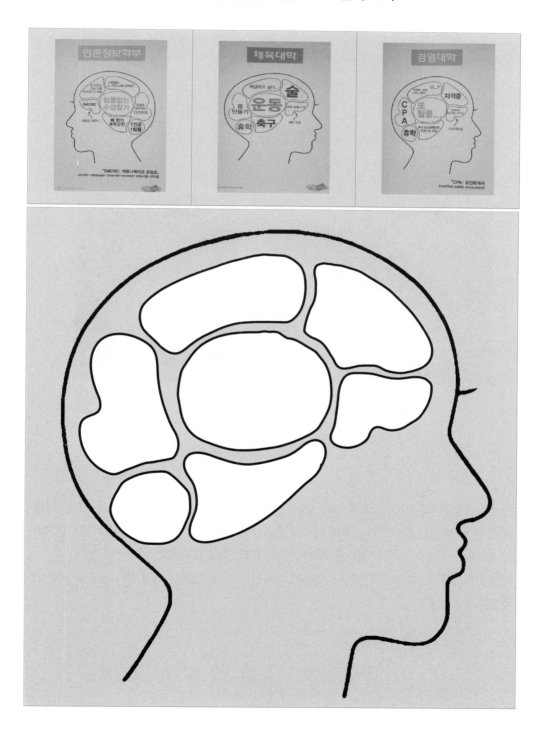

5) 내 자화상 그리기[6]

(1) 내가 그린 자화상(A)과 다른 사람이 나를 보고 그린 그림(B)이 있다. 나의 경우 A, B 중 어느 것이 더 내게 만족스러울 거라고 생각하는가?

_____

_____

(2) 다른 동료의 도움을 받아 나의 파안대소(破顔大笑) 표정을 내 카메라로 10컷 정도 찍는다.

(3) 사람의 얼굴은 우리 마음의 상태에 따라 달라진다.

사람의 얼굴은 80개의 근육으로 되어 있는데, 그 80개의 근육으로 7,000가지의 표정을 지을 수 있다. 사람의 얼굴은 마치 영혼이 나왔다 들어왔다 하는 것처럼 바뀐다. 얼굴은 변화무쌍하다. 얼굴은 정직하다. 사람의 얼굴은 우리 마음의 상태에 따라 달라진다.

첫인상이 결정되는 데 6초가 걸린다. 표정이 그 사람의 인생을 결정한다고 한다. 얼굴을 보면 그 사람을 알 수 있다.

_____

6 가장 밝고 멋있게!

(4) 내 자화상을 그려 보자.

(5) 나의 짧은 자서전 쓰기(A4 1매)

7. '자아 정체감'을 말한다

- 신이시여, 제가 할 수 있는 일은 조용히 받아들일 겸허함을 주시고, 할 수 있는 일에는 도전할 용기를 주시고, 이 두 가지 일을 구별할 수 있는 지혜를 주옵소서. -라인홀드 니버

- 내가 먼저 할 일은 나 자신에게 진실해야 한다는 점이다. 만일 그대가 그대에게 진실하다면 밤이 낮을 따르듯 아무도 그대에게 거짓말을 하지 않게 될 것이다. -윌리엄 셰익스피어

- 진정으로 자유로워지기 위해서는 가장 먼저 자신의 인생에 기꺼이 책임을 져야 한다. -데이비드 맥널리

- 당신은 작고 하찮은 것이 아닌 무언가를 이루기 위해 이 세상에 태어났다. 그것이 당신의 가치를 나타내는 것은 아니다. 이 지구에 중대한 기여를 하기 위해서 온 것이다. -폴 솔로몬

- 나는 생각한다. 고로 나는 존재한다. -데카르트

- 나는 존재한다. 그러나 나는 그 존재 이유를 발견하고 싶다. 왜 내가 살고 있는지 알고 싶은 것이다. -앙드레 지드

- 나는 하나의 법칙, 즉 분명해야 한다는 것만 안다. 내가 분명하지 않다면 모든 내 세계는 무(無)로 허무하게 사라진다. -스탕달

- 나보다 나 자신을 잘 아는 사람은 없다. -이드리스 샤흐

- 다름 아닌 자신에게 전력을 다하고 충실하라. 자기를 내버려 두고 남의 일에 정신이 팔린 사람은 자신의 갈 길을 잃어버린 사람이다. -공자

- 나야말로 내가 의지할 곳이다. 나를 제쳐놓고 내가 의지할 곳은 없다. 착실한 나의 힘보다 나은 것은 없다. -법구경

- 자신의 능력을 감추지 마라. 재능은 쓰라고 주어진 것이다. 그늘 속의 해시계가 무슨 소용이랴. -벤자민 프랭클린

Landing 🛩

■ 오늘 수업 한 줄 소감

_____

_____

_____

제8장
나 알기 2

Take-off

● 구호	"I'm OK! You're OK!, We're OK!"
● 탑승 확인	Q. 투명인간이라면 해 보고 싶은 일은? A.
● 좋아 박수	"나는 내가 정말 좋아!"
● 굿 뉴스(조별로)	

| ● 나의 One Change 점검
(조별로) | 목표 | |
| | 진행 상황
(10점 척도) | |

Flying

자문자답(自問自答) 1-50문 50답[1]

'知彼知己白戰不殆'-적을 알고 나를 알면 백 번 싸워도 위태롭지 않다. 비록 전쟁뿐 아니라 우리 인생도 내가 누구인지 알아야 설계할 수 있다. 내가 군함인지 어선인지를 알아야 고기를 잡을 건지 전쟁을 할 건지 결정할 수 있다.

나를 알아보는 방법에는 여러 가지가 있다. 역사적으로 내가 살아온 과정을 살펴보는 종단 분석, 삶의 부분들을 특징별로 살펴보는 횡단 분석이 있다. 또한 역사적인, 생물학적인, 사회적인, 심리적인 관점으로 나눠서 분석해 볼 수 있다. 여러 관점에서 종합한 다음 질문에 대해 자문자답을 해 보자. 이를 통해 내가 누구인지를 스스로 알아보자.

1) 나의 100미터 달리기 속도는?

_____

_____

2) 나의 1분 맥박 수는?

_____

_____

3) 나의 1분 호흡 수는?

_____

_____

---

1 유튜브 이의용TV, '나 알기 연습' 참조.

4) 내가 하루 걷는 거리는?

_____

_____

5) 내가 평생 올라가 본 가장 높은 곳은? 몇 미터?

_____

_____

6) 나의 가장 오래된 습관 1가지는?

_____

_____

7) 하루 중 가장 생체리듬이 활발한 피크타임은?

_____

_____

8) 나를 색으로 설명한다면? 왜?

_____

_____

9) 나를 숫자로 설명한다면? 왜?

_____

_____

10) 나를 단어로 설명한다면? 왜?

11) 나를 닮은 유명인이 있다면? 왜?

12) 지금 가위바위보 게임을 한다면 무엇을 내겠는가?

13) 식당에서 음식을 시킨 후 기다릴 수 있는 한계 시간은?

14) 만약 집에 불이 난다면 무엇을 들고 나올 것인가?

15) 내가 중요하게 여기는 배우자의 조건 3가지는?

16) 지금까지 내가 경험한 가장 자랑스러운 일 1가지는?

_____

_____

17) 지금까지 내가 경험한 가장 창피하고 수치스러운 일은?

_____

_____

18) 내가 태어나고, 살아온 동네 이름들은?(순서대로)

_____

_____

19) 내 인생 최고의 순간은 언제? 왜?

_____

_____

20) 내 인생 최악의 순간은 언제? 왜?

_____

_____

21) 내가 타고난 환경 중 가장 힘든 것은?

_____

_____

22) 내가 타고난 환경 중 가장 감사한 것은?

_____

_____

23) 내 인생에서 가장 눈물을 많이 흘린 때는?

_____

_____

24) 내 인생에서 가장 후회스러운 일은?

_____

_____

25) 내가 평생 남을 위해 쓴 돈은 얼마나 될까?

_____

_____

26) 내가 평생 부모님으로부터 받은 돈은 얼마나 될까?

_____

_____

27) 내 인생이 지금과는 크게 달라질 뻔한 선택의 상황은?

_____

_____

28) 내가 오늘 말을 걸어 본 사람은 몇 명인가?

_____

_____

29) 전화번호 명단을 보지 않고 적을 수 있는 사람은 몇 명 정도 되는가?

_____

_____

30) 내 전화번호부에 등록된 사람은 몇 명 정도 되는가?

_____

_____

31) 새벽 2시 우리 집으로 오게 할 수 있는 사람은 몇 명 정도 되는가?

_____

_____

32) 내 인생에서 가장 고마운 사람들은?(5명 이내)

_____

_____

33) 어려운 문제가 생기면 누구하고 상의하나?

_____

_____

34) 대인관계에서 중요한 것 2~3가지를 든다면?

_____

_____

35) 대학생활 중 꼭 하고 싶은 일 2~3가지를 든다면?

_____

_____

36) 오늘 이대로 대학을 졸업한다면 어떤 점에 만족할 것인가?

_____

_____

37) 오늘 이대로 대학을 졸업한다면 어떤 점을 후회할 것 같은가?

_____

_____

38) 신입생 후배에게 꼭 당부하고 싶은 것은?

_____

_____

39) 내가 중요하게 생각하는 가치 단어는? 왜?

_____

_____

40) 나를 역사상의 인물에 비유한다면 누구? 왜?

_____

_____

41) 내가 존경하는 인물은? 왜?

_____

_____

42) 남들이 나를 어떤 사람이라고 해 주면 좋겠는가?(2~3가지)

_____

_____

43) 나는 나를 어떤 사람이라고 생각하는가?(2~3가지)

_____

_____

44) 내가 생각하는 나의 강점은?(2~3가지)

_____

_____

45) 나의 MBTI 유형은?

_____

_____

46) 현재 내 감정 상태를 단어로 표현한다면?

_____

_____

47) 오늘 나의 감정 상태를 날씨로 표현한다면?

_____

_____

48) 지금 내가 노래방에서 부르고 싶은 애창곡은?

_____

_____

49) 오늘밤 텅 빈 학교 운동장에서 크게 외치고 싶은 한마디는?

_____

_____

50) 지금 내가 듣고 싶은 칭찬 한마디는?

_____

_____

◆ **인생에서 중요한 세 날** ◆

❶ 태어난 날
❷ 왜 태어났는지 깨닫는 날
❸ 오늘

★ **"지피지기(知彼知己)면 백전불태(白戰不殆)라."** **−손자병법**

- 남을 아는 것은 현명하다. 그러나 자기 자신을 아는 사람이 더 현명한 사람이다.

- 남을 이기는 사람은 강하다. 그러나 자기 자신을 이기는 사람은 더 강하다. 죽으면서도 자기가 멸망하지 않을 것을 아는 자는 영원하다. -노자

- 너 자신을 아는 것을 너의 일로 삼아라. 그것은 세상에서 가장 어려운 교훈이다. -세르반테스

- 너 자신을 알라. -소크라테스

- 나는 내가 신뢰할 수 있는 유일한 벗이다. -데렌스

- 매일 아침 내가 잠에서 깨어날 때마다, 나는 최고의 즐거움을 경험한다. 내가 살바도르 달리로서 이 세상에 존재할 수 있음에. -살바도르 달리

- 사람은 자기 자신을 알아야 한다. 그것이 진리를 발견하는 데 도움이 되지는 않을지라도 생활의 질서를 세우는 데 도움이 될 것이다. 그리고 이보다 더 당연한 일은 없다. -팡세

Landing ✈

■ 오늘 수업 한 줄 소감

제9장

나 알기 3

Take-off ✈

● 구호	"I'm OK! You're OK!, We're OK!"
● 탑승 확인	Q. 지금 나의 기분 상태는? (10점 척도로) A.
● 좋아 박수	"나는 내가 정말 좋아!"
● 굿 뉴스(조별로)	

● 나의 One Change 점검 (조별로)	목표	
	진행 상황 (10점 척도)	

Flying

자문자답(自問自答) 2

知彼知己白戰不殆'-적을 알고 나를 알면 백 번 싸워도 위태롭지 않다. 비록 전쟁뿐 아니라 우리 인생도 내가 누구인지 알아야 설계할 수 있다. 내가 군함인지 어선인지를 알아야 고기를 잡을 건지 전쟁을 할 건지 알 수 있다.

1) 다음 질문에 대해 자문자답을 해 보자. 그리고 내가 누구인지 알아보자.

(1) 나는 (   ) 때 가장 행복하다.

(2) 나는 (   )을 할 때에는 마감 시간을 꼭 지킨다.

(3) 나는 (   )는 절대 미루지 않는다.

(4) 나는 (   )에는 절대 늦지 않는다.

(5) 나는 (   )을 하는 건 쉽게 포기한다.

(6) 나는 (   )을 하는 건 쉽게 거절한다.

(7) 나는 (   )는 아무리 어려워도 해낸다.

(8) 나는 (   )을 할 때에는 기분 전환할 시간을 갖는다.

(9) 나는 아무리 바빠도 (   )는 시간을 내서 한다.

(10) 나는 아무리 어려워도 (   )는 반드시 해낸다.

(11) 방금 태어난 내 아이에게 해 주고 싶은 첫마디는?

(12) 나의 가치를 돈으로 환산하면 얼마나 된다고 생각하는가? 왜?

(13) 그만두라고 말려도 그만둘 수 없는 일은?

(14) 내가 좋아하는 일은 무엇인가? 왜 그렇게 생각하는가?

(15) 내가 잘하는 일은 무엇인가? 왜 그렇게 생각하는가?

(16) 좋아하는 일과 잘하는 일 중 하나만 선택해야 한다면 어느 것을 택하겠는가?

(17) 내가 인생에서 꼭 해야 하는 일은 무엇인가? 왜 그렇게 생각하는가?

2) 나는 누구인가? 나를 대표할 수 있는 키워드나 문장(6자 토크)을 적어 보자.

3) 지금까지의 내 삶을 3~4단계로 구분해 보자.

시기	특징적인 내용

4) 나의 인생 Up & Down 그래프를 그려 보자.

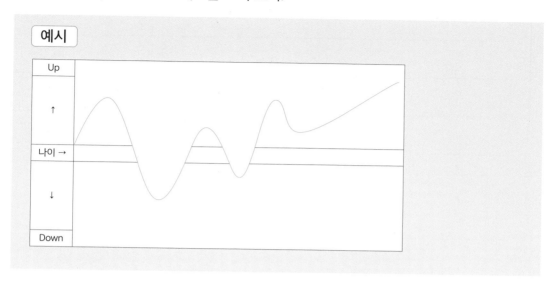

※ 이사, 전학, 왕따, 가난, 성적, 진학, 친구, 연애, 실연, 질병, 여행….

(1) 바꾸고 싶은 사건은?

_____

_____

_____

_____

(2) 그때 그렇게 된 원인은?

_____

_____

_____

_____

(3) 같은 상황을 다시 접한다면?

_____

_____

_____

_____

★ 잘못된 일을 한 번 하면 '실수', 두 번 하면 '실패'.

5) 언젠가 우리는 이 세상을 떠난다. 내가 세상을 떠났을 때 언론에 기사가 나온다면 어떤 내용일까? (나이, 사망 원인, 유가족, 유품, 유산, 사망 직전까지 한 일, 남긴 업적, 장례 방법, 지인들의 반응, 가장 슬퍼할 사람 등)[1]

---

1 When you were born, you were crying and everyone around you was smiling. Live your life so that when you die, You're the one who is smiling and everyone around you is crying.
당신이 태어났을 때 당신은 울고 있었지만, 당신을 둘러싼 이들은 미소를 짓고 있었다. 당신이 눈 감을 때에는, 당신을 둘러싼 이들은 울고 있어도 당신은 미소를 짓는 사람이 되도록 그렇게 인생을 살아라.

6) 내가 세상을 떠났을 때, 나와 가까운 사람들이 내 묘비에 어떤 글을 써 주었으면 좋겠는가?(또는 80세의 나에게 보내는 편지)

7) 자문자답을 통해 살펴본 '나'를 3줄로 정리해 본다면?

Landing

■ 오늘 수업 한 줄 소감

제10장

긍정적 태도

Take-off

● 구호	"I'm OK! You're OK!, We're OK!"
● 탑승 확인	Q. 붕어빵을 먹을 때 어디부터 먹을까?
	A.
● 좋아 박수	"나는 내가 정말 좋아!"
● 굿 뉴스(조별로)	

	목표	
● 나의 One Change 점검 (조별로)		
	진행 상황 (10점 척도)	

Flying

1. 태도

(1) 기본적인 속마음, 자세를 말한다.
(2) 언어나 비언어를 통해 겉으로 드러난다.

2. 무엇이 태도를 결정하는가?

◎ 사람의 태도는 가치관, 인식(생각), 감정, 성격의 상호작용을 거쳐 결정된 반응이다.

1) 가치관

옳은 것, 바람직한 것, 해야 할 것 등에 대한 나의 생각. 사람이 무엇에 가치를 두고 사느냐가 그 사람의 행동과 삶을 결정해 준다. 성취하려는 궁극적인 가치를 목적가치라 하고, 목적가치를 달성하는 수단을 수단가치라 한다.

2) 인식(생각)

사물을 보는 나의 관점. 행동의 결론과 판단은 사실(fact)보다 인식(perception)에 기반을 두고 있다. 인식을 사실로 단정하면 비합리적인 결과를 초래한다.

3) 감정

느낌을 받아들여 생기는 공포, 분노, 기쁨, 슬픔, 수용, 혐오, 기대, 놀람 같은 마음이나 심리 상태.

4) 성격

모든 사람은 독창적인 성격(틀)을 갖는다. 성격은 쉽게 바뀌지 않는다.

상황에 대한 반응

Black Box

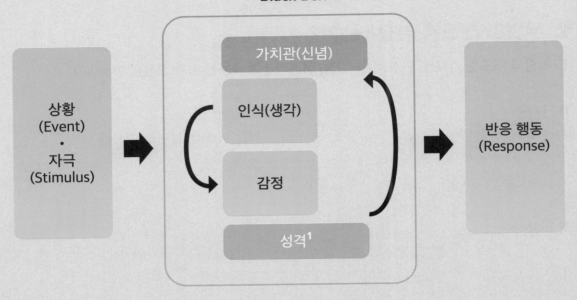

상황
(Event)
·
자극
(Stimulus)

가치관(신념)

인식(생각)

감정

성격[1]

반응 행동
(Response)

사람은 어떤 상황(Event)이 전개되면
생각과 감정이 우선적으로 영향을 받게 된다.
그리고 가치관, 성격 등과 상호작용을 거쳐 행동이 결정된다.

---

1 무료 MBTI 검사

◎ 사람의 행동은 위 4가지 요소의 상호작용으로 결정되지만, 감정과 인식의 영향에 특히 민감하다. 사람은 어떤 상황에 처하면 인식(생각)을 먼저 한 후 감정을 느끼기도 하고, 감정을 먼저 느낀 후 인식을 하고 행동을 하기도 한다. 다음 예문을 보고 나의 경험을 기록해 보자.

<예문 1>

상황	① 그때 어떤 생각을 했나?	② 그때 어떤 감정을 느꼈나? 그 강도는?(1~10)	③ 그래서 어떻게 행동했나?
엘리베이터를 타려는데 누군가가 새치기를 했다.	순서를 지켜야지….	화가 났다. 6	째려봤다.
	많이 바쁜 모양이구나….	조금 짜증이 났다. 3	다음 엘리베이터를 탔다.
교수님이 도움도 안 될 과제를 내주셨다.	학생 입장을 생각해 주지 않는구나….	짜증이 났다. 7	불만스러워하며 무성의 하게 과제를 했다.
	필요하니까 시키겠지….	별 감정이 없었다. 0	성의껏 과제를 했다.

<나의 경험 1>

상황	① 그때 어떤 생각을 했나?	② 그때 어떤 감정을 느꼈나? 그 강도는?(1~10)	③ 그래서 어떻게 행동했나?

109

<예문 2>

상황	① 그때 어떤 감정을 느꼈나? 그 강도는?(1~10)	② 그때 어떤 생각을 했나?	③ 그래서 어떻게 행동했나?
버스 줄을 길게 서서 기다렸는데 엉뚱한 데 차를 세워 줄이 망가졌다.	뇌가 없는 기사가 아닌가?	억울했다. 10	기사에게 심하게 욕을 했다.
	다른 버스가 서 있어서 어쩔 수 없겠다.	조금 불만스러웠다. 3	참았다.
같은 수업을 듣는 이성 동료가 사귀는 사람이 있느냐고 물었다.	가슴이 두근거렸다. 내게 관심이 있구나….	기분이 좋았다. 9	호감형이어서 없다고 말했다.
	왜 남의 사생활에 관심을 가질까? 별….	불쾌했다. 5	꼭 말해야 하냐며 대답하지 않았다.

<나의 경험 2>

상황	① 그때 어떤 감정을 느꼈나? 그 강도는?(1~10)	② 그때 어떤 생각을 했나?	③ 그래서 어떻게 행동했나?

110

3. 진단-나의 태도는?

◎ 다음 질문지를 읽고 자신에게 해당되는 것에 표시한다.
(해당된다-○표, 해당되는 것 같기도 하고 그렇지 않은 것 같기도 하다-V표, 해당되지 않는다-X표)

1) A형 질문지

구분	질문 내용	체크
1	나는 자신에게 성실한 편이다.	
2	나는 다른 사람으로부터 상처받기 쉬운 편이다.	
3	나는 나 자신에게 능력이 없다고 체념하는 경우가 자주 있다.	
4	나는 나의 실패를 별로 마음에 두지 않는다.	
5	나의 패션 감각을 좋아한다.	
6	'나는 왜 이런 짓을 하고 있을까?' 하고 생각할 때가 종종 있다.	
7	나는 내가 하고 싶은 일이라도 다른 사람이 싫어할 것 같으면 참는 편이다.	
8	나는 나의 행동이나 말에 자신을 가지지 못한다.	
9	나는 나에게 감추어진 재능이 있다고 생각한다.	
10	나는 남에게 비판을 받으면 아무 말도 하지 못한다.	
11	나는 좋아하는 사람에게는 내가 먼저 접근한다.	
12	나는 대부분의 일을 '하면 된다'고 생각한다.	
13	나는 나 자신을 매력적이라고 생각한다.	
14	나는 싫은 일이 있어도 금방 기분 전환을 할 수 있다.	
15	나는 하고 싶은 일이나 즐거운 일이 많다.	
16	나는 남에게 거리낌 없이 말하는 것이 별로 마음에 걸리지 않는다.	
17	나는 나 자신을 스스럼없이 드러내 보이면 상대방이 나를 혐오스러워할 것 같은 느낌이 든다.	
18	나는 내가 먼저 상대방에게 접근하는 일은 거의 없다.	
19	나는 나의 생활 방식이 마음에 든다.	
20	나는 상대방이 화제로 삼고 싶어 하지 않는 일에 대해서는 말을 잘 하지 않는다.	
21	나는 무엇을 해도 잘 되지 않을 것 같은 느낌이 든다.	
22	나는 상대방과 비교해서 자신이 쓸모 없게 생각되는 일이 자주 있다.	
23	나는 내가 느낀 것은 무엇이든 상대방에게 이야기하는 편이다.	
24	나는 나의 호의가 상대방에게 피해가 되는 것은 아닐까 하는 걱정이 된다.	

2) B형 질문지

구분	질문 내용	체크
1	나는 '이 사람이 있어서 다행이다.'라고 생각하는 일이 많다.	
2	나는 남과 함께 일을 하면 잘 안되는 경우가 많다.	
3	나는 나의 취미에 맞지 않는 사람과는 사귀고 싶지 않다.	
4	나는 상대방이 여러 가지 일에 대하여 이야기하는 것을 듣는 편이다.	
5	나는 다른 사람이 나에게 친절해도 반갑지 않다고 느끼는 일이 있다.	
6	나는 상대방이 좋은 점, 장점을 이야기할 때 잘 들어 주는 편이다.	
7	나는 상대방이 실패하거나 실수를 해도 그다지 초조해하지 않는다.	
8	나는 나와 다른 사고방식을 가지고 있는 사람과도 친근해질 수 있다.	
9	나는 다른 사람이 '연애란 이런 것이다.'라고 말할 때 반론을 편다.	
10	나는 상대방의 결점이 하나라도 눈에 띄면 상대방의 모든 것이 싫어진다.	
11	나는 상대방과 싸움을 해도 화해의 실마리를 스스로 만들 수 있는 사람이다.	
12	나는 귀찮은 일에는 될 수 있는 대로 관여하고 싶지 않다.	
13	나는 남에게 무엇인가를 해 주거나 받는 것을 좋아한다.	
14	나는 즐거워 보이는 사람을 보면 자신까지 유쾌해진다.	
15	나는 무엇을 해도 잘 해내지 못하는 사람이 많다고 생각한다.	
16	나는 스스로 내 자신은 이렇게 노력하고 있는데 상대방은 그렇지 않다고 생각하는 일이 자주 있다.	
17	나는 무엇인가 분쟁이 생기면 남의 탓으로 돌려 버리는 일이 많다.	
18	나는 상대방을 진심으로 좋아한다고 느끼는 일이 자주 있다.	
19	나는 사적인 일은 거의 남에게 이야기하지 않는다.	
20	나는 상대방의 무관심함에 화가 나는 일이 자주 있다.	
21	나는 상대방의 싫은 면도 포함해서 교제해 나갈 수 있다.	
22	나는 그보다 더 좋은 상대가 반드시 있으리라고 생각한다.	
23	나는 '당신과 함께 있으면 안심이 된다.'라는 소리를 다른 사람들로부터 곧잘 듣는다.	
24	나는 남의 말을 곧이곧대로 잘 믿는 편이다.	

3) A형 / B형 질문 집계표

(1) A형 질문 집계표(○표=2점, ∨표=1점, X표=0점으로 계산하여 다음에 기록한다.)

문항	1	4	5	9	11	12	13	14	15	16	19	23	합계	축
점수														X1
문항	2	3	6	7	8	10	17	18	20	21	22	24	합계	축
점수														X2

(2) B형 질문 집계표(○표=2점, ∨표=1점, X표=0점으로 계산하여 다음에 기록한다.)

문항	1	4	6	7	8	11	13	14	18	21	23	24	합계	축
점수														Y1
문항	2	3	5	9	10	12	15	16	17	19	20	22	합계	축
점수														Y2

4) 그래프 그리기

앞의 X1, X2, Y1, Y2의 값(0~24)으로 그래프를 그려 보자.

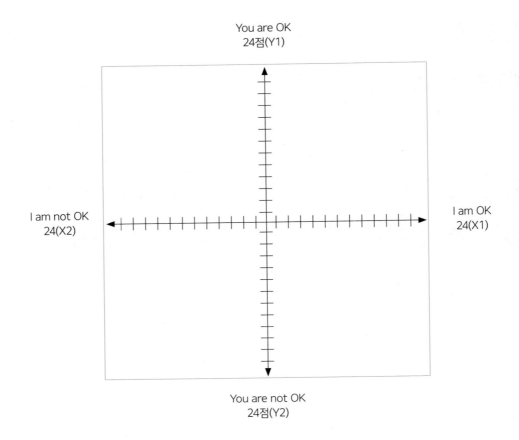

(1) X1값은 자기 긍정(I am OK)의 점수, 즉 자신에 대해서 얼마나 바람직하고 긍정적인 사고 방식을 가지고 있느냐에 대한 점수이다.

(2) X2값은 자기 부정(I am Not OK)의 점수, 즉 자기 자신에 대해서 얼마나 부정적인 태도를 가지고 있느냐에 대한 점수이다.

(3) Y1값은 타인 긍정(You are OK)의 점수, 즉 내가 다른 사람에 대해서 얼마나 긍정적인 태도를 가지고 있느냐에 대한 점수이다.

(4) Y2값은 타인 부정(You are Not OK)의 점수, 즉 내가 다른 사람에 대해서 얼마나 부정적인 태도를 가지고 있느냐에 대한 점수이다.

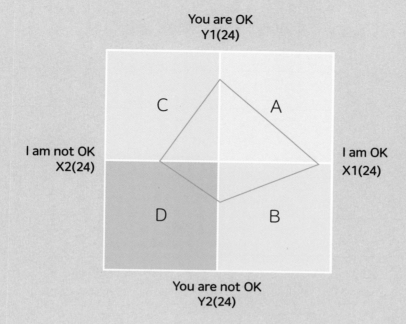

- A 영역의 경우: 자타긍정형
- B 영역의 경우: 자기긍정 타인부정형
- C 영역의 경우: 자기부정 타인긍정형
- D 영역의 경우: 자타부정형

5) 다음 특징은 어느 유형에 해당할까?

(1) 양보, 희생, 자책, 회피, 열등, 우울 - (   )

(2) 협력, 공존, 존중, 행복, 평화, 감사 - (   )

(3) 주도, 독선, 배타, 우월, 분노, 지배 - (   )

(4) 불신, 자포자기, 파괴, 자폐 - (   )

6) 나는 어떤 유형인가? 어느 부분을 어떻게 보완해야 하는가?

(1) X2값을 X1 방향으로 올리기 위해 내가 실천해야 할 것은?

_____

_____

(2) Y2값을 Y1 방향으로 올리기 위해 내가 실천해야 할 것은?

_____

_____

Landing ✈

■ 오늘 수업 한 줄 소감

_____

_____

_____

제11장 ●
긍정적 태도 연습

Take-off

● 구호	"I'm OK! You're OK!, We're OK!"
● 탑승 확인	Q. 굿 뉴스, 배드 뉴스가 있다. 어느 것을 먼저 말할까? A.
● 좋아 박수	"나는 내가 정말 좋아!"
● 굿 뉴스(조별로)	

| ● 나의 One Change 점검
(조별로) | 목표 | |
| | 진행 상황
(10점 척도) | |

1. 긍정적 태도의 중요성

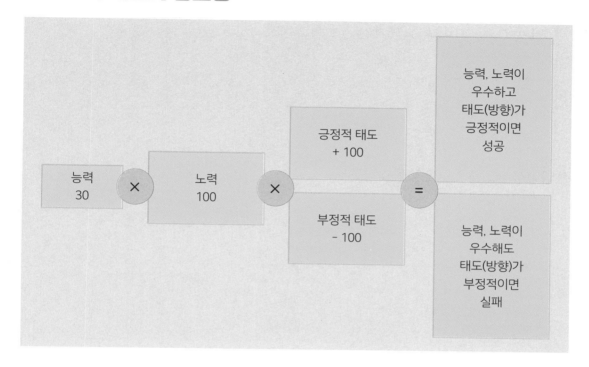

1) 성공 = 능력 × 노력 × 태도

(1) 성공은 '선천적 능력×후천적 노력×태도'로 결정된다고 볼 수 있다. 전문가들의 조언을 종합해 볼 때 능력의 비중이 30이라면 노력은 100, 태도는 100이다. 그런데 태도는 -100에서 +100까지의 방향성을 갖는다. 자동차의 핸들처럼, 태도는 결과에 결정적인 영향을 미친다. 능력과 노력이 우수하고 태도가 좋으면 성공하지만, 능력과 노력이 우수 하더라도 태도가 나쁘면 실패할 수밖에 없다.

(2) 일상에서 뭔가를 하기 싫은 마음을 갖는다면 할 수 없다는 마음이 생기고, 포기하고 싶은 마음이 생기며, 미루고 싶은 마음이 생기고, 게으른 행동이 나타나기 마련이다. 결국 일이 실패할 가능성이 높아진다.

(3) 그러나 뭔가를 하고 싶은 마음을 갖는다면 할 수 있다는 마음이 생기고, 노력하려는 마음이 생기며, 속히 성취하려는 마음이 생겨 부지런해진다. 결국 일이 즐거워져서 성공할 가능성이 높아진다.

(4) 태도가 0인 경우도 마찬가지다. 곱셈에서 0은 상수를 0으로 만든다. 이도 저도 아닌 채 우물쭈물하는 태도는 기대한 성과를 이뤄내지 못한다.

(5) 자동차 여행이 실패하는 원인은 엔진의 성능이나 연료 문제보다 핸들 방향을 잘못 잡는 운전기술일 수 있다. 태도는 방향성이다. 태도가 얼마나 중요한가. 긍정적인 태도가 얼마나 중요한가.

2) 긍정적 태도를 가진 인물을 찾아보자.

(1) _____

_____

(2) _____

_____

(3) _____

3) 부정적 태도를 가진 인물을 찾아보자.

(1) _____

_____

(2) _____

_____

(3) _____

_____

2. 사실과 인식

1) 사실과 인식은 다르다.

"내 키는 170cm이다."는 '사실(fact)'일 수 있지만, "나는 잘 생겼다."는 건 '인식(perceptions)'일 수 있다. 세상을 평유리로 세상을 있는 그대로 보는 게 '사실'이라면, 세상을 돋보기나 졸보기로 왜곡시켜 보는 건 '인식'이다. '사실'의 답은 하나이므로 논쟁의 여지가 없지만, '인식'의 답은 여럿이어서 논쟁거리가 될 수 있다. '사실'은 남들도 동의하지만, '인식'은 나 혼자만 그리 생각하는 것이다. '인식'을 사실처럼 여기는 게 비합리적 사고다. 비합리적 사고는 인식의 오류로서 많은 문제를 낳는다. 특히 부정적인 경우 더욱 그렇다.

2) 인식의 오류

다음은 사실이 아닌 것을 사실로 여기는 인식의 오류 사례들이다. 이러한 렌즈로 우리 자신과 세상을 바라본다면 많은 실수나 실패가 뒤따를 수 있다. 다음 사례 중 나에게 해당되는 것이 어느 것인지 표시해 보자. 그리고 합리적으로 고쳐 보자.

종류	현상	해당 여부
확대와 축소	잘못은 확대하고 성공은 축소한다. 예: "25문제 중 4개나 틀렸네."	
긍정적인 것의 평가절하	성공이나 찬사에 대해 그 가치를 깎아버린다. 예: "어쩌다 잘 한 걸 가지고, 뭘…."	
파멸적 사고	가장 나쁜 일이 일어날 것이라고 예상한다. 예: "오늘 발표 때 틀림없이 망칠 거야."	
개인화	다른 사람이 관련된 부정적인 사건에 대한 비난을 스스로 자신이 받아들인다. 예: "내가 그 때 그 자리에 갔어야 하는데… 다 내 책임이야."	
과잉 책임	자신의 삶에서 실패한 부분에 대해 지나치게 책임을 지려고 한다. 예: "재수를 해서 대학 간 것은 내 인생에서 최악의 실패였어. 그 바람에 까먹은 돈이…."	

자기 중심적 사고	자기 평가적인 사고로, 세상이 나를 지켜보고 나의 문제를 지나치게 살펴보고 있다고 생각한다. 예: "내 키가 작으니 사람들이 모두 날 우습게 여길 거야."	
과잉 일반화	나쁜 사건이 계속 일어날 것으로 추측한다. (머피 법칙) 예: "내게는 항상 그런 일이 일어난다."	
선택적 추상화	부분만을 선택하고 전체적인 그림은 보지 않는다. 예: "하나를 보면 열을 안다."	
감정적 논리	자신의 감정에 근거하여 생각한다. 예: "그렇지 않아도 짜증나 죽겠는데 왜 늦는 거야?"	
비약적인 결론	상대방이 나에 대해 생각하고 있을지 모르는 것을 읽어내려고 노력한다. 예: "날 자꾸 쳐다보는 걸 보니 날 좋아하는가봐."	
낙인찍기(꼬리표 붙이기)	제한된 지식에 근거하여 사람을 분류한다. 예: "영어를 잘 하는 걸 보니 유학을 다녀 왔나봐."	
이분법적 사고	모든 것을 이것 아니면 저것, 흑과 백으로 이분화해서 생각한다. 예: "A+가 아니면 잘 한 게 아니야."	
과잉 일반화	한 번 일어난 부정적인 일이 계속 일어날 것이라고 임의로 결론짓는다. 예: "우산을 잃어버리다니 오늘 일진이 안 좋아."	
성급히 결론짓기	사실인지 아닌지 확인도 안 해 보고 그렇다고 확신한다. 예: "내 전화를 안 받는 것 보니 나를 무시하는 게 분명해."	
장점 무시하기	자신이 잘 한 점을 평가 절하한다. 예: "이번에 발표를 무사히 끝낸 건 발표 주제가 쉬웠기 때문이야."	
당위 진술	반드시 해야 한다, 해서는 안 된다고 생각한다. 예) "절대로 실수해서는 안 돼."	
파국적인 예상	최악을 예상하고 그것이 일어날 것이라고 생각한다. 예: "난 발표를 다 망치고 모두에게 망신을 당하고 될 거야."	

3. 5가지 대상에 대한 태도

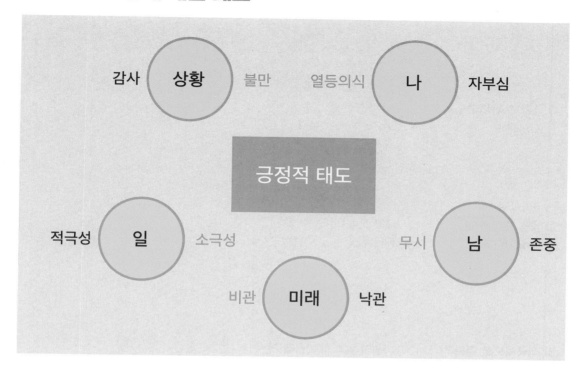

1) 긍정적 태도란

    긍정적 태도란 나에 대해 자부심을 갖는 것, 남을 존중하는 것, 현재의 상황을 긍정적으로 보는 것, 지금 하고 있는 일을 적극적으로 하는 것, 다가올 미래를 낙관적으로 보고 희망을 갖는 마음의 상태다. 부정적 태도란 그 반대의 마음 상태다.

2) 긍정적 태도를 위한 마음가짐

    (1) 자신에 대해 열등의식에서 벗어나 자부심을 가져라!

    (2) 남을 무시하지 말고 나처럼 존중하라!

    (3) 현재 하고 있는 일을 머뭇거리지 말고 적극적으로 임하라!

    (4) 현재 당면한 상황을 비판하고 불만스러워 하지 말고 감사하라!

    (5) 다가올 미래에 대해 불안해하고 비관하지 말고 낙관하고 전진하라!

4. 긍정적 태도 연습

긍정적 태도	질문	내용(1가지 이상)[1]
1) 나를 존중하라! (I'm OK!)	내 자랑거리는? (나, 가족, 친구, 나라, 모임 등)	
2) 남을 존중하라! (You're OK)	내가 오늘 만나는 어떤 사람에게 배려해 줄 수 있는 방법은?	
3) 적극적으로 일하라!	바꿔야 할 나의 학습태도는?	
4) 처한 상황을 긍정적으로 바라보라!	코로나19 상황이 주는 긍정적인 점은?	
5) 미래를 낙관하라!	지금 나에게 해 줄 낙관적인 말 한마디는?	

---

1 조별로 취합해서 공유해 보자.

5. 태도를 말한다

- 천사가 날 수 있는 이유는 자신을 가볍게 생각하기 때문이다. -엘렌 와츠

- 선한 것이나 악한 것은 없고, 다만 생각이 그렇게 만들 뿐이다. -윌리엄 셰익스피어

- 말은 인간이 만든 가장 강력한 마약이다. -러드야드 키플링

- 파괴적인 생각을 피하라. 부적절하고 부정적인 생각은 사람을 쇠약하게 만든다. 배는 지구를 수십 바퀴도 돌 수 있지만, 물을 채우면 가라앉아 버린다. 사람의 마음도 마찬가지다. 사람의 마음에 부정적인 생각이나 부적절한 생각이 가득 차면 사람도 배처럼 가라앉아버린다. -알프레드 몬타퍼트

- 자신의 부정적인 생각을 두려워하지 마라. 그 생각이 진실이 아니고 그저 부정적인 생각에 불과하다는 것을 알면 된다. 자신의 의식에서 그들이 있을 자리를 내 주지 않으면 지탱할 근거를 찾지 못하고 거짓된 발상과 개념으로 분해되어 흔적도 없이 사라져 버릴 것이다. -노니 콕스헤드

- 잘 될 것이라고 계속 말하면 그 말을 증명할 좋은 기회가 찾아오게 된다. -아이삭 바슈비스싱어

- 오래 살수록 삶의 자세가 인생에 미치는 영향을 새삼 깨닫고는 한다. 나에게 삶의 자세는 사실보다 중요하다. 과거보다도 중요하며 교육, 돈, 환경, 실패, 성공, 나에 대한 다른 사람들의 생각이나 말, 행동보다도 중요하다. 나의 겉모습이나 재능, 기술보다도 중요하게 생각한다. 놀라운 점은 우리는 매일 그날을 받아들일 자세를 선택할 수 있다는 것이다. 우리의 과거를 바꿀 수는 없다. 사람들이 특정한 방법으로 행동한다는 사실을 바꿀 수는 없다. 보이지 않는 것을 바꿀 수도 없다. 우리가 할 수 있는 일은 오직 우리가 갖고 있는 단 하나의 줄, 즉 삶의 자세를 연주하는 것이다. 인생의 10%는 정해진 것도 있지만, 90%는 내가 어떻게 결정하느냐에 따라 달라진다. 당신도 마찬가지다. 삶의 자세에 책임을 져라! -찰스 스윈돌

- 당신은, "그러나"라고 말했다. 나는 모든 어려운 문제에 손가락을 댔다. 당신은, '그러나'를 좋아하는 사람이다. '그러나'라는 말을 하지 말라. 그 짧은 말 '그러나'가 성공과 실패의 차이다. 헨리 포드는 "자동차를 만들겠다."고 말했다. 그런데 아더 프랭큰은 "그러나…."라고 말했다. -에니 빌코

- 행복의 문 하나가 닫히면 다른 문이 열린다. 그러나 우리는 닫힌 문만 오래 바라보기 때문에 우리에게 열려진 문을 보지 못한다. -헬렌 켈러

- 행동의 씨앗을 뿌리면 습관의 열매가 열리고, 습관의 씨앗을 뿌리면 성격의 열매가 열리고, 성격의 씨앗을 뿌리면 운명의 열매가 열린다. -나폴레옹

6. 긍정의 극치-감사

1) 매일 감사 일기를 써 보자. 감사 일기를 쓰면 어떤 점이 좋을까?

    (1) 고마웠던 일을 (　　　　　)할 수 있다.

    (2) 긍정적인 마인드가 생긴다.

    (3) 감사하는 마음이 생긴다.

    (4) (　　　　　)를 찾게 된다.

    (5) 자신감이 생긴다.

    (6) 표정이 달라진다.

    (7) (　　　　　)가 달라진다.

    (8) 사람들이 좋게 보인다.

    (9) 주위 사람들과 (　　　　)하게 된다.

    (10) (　　　　　)하게 된다.

    (11) 감사 거리가 더 많이 생긴다.

    (12) 다른 사람에게 고마운 일을 만들어 주고 싶어진다.

    (13) 오늘 하루가 달라진다.

    (14) (　　　　　)이 달라진다.

2) 지금, 고마운 사람 3명에게 SNS로 감사 문자 보내기

고마운 사람	무엇이, 왜, 얼마나 고마운지 구체적으로

3) 지금 고마운 일 적어 보기

번호	무엇이, 누구에게, 왜 고마운지 구체적으로
1	
2	
3	
4	
5	
6	
7	
8	
9	
10	
11	
12	
13	

14	
15	
16	
17	
18	
19	
20	
21	
22	
23	
24	
25	

• 감사 일기의 유익성(p. 126)
　→ 기억, 굿뉴스, 말투, 화목, 숙면, 인생

4) 긍정의 극치는 감사다. 긍정적인 태도를 가진 사람은 고마움을 표할 줄 안다.

(1) '10Q-5Q': 하루 열 번 "감사합니다!" 인사하고, 다섯 번 "감사합니다!" 인사를 받자! 다른 사람한테 "감사합니다!" 인사를 받고 싶으면 뭔가를 베풀어야 한다.

(2) 만나는 모든 이를 배려하라. 감사는 감사를 낳고, 배려는 또 다른 배려를 낳는다.

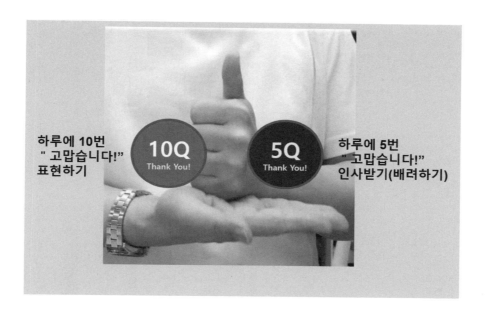

Landing ✈

■ 오늘 수업 한 줄 소감

_____

_____

_____

제12장

자존감과 열등감

1 감정에만 의존한 근거 없는 자신감은 금방 지워져 힘이 되지 못한다. '근자감'=근거 있는 자신감.

Take-off

구호	"I'm OK! You're OK!, We're OK!"
탑승 확인	Q. 내가 좋아하는 숫자는?
	A.
좋아 박수	"나는 내가 정말 좋아!"
굿 뉴스(조별로)	

나의 One Change 점검 (조별로)	목표	
	진행 상황 (10점 척도)	

Flying

1. 진단: 나의 자존감

1) 다음은 전반적인 삶의 만족도를 측정하기 위한 진단이다. 자신의 현재 만족도를 진단해 보자.

(1) 삶의 만족도 척도(Satisfaction with Life Scale: SWLS)[1]
다음에는 당신이 동의할 수도 있고 그렇지 않을 수도 있는 다섯 문항이 제시되어 있다.
각 문항에 동의 또는 반대하는 정도에 따라서 1~7점 사이의 숫자에 ○표를 한다. 자유롭
고 솔직하게 응답해 보자.

문항	전혀 아니다	아니다	약간 아니다	중간 이다	약간 그렇다	그렇다	매우 그렇다	점수
1. 전반적으로 나의 인생은 내가 이상적으로 여기는 모습에 가깝다.	1	2	3	4	5	6	7	
2. 내 인생의 여건은 아주 좋은 편이다.	1	2	3	4	5	6	7	
3. 나는 나의 삶에 만족한다.	1	2	3	4	5	6	7	
4. 지금까지 나는 내 인생에서 원하는 중요한 것들을 이루어냈다.	1	2	3	4	5	6	7	
5. 다시 태어난다 해도 나는 지금처럼 살아갈 것이다.	1	2	3	4	5	6	7	
합계								

(2) 위의 진단지의 점수를 합해 보자.

나의 삶의 만족도 진단 점수	나의 의견

---

1 전반적인 삶의 만족도를 측정하기 위해 가장 널리 사용되고 있는 척도로서 총 5문항으로 구성되어 있으며 Likert형 7점 척도로
평정된다. Diener, Emmons, Larson과 Griffin(1985)이 개발하였고, 이를 조명한과 차경호(1998)가 번안하였다.

2) 다음은 전반적인 자아 존중감을 측정하기 위한 진단이다. 자아 존중감 척도를 이용하여 나의 자아 존중감을 진단해 보자.[2]

(1) 다음 문항을 읽고 자신이 해당하는 답의 숫자에 ○표를 해 보자.

문항	전혀 그렇지 않다	대체로 그렇지 않다	중간 이다	대체로 그렇다	전적 으로 그렇다	점수 (A)	역채점 점수 (6−A)
1. 나는 내가 적어도 다른 사람만큼은 가치 있는 사람이라고 느낀다.	1	2	3	4	5		
2. 나는 좋은 자질들을 많이 가지고 있는 것 같다.	1	2	3	4	5		
3. 대체로 나는 내가 실패자라고 생각하는 경향이 있다.	1	2	3	4	5		
4. 나는 대부분의 다른 사람들만큼 일을 잘 할 수 있다.	1	2	3	4	5		
5. 나는 자랑할 만한 것이 별로 없는 것 같다.	1	2	3	4	5		
6. 나는 나 자신에 대해 긍정적인 태도를 가지고 있다.	1	2	3	4	5		
7. 대체로 나 자신에 대해 만족하고 있다.	1	2	3	4	5		
8. 나 자신을 좀 더 존중할 수 있었으면 좋겠다.	1	2	3	4	5		
9. 나는 때때로 내가 정말 쓸모없는 사람이라고 느낀다.	1	2	3	4	5		
10. 때때로 나에게 좋은 점이라곤 전혀 없다는 생각이 든다.	1	2	3	4	5		
합계							

---

2 자아 존중감 척도는 Rogenberg(1965)가 개발한 것이다. 이 척도는 특정 영역에 국한되지 않는 전반적인 자아 존중감을 측정한다. 여기서는 이훈진과 원호택(1995)이 번안한 것을 사용하였다.

(2) 앞의 진단지의 점수를 합해 보자.

- 자신에 대한 부정적 태도에 해당하는 5개 문항(3, 5, 8, 9, 10)은 역채점한다. 역채점이란 1점은 5점으로, 2점은 4점으로, 4점은 2점으로, 5점은 1점으로 채점하는 것이다.
- 긍정적 태도에 해당하는 5개 문항(1, 2, 4, 6, 7)은 점수 변동 없이 합산한다.

(3) 진단 결과를 다음에 적어 보자.

나의 자아 존중감 진단 점수	나의 의견

2. 자존감과 열등감(자존심)[3]

(1) 자존감은 '나는 가치 있는 존재'라고 느낄 때 경험되는 긍정적인 감정이다. 반면, 열등감은 '나는 가치 없는 존재'라고 느낄 때 경험되는 부정적인 감정이다.

(2) 자존감과 자존심은 감정의 뿌리가 다르다. 자존심은 남이 나를 존중하고 받들어 주길 바라는 마음이다. 반면, 자존감은 내가 스스로 나를 존중하는 마음이다.

(3) 자존심이 강한 사람은 남들이 나를 어떻게 볼 것인가에 늘 신경을 쓴다. 그러나 자존감이 강한 사람은 남들이 나를 어떻게 보든, 내가 소중하고 존귀한 존재이기에 별 영향을 받지 않는다.

(4) 자존심이 강한 사람은 결국 남이 나를 높게 봐주기를 바라지만, 정작 자신은 자신을 높게 보지 않는다. 늘 다른 사람이 자존심의 잣대가 된다. 그러나 자존감이 높은 사람은 다른 사람이 자신을 뭐라 하든 자기 스스로 자신을 평가한다. 어떤 문제가 생겨도 남을 바꾸려 하지 않고 자신을 돌아보고 자신을 바꾸려고 한다.

(5) "남보다 내가 낫다" "남보다 내가 못하다"는 건 자기정체성이 될 수 없다. 존재는 절대평가다!

---

3 유튜브 이의용TV, '자존감 회복 프로젝트' 참조.

3. 자존감이 낮은 사람과 높은 사람의 특징[4]

자존감이 높은 사람이 자주 하는 말, 행동	자존감이 낮은 사람이 자주 하는 말, 행동
자기 신체, 외모에 대한 만족도가 높다.	자기 외모를 다른 사람과 비교하며 열등하게 생각한다.
긍정적이며 ( )을 확신한다.	부정적이며 ( )를 염려한다.
자신이 속한 나라, 가정, 학교, 직장에 대해 긍정적이다.	자신의 출신, 소속 등을 부끄러워한다.
자신이 가치 있고 보람된 삶을 살고 있다고 생각한다.	자신을 무가치하게 생각한다.
새로운 상황, 경험, 일에 대해 개방적이다.	새로운 상황, 일, 사람에 대해 불편하게 생각한다.
자신의 잘못, 실수, 실패를 ( )하며 자신에게 정직하다.	실수, 실패에 대해 지나치게 ( )한다.
부정적 감정을 잘 수용하고 조절한다.	남들 앞에서 자기에 대해 지나치게 과장하여 자랑한다.
긴장과 도전적 상황에서도 당황하지 않고 유연하게 대처한다.	지나칠 정도로 남들에게서 인정과 관심을 얻고 싶어한다.
자신은 물론 상대방도 있는 그대로 인정하고 받아들인다.	주위의 지적이나 비판에 대해 지나치게 민감하게 반응한다.
자신의 감정, 의견을 상대방을 불편하지 않게 하면서 자유롭게 표현한다.	자신의 생각이나 감정을 남 앞에서 표현하는 걸 주저한다.
상대방의 의견과 생각을 진지하게 대한다.	다른 사람에 대해 지나치게 비판하려 한다.
자신의 재능, 소유물, 그리고 자신이 이룬 일들을 소중하게 여긴다.	자신의 재능과 자신이 이룬 업적에 대해 인색하다.
칭찬과 애정, 감사하는 마음을 주고받는 것을 ( ) 행한다.	상대방의 감정을 자기 방식대로 ( )으로 해석한다.

---

4 이의용(2015). **스무살 나의 비전**(2판, pp. 120-121).

4. 열등 프레임에서 벗어나라!

1) 부정적인 프레임에서 벗어나자.

(1) 잠자리는 3%의 에너지만 소모하며 1초에 40번, 하루 345만 번 날개짓을 한다. 그렇게 한다고 해서 날개가 망가지지 않는다. 자신에게 감춰진 원석, 이미 개발된 보석을 개발하지도, 찾아보지도 않고 세상 한탄만 하지·말자.

(2) 벼룩은 한 번에 자기 키의 100배(20cm)를 뛸 수 있지만, 유리병에 가둬 두면 나와서도 그 높이 이상 뛰려 하지 않는다.

(3) 아기 코끼리의 다리를 끈으로 나무에 묶어 놓으면 성장해서도 계속 묶여 산다.

(4) 고등학교 때의 성적(등급), 내가 다니는 학교에 대한 세상의 평가, 가정의 경제환경, 부모의 학벌 등에 나를 맞춰 살지 말자.

(5) 대학생이 되어서도 결정장애, 무기력에 갇혀 목표 없이 부모의 조언과 도움에 의존해서 살지 말자.

(6) 외모, 지능, 성장과정, 소유 등을 습관적으로 남과 비교하면서 자신이 남보다 못하다고 생각하며 무기력하게 살지 말자.

(7) 전통 지킴이라는 틀을 벗어나 판소리를 세계인의 떼창으로 승화시킨 이날치처럼 프레임을 깨고 나오자.

(8) 피부색을 바꾸려 하루 열 번씩이나 세수를 하다가 중단한 마리아 앤더슨처럼 자신을 받아들이자.

(9) 아버지가 여러 명이었던 클린턴 전 미국 대통령처럼 주어진 상황을 부끄러워하지 말자.

2) '비교'라는 병(病)에서 탈출하자.

(1) 다른 사람과 나를 (   )하지 말라. 그럴 생각이 있으면 어제의 나와 현재의 나를 비교하라.

(2) 과거에 대해 (   )하지 말라. 그럴 시간이 있으면 과거에 대해 철저히 반성하라.

(3) 미래에 대해 (   )하지 말라. 그럴 시간이 있으면 다가올 미래를 철저히 준비하라.

3) 내가 만든 근거 없는 프레임에서 벗어나자. [5]

- 살아오면서 '내가 만든 근거 없는 프레임'이 있다면?

_____

_____

4) 남이 만들어 준 프레임에서 벗어나자. [6]

- 살아오면서 '남이 만들어 준 근거 없는 프레임'이 있다면?

_____

_____

5) 나도 다른 사람을 부정적 프레임에 가두지 말자.

---

5 유튜브 이의용TV, '인생은 마라톤 경기가 아니다 (1)' 참조.
6 유튜브 이의용TV, '인생은 마라톤 경기가 아니다 (2)' 참조.

5. 나에게 자존감은?

"나에게 있어 자존감은 (   )을 하는 것이라고 할 수 있다.[7]
왜냐하면 (   )이기 때문이다."

6. "나는 내가 정말 좋아!"

1) 세상에서 가장 좋은 사람을…

(1) 한 글자로 말하면?	나
(2) 두 글자로 줄이면?	또 나
(3) 세 글자로 줄이면?	( )
(4) 네 글자로 줄이면?	그래도 나
(5) 다섯 글자로 줄이면?	다시 봐도 나
(6) 여섯 자로 줄이면?	( )
(7) 일곱 글자로 줄이면?	뭐니뭐니 해도 나
(8) 여덟 글자로 줄이면?	( )

---

[7] '먼저 인사를 하는 것' '먼저 사과를 하는 것' '편견을 버리는 것' '능력을 키우는 것' '운동을 하는 것' '도전을 하는 것' '남을 돕는 것' 등 자존감이 있는 사람이 할 수 있는 것을 생각해 보자.

2) 열등감에서 자존감으로 나가는 문은 내가 갖고 있다.

"What matters most is how you see yourself!" 남들이 나를 어떻게 생각하느냐보다 중요한 것은 내가 나를 어떻게 생각하느냐다!

3) "나는 특별하다!" "나는 당당하다!" "나는 나를 사랑한다!" "나는 나를 믿는다!"라고 외쳐라!

내가 나를 좋아하고 사랑하는 것이 왜 부끄러운 일인가? 오히려 내가 나를 싫어하는 것이 부끄러운 일이다. 내가 나를 좋아하는 것이 정상이고, 내가 나를 싫어하는 것은 비정상이다.

4) "나는 내가 정말 좋아!"

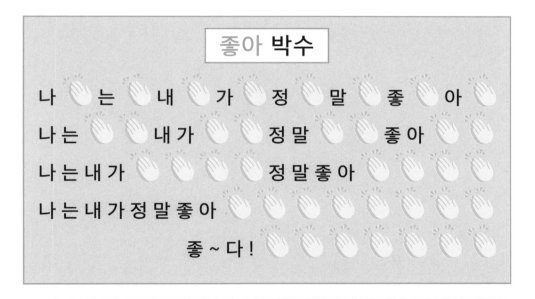

※ 떠벌림 효과(Profess Effect)
자신이 달성하고자 하는 목표를 공개적으로 알림으로써 주위 사람들의 지원을 받아 목표를 달성하도록 하는 효과

Landing

■ 오늘 수업 한 줄 소감

제13장 ●
내 장점 찾기

Take-off ✈

● 구호	"I'm OK! You're OK!, We're OK!"
● 탑승 확인	Q. 무인도에 갈 때 가져갈 물건 3가지는? A.
● 좋아 박수	"나는 내가 정말 좋아!"
● 굿 뉴스(조별로)	

| ● 나의 One Change 점검
(조별로) | 목표 | |
| | 진행 상황
(10점 척도) | |

Flying

1. 원석과 보석(장점)

1) 누구에게나 (   )은 있다.[1]

2) 원석은 아직 다듬지 않은 재능(적성)
   (1) 나의 원석은 어떤 것이 있을까? (내가 아는 것, 남이 아는 것)
   (2) 찾아내서 (   )해야 한다.

3) 보석은 성장 과정에서 이미 다듬어진 재능(적성)
   (1) 나의 보석은 어떤 것이 있을까?
   (2) 찾아내서 (   )해야 한다.

- 사과 속의 씨앗은 셀 수 있어도 씨앗 속의 사과는 셀 수 없다. -김준곤

---

1 여러 가지 답을 생각해 보자. 유튜브 이의용TV, '자존감 회복 프로젝트' 참조.

2. 1단계-나에게 물어보기

◎ 내가 나의 장점(원석, 보석)을 스스로 찾아본다. 가장 큰 장점이라고 생각하는 것부터 다음 표에 정리한다.

순서	나의 장점
1	
2	
3	
4	
5	
6	
7	
8	
9	
10	

3. 2단계-남에게 물어보기[2]

◎ 나를 가장 잘 아는 주위 사람들에게 나의 장점(원석, 보석)을 2가지씩 찾아달라고 부탁한다.(SNS 활용) 가장 많이 추천된 것부터 다음 표에 정리한다.

순서	나의 장점
1	
2	
3	
4	
5	
6	
7	
8	
9	
10	

---

2 미리 부탁해서 모아 두는 게 좋다.

4. 3단계-나의 장점 정리

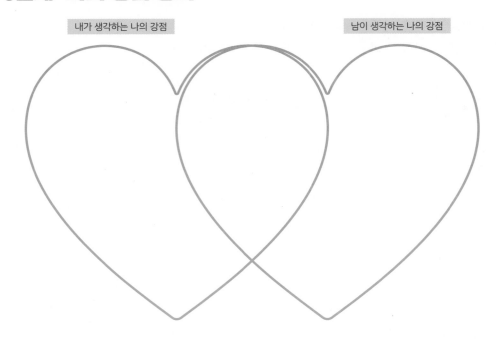

내가 생각하는 나의 강점

남이 생각하는 나의 강점

◎ 1단계와 2단계에서 조사된 나의 장점 중 공통되는 장점을 찾아 정리해 보자.

순서	나의 장점(공통 부분)
1	
2	
3	
4	
5	
6	
7	
8	
9	
10	

5. 4단계-나의 장점 찾기

◎ 성격강점 검사(Via Survey)

(1) www.viame.org 또는 www.viacharacter.org의 창을 연다.
(2) 노란색 'Take The Free VIA Survey(무료)'을 클릭한다.
(3) 노란 박스의 Register to get started 첫 줄의 'English'를 눌러 사용 언어를 '한국어'로 선택한다.
(4) 창이 나오면 다음과 같이 기입해 나간다.

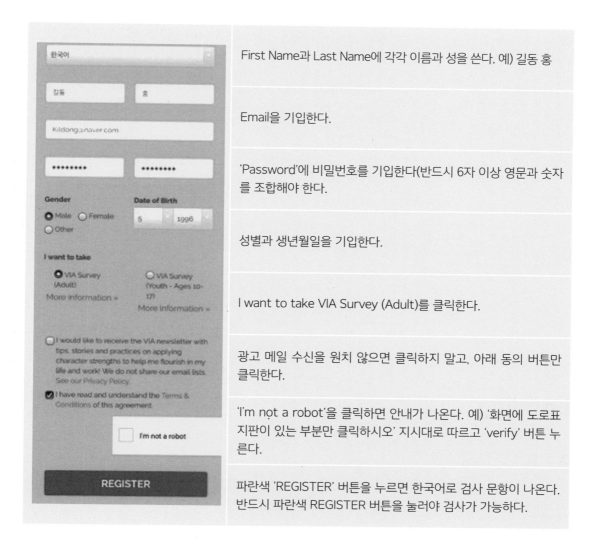

	First Name과 Last Name에 각각 이름과 성을 쓴다. 예) 길동 홍
	Email을 기입한다.
	'Password'에 비밀번호를 기입한다(반드시 6자 이상 영문과 숫자를 조합해야 한다.
	성별과 생년월일을 기입한다.
	I want to take VIA Survey (Adult)를 클릭한다.
	광고 메일 수신을 원치 않으면 클릭하지 말고, 아래 동의 버튼만 클릭한다.
	'I'm not a robot'을 클릭하면 안내가 나온다. 예) '화면에 도로표지판이 있는 부분만 클릭하시오' 지시대로 따르고 'verify' 버튼 누른다.
	파란색 'REGISTER' 버튼을 누르면 한국어로 검사 문항이 나온다. 반드시 파란색 REGISTER 버튼을 눌러야 검사가 가능하다.

(5) 질문에 차례대로 응답한다. (총 120개 문항, 15분 정도 소요)

(6) 검사를 마친 후에는 파란 색 글자 'Download Character Strength'를 누르고 파일을 저장한다. (노란색 박스를 누르면 유료 검사결과로 안내되므로 주의!)

(7) 24개 항목의 검사 결과가 나오면 스마트폰에서는 화면을 캡처해서 보관하고, 컴퓨터에서 처음 등록 시 썼던 이메일과 비밀번호로 다시 로그인하여 검사결과 파일을 저장하면 된다.

6. 5단계-나 (   )의 근거 있는 장점 정리

◎ 3단계와 4단계에서 찾은 장점 중 공통 부분을 정리해 다음 표에 문장으로 적어 보자.

순서	나의 장점(공통 부분)-"나는 (어떠한) 사람이다"
1	
2	
3	
4	
5	

Landing ✈

■ 오늘 수업 한 줄 소감

_____

_____

_____

제14장 ●
근자감 콘서트

Take-off

● 구호	"I'm OK! You're OK!, We're OK!"
● 탑승 확인	Q. 남들이 말하는 나의 장점 1위는? A.
● 좋아 박수	"나는 내가 정말 좋아!"
● 굿 뉴스(조별로)	

● 나의 One Change 점검 (조별로)	목표	
	진행 상황 (10점 척도)	

Flying

1. 나를 칭찬해 보자.

◎ 칭찬이란 나의 성품, 상태, 행동을 긍정적으로 인정하고 평가하는 것이다. 나를 잘 아는 다른 사람이 되어 나를 칭찬해 보자. "○○야, 너 아까 친구와 시간 약속 잘 지켰어!"

번호	나에 대한 칭찬을 구체적으로
1	
2	
3	
4	
5	
6	
7	
8	
9	

10

11

12

13

14

15

16

17

18

19

20

2. "고개를 숙이고 우는 수탉은 본 적이 없다." -랄론조 뉴튼 벤

- 다른 사람들이 나를 어떻게 생각하느냐가 아니라, 내가 그들을 어떻게 생각하는지가 중요하다. -빅토리아 여왕

- 나는 나의 일을 하고 당신은 당신의 일을 한다. 나는 당신의 기대에 부응하기 위해서 이 세상에 존재하는 것이 아니다. 당신은 나의 기대에 부응하기 위해서 이 세상에 존재하는 것이 아니다. 나는 나이고 당신은 당신. 나와 당신이 서로를 알게 된다면 그것은 아름다운 일. 그렇지 않아도 어쩔 수 없는 일. -게슈탈트의 기도

- 우리가 정복한 것은 산이 아니라 우리 자신이었다. -에드몬드 힐러리 경

- 어느 날 문득 더 이상 나의 과거가 필요 없다는 사실을 깨달았다. 그래서 나는 과거를 버렸다. -카를로스 카스타네다

- 도전이란 모든 사람을 똑같이 만들려는 세상에 맞서, 있는 그대로의 나를 보여 주는 것이다. -출처 미상

- 세상에서 가장 중요한 것은, 어쩌면 내가 진정 나다울 수 있는가를 아는 일이다. -몽테뉴

- 세상에서 가장 좋은 벗은 나 자신이며, 세상에서 가장 나쁜 벗도 나 자신이다. 나를 구할 수 있는 가장 큰 힘도 나 자신 속에 있으며, 나를 해하는 무서운 칼날도 자신 속에 있다. 두 가지 나 자신 중에서 어느 것을 좇느냐에 따라 운명이 결정된다. -웰만

- 그대의 가장 좋은 친구는 바로 자기 자신이다. -그라시안

- 우리가 마음 속 깊이 두려움을 느끼는 것은 우리가 남보다 뒤떨어졌기 때문이 아니라, 우리가 한없이 많은 힘을 지녔기 때문이다. 우리는 어둠이 아니라 빛을 지니고 있기 때문에 두려운 것이다. 자신에게 물어보자. 눈부시고 아름답고 유능하고 멋진 나는 어떤 나인가? 그렇지 않은 나는 누구인가? 당신은 하나님의 자녀이다. 당당하게 살아야 세상 사람들을 도울 수 있다. -넬슨 만델라

- 사람은 자신이 믿는 모습처럼 된다. 어떤 일을 할 수 없다고 믿으면 그 생각 때문에 그 일을 할 수 없게 된다. 할 수 있다고 믿으면 설령 처음에는 그 능력이 없다고 할지라도 그 일을 이룰 수 있는 능력을 얻게 된다. -마하트마 간디

- 자신의 한계는 자신에게 달렸다. -리처드 칼슨

- 자신을 받아들이고 그대로의 모습을 즐기면 자신의 능력을 발휘하게 되고, 존재만으로도 다른 사람들을 행복하게 할 수 있다. -제인 로버트

- 다른 사람이 나를 받아주기를 바라기 전에 먼저 내가 나를 받아들여야 한다. -데이비드 베어드

- 우리는 스스로 자신의 가장 좋은 친구가 되는 법을 배워야 한다. 스스로 최악의 적이 되는 함정에 너무 쉽게 빠지기 때문이다. -로데릭 소프

- 자신을 의심하는 것은 전쟁에서 적의 편에 서서 자신을 향해 무기를 들고 싸우는 것과 같다. 그런 사람은 자신의 실패를 당연하게 여기기 때문에 실패할 수밖에 없다. -알렉상드르 뒤마

3. 근자감(근거가 있는 자존감) 콘서트[1]

"나 ○○○는 _____한 사람입니다."

"나 ○○○는 _____한 사람입니다."

"나 ○○○는 _____한 사람입니다."

"나 ○○○는_____한 사람입니다."

"나 ○○○는 _____한 사람입니다."

1) 여러 과정을 거쳐 추출된 위 표의 장점이 '근거 있는 나의 보석(원석)'이다. 위의 5가지 장점을 내 인생에서 잘 개발하고 발휘해야 한다.

2) 위 장점 5가지를 전체 앞에서 선언해 보자. 동료들은 "맞아, 맞아!"로 격려해 준다.

Landing

■ 오늘 수업 한 줄 소감

_____

_____

_____

---

1 유튜브 이의용TV, '청년에게 주는 잠언 10' 참조.

제15장
인간관계

Take-off ✈

● 구호	"I'm OK! You're OK!, We're OK!"
● 탑승 확인	Q. 내 휴대전화 연락처에 저장된 사람 수는? A.
● 좋아 박수	"나는 내가 정말 좋아!"
● 굿 뉴스(조별로)	

● 나의 One Change 점검 (조별로)	목표	
	진행 상황 (10점 척도)	

Flying

1. 진단-나의 인간관계는?

1) 문제를 읽고 해당되는 점수를 적어 보자. 각 항목의 점수를 더한다. 합계를 문항 수로 나눈다. 이 점수가 해당 대상과의 관계(소통) 지수가 된다.

(전혀 아니다: 0~아니다: 10~보통이다: 20~그렇다: 30~매우 그렇다: 40)

구분	문항	점수 (0~40)
A **가족** **소통** **지수**	1. 나는 아버지와 소통이 잘 된다.	
	2. 나는 어머니와 소통이 잘 된다.	
	3. 나는 가족(형제1)과 소통이 잘 된다.	
	4. 나는 가족(형제2)과 소통이 잘 된다.	
	5. 나는 가족들과 갈등이 생길 경우 해결하는 방법을 알고 있으며 그렇게 해결하고 있다.	
	합계	
	합계÷5＝가족과 관계 지수	
B **교수** **소통** **지수**	1. 나는 이번 학기에 수업 중인 교수님들과 가까워지고 싶다.	
	2. 나는 과거에 수강한 과목의 교수님과 지금도 좋은 관계를 유지하고 있다.	
	3. 나는 과거에 수강한 과목의 교수님들이 지금도 나를 기억하리라 생각한다.	
	4. 나는 담당 교수님과 가까워지는 것이 학습 성과에 도움이 될 것이라고 생각한다.	
	5. 나는 담당 교수님과 가까워지는 것이 학점에 영향을 줄 것이라고 생각한다.	
	6. 나는 담당 교수님과 가까워지는 것이 학습 성과나 학점을 떠나 인생에 필요하다고 생각한다.	
	7. 나는 담당 교수님과 가까워지는 방법을 알고 있으며 그렇게 하고 있다.	
	합계	
	합계÷7＝교수와 관계 지수	

C **친구** **소통** **지수**	1. 내 주위에는 부족하지 않을 만큼의 친구들이 있다.	
	2. 내 주위에는 친구로 사귀고 싶은 사람들이 있다.	
	3. 나는 처음 만나는 사람에게 먼저 다가서서 말을 거는 편이다.	
	4. 나는 주위 사람들이 다가와서 말을 걸기 쉽고, 소통이 잘 되는 사람이라고 생각한다.	
	5. 나는 한밤 중에라도 연락을 하면 달려와 줄 만큼 가까운 친구가 있다.	
	6. 나는 주위 친구들과 갈등이 생길 경우, 해결하는 방법을 알고 있으며 그렇게 해결하고 있다.	
	합계	
	합계 ÷ 6 = 친구와 관계 지수	
D **이성** **소통** **지수**	1. 내게는 사귀는 이성 친구가 있으며, 만족한다.	
	2. 내 주위에는 이성 친구로 사귀고 싶은 사람들이 있다.	
	3. 나는 호감이 가는 이성에게 먼저 다가서서 말을 거는 편이다.	
	4. 나는 이성이 다가와서 말을 걸기 쉽고, 소통이 잘 되는 사람이라고 생각한다.	
	5. 나는 이성과 관계를 더욱 발전시켜 나가는 방법을 알고 있다.	
	6. 나는 사귀는 이성 친구와 갈등이 생길 경우, 해결하는 방법을 알고 있으며 그렇게 해결하고 있다.	
	합계	
	합계 ÷ 6 = 이성과 관계 지수	

※ 4가지 대상은 개인에 따라 다르게 할 수 있다(예: 직장동료 등).

2) 위의 지수로 그래프를 그려 보자.

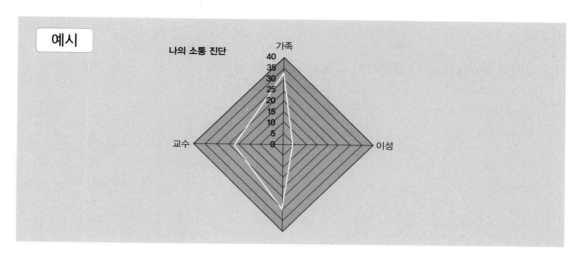

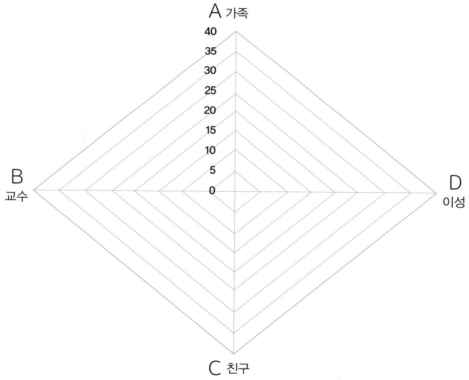

3) 위의 소통 지수를 비교해 볼 때, 나는 앞으로 어느 대상과 소통을 강화(회복)해야 할까?

2. 왜 인간관계인가?[1]

1) 인생에서 왜 인간관계가 중요한지 조별로 토의하여 발표해 보자.[2]

    (1) _____

    (2) _____

    (3) _____

    (4) _____

    (5) _____

2) 6단계 이론(Six Degrees of Separation)

    1967년 미국 하버드대 스탠리 밀그램 교수가 주장한 이론으로, '친구의 친구'를 통해 연결되는 것처럼 서로 모르는 두 사람이라도 6단계의 연결고리만 거치면 서로 서로 모두 연결된다는 내용이다. 인간은 혼자 숨어서 살아갈 수 없는 '사회적 존재'인 것이다.

3) 인간관계 85% 이론

    (1) 하버드 대학교의 위간(A. E. Wiggan) 박사는 실패한 사람들을 조사하였다. 직장, 가정, 사회생활 등 각 분야에서 왜 두드러지게 실패를 하는가? 그 결과 전문적인 지식이 모자라 실패한 사람들은 전체에서 불과 15%밖에 안 되었다. 나머지 85%의 사람들은 모두 인간관계를 잘못했기 때문에 인생에 실패한다는 것을 발견하였다.

    (2) 미국의 카네기재단에서는 5년간 사회적으로 성공했다는 사람 1만 명을 대상으로 '성공 비결'이 무엇이었는지를 물었는데, 위간 박사와 동일한 결과가 나왔다. 즉, 85%의 사람들이 인간관계를 잘 했기 때문에 인생을 성공했다는 결과가 나온 것이다.

    (3) 미국 컬럼비아 대학교의 경영자 수업(MBA) 과정에서 유수기업 CEO들, 즉 사장들을 대상으로 '성공의 주요 요건'을 조사했는데 여기서도 85%의 사람들이 "원만한 인간관계

---

1 유튜브 이의용TV, '왜 인간관계인가?' 참조.

2 정호승의 시 <사랑> 참조.

및 다른 사람과의 공감 능력"에 의해서 성공을 했다고 대답하였다. 행복한 삶을 누리기 위해서는 원만한 인간관계가 매우 중요한 것이다.

★ 대학교 캠퍼스생활은 같은 세대가 90%이지만, 사회생활은 다른 세대가 90%이다. 세대, 성(性), 성격, 가치관 등이 다른 이질적인 사람들과 어떻게 더불어 살아갈 것인가?

3. 내 인생의 파트너들

◎ 우리는 내게 주어진 사람들, 내가 선택한 사람들과 함께 살아간다. "나 (   )는 (   )의 (어떤 관계)이다."를 찾아보자.

내게 주어진 사람들		내가 선택한 사람들	
( )의	( )이다	( )의	( )이다.

4. 달팽이 지도 만들기

◎ 앞의 파트너들을 가장 관계가 좋은 사람 순서로 달팽이 지도에 배열해 보자.

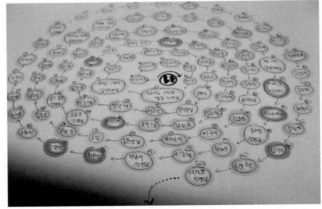

Landing ✈

■ 오늘 수업 한 줄 소감

_____

_____

_____

(   )의 달팽이 지도

제16장

인간관계 방법

Take-off

● 구호	"I'm OK! You're OK!, We're OK!"
● 탑승 확인	Q. 내가 30분 동안 커피 한 잔 나누고 싶은 유명인은? A.
● 좋아 박수	"나는 내가 정말 좋아!"
● 굿 뉴스(조별로)	

● 나의 One Change 점검 (조별로)	목표	
	진행 상황 (10점 척도)	

Flying

1. 만남과 관계

1) 살아오면서 나에게 있어 다음에 해당되는 사람은 누구인가?[1]

유형	대상	그 사람은 나를 어떤 유형으로 기억할까?
생선 같은 만남		
꽃송이 같은 만남		
건전지 같은 만남		
지우개 같은 만남		
손수건 같은 만남		

---

[1] 정채봉의 시 <만남> 참조.

2) 인생에서 만나야 할 사람, 만나지 말아야 할 사람은 어떤 사람인가? (토의)

만나야 할 사람	만나지 말아야 할 사람

3) 일상에서 자주 접하는 사람 중에서 다음에 해당되는 사람은 누구인가?[2]

유형	가족	교수	친구	이성	기타
① 서로 좋아하는 사이					
② 나는 그를 좋아하는데 그는 나를 좋아하지 않는 사이					
③ 그는 나를 좋아하는데 나는 그를 좋아하지 않는 사이					
④ 서로 좋아하지 않는 사이					

---

2 이름 대신 자신만 알아볼 수 있도록 이니셜을 적어도 된다.

4) 관계를 개선해야 할 사람들을 1명씩 택해 보자.

관계를 만들거나 회복해야 할 대상	현 상태	시도해 볼 만한 방법 (상대방이 원하는 것)
가족		3
교수		4
친구		5
이성		6

---

3 식사 함께 하기, 하라는 것 하고 하지 말라는 것 안 하기, 기념일 챙기기, 가족 여행 가기, 스킨쉽 하기, 식사 때 TV나 스마트폰 안 하기, 칭찬해 주기, 내 방 내가 치우기, 스스로 할 일 하기 등

4 수업에 성실히 참여하기, 일정한 앞자리에 앉기, 먼저 인사하기, 수업 후 감사 표하기, 모르는 것 친절하게 묻기, 리액션 잘하기, 개인 문제 상담하기 등

5 약속 잘 자키기, 진실하기, Give & Take, 감사 표현하기, 사과하기, 이야기 잘 들어주기, 뒷담화 안 하기, 취미 공유하기, 싫어하는 언행 안 하기, 베풀기 등

6 서로의 다름을 인정해 주기, 선을 지키기, 감정 상태 파악해 주기, 싫어하는 언행 안 하기, 데이트 폭력 엄금하기, 뒷담화 안 하기, 이성의 차이점을 존중하고 조심하기, 친구와 연인 구분하기 등

2. 관계 회복 6단계[7]

◎ 내가 다른 사람과 관계를 맺는 것은 불가피하다. 그러나 그들과 어떤 관계를 맺느냐는 건 내 (   )이다. 가깝게는 가족부터 친구, 이성, 교수 등 다양한 사람과 어떤 관계를 만들고 회복시켜 나가느냐는 건 결국 내 선택이다.

1) 1단계: 만나라

(1) 소통과 관계를 원한다면 먼저 다가서라.

(2) 자주 만나라.

(3) 좋은 첫 인상을 만들라.

(4) 인사, 사과, 감사, 칭찬에 인색해 하지 말라. (반미고잘)

- "반갑습니다!"(인사)
- "미안합니다!"(사과)
- "고맙습니다!"(감사)
- "잘했습니다!"(칭찬)

2) 2단계: 알아라

(1) 다른 사람은 나와 다르다. 어떻게 다른지 알아라. 그래야 지인(知人)이 된다.

(2) 입장을 바꾸어 상대방이 원하는 것, 싫어하는 것, 필요로 하는 것이 무엇인지 알아내라. 그래야 거기에 나를 맞출 수가 있다.

3) 3단계: 알려라[8]

(1) 나를 숨기지 말고 알려라. 그래야 상대방도 나를 지인으로 인정한다.

(2) 내가 알리고 싶은 것뿐만 아니라, 상대방이 알고 싶어 하는 것도 알려라. 그래야 공통점을 찾을 수 있다.

---

7 유튜브 이의용TV, '인간관계는 이렇게' 참조.
8 한국가요 '갑돌이와 갑순이' 참조.

4) 4단계: 가슴으로 만나라

(1) 대화 중에 "기쁘다" "슬프다" 같은 감정 형용사를 주고받아라. 감정을 주고받아야 공감의 장이 넓어진다.

(2) 상대방의 감정 표현에 나의 감정 코드를 맞춰라. 상대방의 입장이 되어 함께 느껴라. 그래야 친한 친구(親友)가 된다.

(3) 상대방의 변화를 요구할 때에는 상대방을 주어로 하는 You-message보다, 나를 주어로 하는 I-message를 사용하라. I-message는 나를 주어로 하여 상대방에 대한 나의 감정과 생각을 솔직하게 표현하는 방식이다.

5) Win-Win 하라

사람은 누구나 손해 보기를 싫어한다. 손해를 입히는 사람과는 관계가 쉽게 단절된다. 시간 약속을 하더라도 서로에게 좋은 때를 잡고, 커피값도 서로 나누어 내야 관계가 지속된다. 나에게도, 상대방에게도 좋은 방향으로 결정을 해야 서로 믿을 수 있는 신우(信友) 관계가 형성된다.

6) 6단계: 손해를 봐라

우리가 가장 좋아하는 사람은 어머니다. 왜? 언제나 우리에게 손해를 보니까. 사람은 누구나 자신에게 이익을 보게 해 주는 사람을 좋아한다. 50:50보다 내가 조금 손해 보는 49:51의 관계가 좋다. 테이커(taker)가 되지 말고 기버(giver)가 되라. 상대방을 칭찬하고 인정하고 그를 위해 시간을 내라. 선물을 주고 서비스를 해 줘라.

> 좋은 인간관계는 나무처럼 오랜 시간 물을 주며 잘 가꿔야 한다. 상대방을 수단적인 존재(it)가 아니라 목적적인 존재(you)로 대해야 한다. 상대방을 내 인생의 도우미로 활용하지 말고 파트너로 대접해야 한다.

▶ 가장 가까운 사람 3명을 적어 보자. 그 사람에게 나는 신세를 지는 사람(Taker)인가, 도움을 주는 사람(Giver)인가?

성명	관계	Taker	Giver

네가 만약 괴로울 때면 / 내가 위로해 줄게

네가 만약 서러울 때면 / 내가 눈물이 되리

어두운 밤 험한 길 걸을 때 / 내가 내가 내가 너의 등불이 되리

허전하고 쓸쓸할 때 / 내가 너의 벗 되리라

나는 너의 영원한 형제야 / 나는 너의 친구야/나는 너의 영원한 노래야

나는 나는 나는 나는 / 너의 기쁨이야

어두운 밤 험한 길 걸을 때 / 내가 내가 내가 너의 등불이 되리

허전하고 쓸쓸할 때 / 내가 너의 벗 되리라

나는 너의 영원한 형제야 / 나는 너의 친구야 / 나는 너의 영원한 노래야

나는 나는 나는 너의

내가 만약 외로울 때면 / 누가 나를 위로해주지 / 바로 여러분

나는 너의 영원한 형제야 / 나는 너의 친구야 / 나는 너의 영원한 노래야

7) 인간관계에 대한 조언

(1) 큰 나무가 거센 비바람에도 넘어지지 않는 것은 깊은 뿌리 덕분이기도 하지만, 넓게 퍼져 있는 뿌리 때문이기도 하다. 그러나 누구에게나 좋은 사람이 되려고 하지 말라. 그냥 누군가에게 좋은 사람이 되면 된다.

(2) 가장 우수한 사람을 친구로 삼으려 하지 말라. 모든 사람에게는 동전의 양면처럼 장점(+)과 단점(-)이 있다. 그걸 합치면 0이 된다. 이른 바 '가치 총량의 법칙'이다.

(3) 상자를 묶은 끈은 가위로 자르지 말고 매듭을 풀면 쓸모가 있다. 사람과의 관계가 꼬였을 때에도 함부로 자르지 말고 천천히 매듭을 푸는 게 좋다. 관계의 끈은 함부로 자르는 게 아니라 푸는 것이다.

(4) "친구는 수천 명도 부족하다. 그러나 적은 한 명도 많다."라는 알 카포네의 말처럼 친구를 많이 만드는 것보다 중요한 건 단 한 사람의 적도 만들지 않는 것이다.

8) 인간관계와 거리 두기[9]

인간관계를 잘 지켜나가려면 적당한 거리 두기가 필요하다. 칼릴 지브란의 시 <사랑을 지켜가는 아름다운 간격>이 잘 설명해 주고 있다.

〈사랑을 지켜가는 아름다운 간격〉 (칼릴 지브란)

함께 있되 거리를 두라.
그래서 하늘 바람이 너희 사이에서 춤추게 하라.

서로 사랑하라.
그러나 사랑으로 구속하지는 말라.
그보다 너희 혼과 혼의 두 언덕 사이에 출렁이는 바다를 놓아두라.

서로의 잔을 채워 주되 한쪽의 잔만을 마시지 말라.
서로의 빵을 주되 한쪽의 빵만을 먹지 말라.

함께 노래하고 춤추며 즐거워하되 서로는 혼자 있게 하라.
마치 현악기의 줄들이 하나의 음악을 울릴지라도 줄은 서로 혼자이듯이.

서로 가슴을 주라.
그러나 서로의 가슴 속에 묶어 두지는 말라.
오직 큰 생명의 손길만이 너희의 가슴을 간직할 수 있다.

함께 서 있으라.
그러나 너무 가까이 서 있지는 말라.
사원의 기둥들도 서로 떨어져 있고.
참나무와 삼나무는 서로의 그늘 속에선 자랄 수 없다.

---

9 유튜브 이의용TV, '인간관계와 거리 두기' 참조.

3. 관계 개선의 실제

1) 나의 첫인상은?[10]

문항	O, X
1. 만나는 사람 대부분이 내게 인상이 좋다고 말해 준다.	
2. 호감을 끌 수 있는 외모와 성격을 가졌다.	
3. 언제나 깔끔한 차림새와 상황에 맞는 분위기를 연출하려고 노력한다.	
4. 처음 만나는 사람과도 공통분모를 쉽게 찾아낸다.	
5. 한번 친해지면 도움을 요청할 일이 없을 때에도 일상적인 연락을 하고 지낸다.	
6. 다른 사람의 장점을 잘 찾아내고 효과적으로 칭찬하는 방법을 알고 있다.	
7. 밝은 표정에 잘 웃는 편이고 유머 감각이 풍부하다.	
8. 상황이나 분위기를 잘 맞추고 눈총받는 일은 안 한다.	
9. 처음 만난 사람과도 금방 친해진다.	
10. 잘 생긴 외모는 아니지만 인상이 좋다는 말을 많이 듣는다.	
점수 합계	

점수	진단 결과[11]
8~10점	
4~7점	
0~3점	

2) 내가 다른 사람에게 좋은 첫 인상을 주기 위해 고쳐야 할 점은? (위 질문에서 찾아 보자.)

_____

_____

_____

---

[10] 이민규(2005). **끌리는 사람은 1%가 다르다**. 서울: 더난출판사.

[11] 8~10점: 사람을 처음 만나 관계를 시작하는 데 문제가 없다. 4~7점: 첫 만남에서 사람을 끌 수 있는 호감 요소를 갖고는 있다. 부족한 점을 찾아 보완해야 한다. 0~3점: 첫 만남에서 호감을 살 수 있는 요소가 없다. 노력하고 변화해야 한다.

3) 내 스타일, 상대방의 스타일을 알아라.

(1) 다음 제시된 문항에서 자신의 성격이나 대인관계를 잘 기술하는 정도에 따라서 적절한 숫자에 ○표를 한다. 1차로 나를 대상으로 진단해 보고, 2차로 다른 특정인을 대상으로 진단해 보면 좋다.

전혀 그렇지 않다		약간 그렇다		상당히 그렇다		매우 그렇다	
1		2		3		4	

1	자신감이 있다.	1	2	3	4	2	꾀가 많다.	1	2	3	4
3	냉철하다.	1	2	3	4	4	쾌활하지 않다.	1	2	3	4
5	마음이 약하다.	1	2	3	4	6	다툼을 피한다.	1	2	3	4
7	인정이 많다.	1	2	3	4	8	명랑하다.	1	2	3	4
9	추진력이 있다.	1	2	3	4	10	자기자랑을 잘한다.	1	2	3	4
11	냉철하다.	1	2	3	4	12	붙임성이 없다.	1	2	3	4
13	수줍음이 있다.	1	2	3	4	14	고분고분하다.	1	2	3	4
15	다정다감하다.	1	2	3	4	16	붙임성이 있다.	1	2	3	4
17	고집이 세다.	1	2	3	4	18	자존심이 강하다.	1	2	3	4
19	독하다.	1	2	3	4	20	비사교적이다.	1	2	3	4
21	온순하다.	1	2	3	4	22	단순하다.	1	2	3	4
23	관대하다.	1	2	3	4	24	열성적이다.	1	2	3	4
25	지배적이다.	1	2	3	4	26	치밀하다.	1	2	3	4
27	무뚝뚝하다.	1	2	3	4	28	고립되어 있다.	1	2	3	4
29	조심성이 많다.	1	2	3	4	30	겸손하다.	1	2	3	4
31	부드럽다.	1	2	3	4	32	사교적이다.	1	2	3	4
33	자기주장이 강하다.	1	2	3	4	34	계산적이다.	1	2	3	4
35	따뜻함이 부족하다.	1	2	3	4	36	재치가 부족하다.	1	2	3	4
37	추진력이 부족하다.	1	2	3	4	38	솔직하다.	1	2	3	4
39	친절하다.	1	2	3	4	40	활달하다.	1	2	3	4

질문지 해당번호	합계(5~20점)							유형
1, 9, 17, 25, 33	(	) + (	) + (	) + (	) + (	) = (	)	A
2, 10, 18, 26, 34	(	) + (	) + (	) + (	) + (	) = (	)	B
3, 11, 19, 27, 35	(	) + (	) + (	) + (	) + (	) = (	)	C
4, 12, 20, 28, 36	(	) + (	) + (	) + (	) + (	) = (	)	D
5, 13, 21, 29, 37	(	) + (	) + (	) + (	) + (	) = (	)	E
6, 14, 22, 30, 38	(	) + (	) + (	) + (	) + (	) = (	)	F
7, 15, 23, 31, 39	(	) + (	) + (	) + (	) + (	) = (	)	G
8, 16, 24, 32, 40	(	) + (	) + (	) + (	) + (	) = (	)	H

(3) 8각형 그래프 그리기

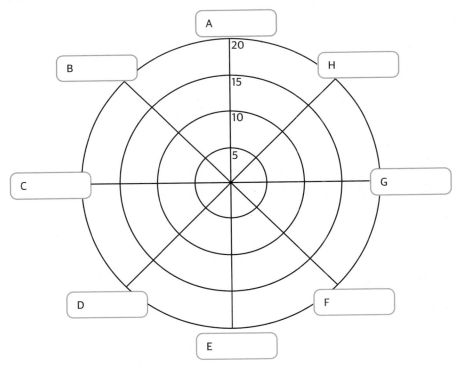

(4) 유형별 특징

인간관계는 상대적이다. 어떤 유형이 어떤 유형을 만나느냐에 따라 관계의 방법은 달라져야 한다. 나는 어떤 유형이고 상대방은 어떤 유형인지를 잘 파악해야 좋은 관계를 이룰 수 있다. 나아가 상대방 유형에 나를 맞춰나가기 위해 노력해야 좋은 관계를 유지할 수 있다.

유형	특징
A 지배형	• 대인관계에 자신감이 있다. • 자기 주장이 강하다. • 타인에 대해 주도권 행사를 하는 경향이 있다. • 지도력과 추진력이 있다. • 강압적이고 독단적인 행동을 나타내고 논쟁적이어서 타인과 마찰을 겪을 수 있다.
B 실리형	• 대인관계에서 이해관계에 예민하고 성취지향적이다. • 자기 중심적이고 경쟁적이며 자신의 이익에 우선적이다. • 타인을 신뢰하지 못하고, 불공평한 대우에 예민하다. • 자신에게 피해를 입힌 사람에게 보복하는 경향이 있다.
C 냉담형	• 이성적이고 냉철하다. • 의지력이 강하고 타인과 거리를 둔다. • 다른 사람의 감정에 무관심하며, 타인에게 상처를 줄 수 있다. • 대인관계가 피상적이고, 오랜 기간 사귀지 못한다.
D 고립형	• 혼자 있거나 혼자 일하는 것을 좋아한다. • 자기 감정을 잘 드러내지 않는다. • 타인을 두려워하고 사회적 상황을 회피한다. • 자신의 감정을 지나치게 억제한다. • 침울한 기분이 계속되고, 우유부단하며, 사회적으로 고립될 수 있다.
E 복종형	• 대인관계에서 수동적이고 의존적이며 타인을 잘 따르고 일을 순종적으로 한다. • 자신감이 없고, 타인으로부터 주목받는 일을 피하며, 자신이 원하는 것을 타인에게 잘 전달하지 못한다.
F 순박형	• 단순하고 순박하다. • 너그럽고 겸손하다. • 타인에게 잘 설득될 수 있다. • 주관 없이 타인에게 잘 끌려 다닐 수 있어 잘 속거나 이용당할 수 있다. • 원치 않는 타인의 의견에 반대하지 못하고, 화가 나도 타인에게 알리기 어렵다.
G 친화형	• 따뜻하고 인정이 많다. • 남을 배려하고 도와주고 자기 희생적이다. • 남을 즐겁게 해 주려고 노력한다. • 타인의 고통과 불행을 보면 도와주려고 과도하게 나서는 경향이 있다. • 타인의 요구를 잘 거절하지 못한다. • 타인의 이익을 자신의 것보다 앞세워, 자신의 이익을 잘 지키지 못한다.

H 사교형	• 외향적이고 쾌활하다. • 타인과 대화하기를 좋아한다. • 타인에게서 인정받고 싶어한다. • 혼자 시간 보내기를 어려워한다. • 타인의 활동에 관심이 많아 간섭을 하는 경향이 있다. • 흥분을 잘하며 충동적이다. • 타인의 시선을 끌려 하고, 자신의 일을 타인에게 너무 많이 말한다.

(5) 나는 어느 유형에 가까운가? (   )형

(6) 내가 관계를 개선해야 할 사람들(앞 부분) 중 1명을 선정해 보자.

　　① 그는 어떤 유형에 가까운가? (   )형

　　② 내가 그 사람을 대할 때 특별히 어떤 점을 고려해야 하는가?

_____

4. "사람의 행복 90%가 인간관계에 달려 있다." -키에르 케골

- 친구를 얻는 유일한 방법은 스스로 완전한 친구가 되는 것이다. -에머슨

- 중요한 것은 식탁 위에 무엇이 있는가가 아니라, 의자에 어떤 사람이 앉아 있느냐다. -W. S. 길버트

- 그러므로 무엇이든지 남에게 대접을 받고자 하는 대로 너희도 남을 대접하라. 이것이 율법이요 선지자니라. -예수 그리스도

- 친절한 말을 하는 데 많은 돈이 들지 않는다. 말하는 사람의 입술을 부풀게 하지도 않는다. 그런 말을 해서 정신적 애로가 생긴 경우는 없다. 친절한 말들은 비용은 많이 들지 않지만 아주 많은 것을 성취하게 해 준다. 다른 사람들의 성격을 좋게 만들어 준다. 그리고 사람의 영혼에 아름다운 이미지를 만들어 준다. -블레이즈 파스칼

- 친절한 표정, 친절한 말, 친절한 행위 그리고 따뜻한 악수는 사람들이 곤경에 빠지고 눈에 보이지 않는 싸움을 벌일 때, 간접적으로 자비를 베푸는 수단이다. -존 홀

- 우정은 돈과 같아서 얻기는 쉽지만 유지하기는 어렵다. -사무엘 버틀러

- 사람이 살아가면서 진지한 인간관계를 갖기 위해서는 관계를 맺을 뿐만 아니라 관계를 끊는 능력이 있어야 한다. -앨빈 토플러

- 한 친구를 얻는 데는 오래 걸리지만, 잃는 건 잠시다. -릴리

- 불행은 진정한 친구가 아닌 자를 가르쳐 준다. -아리스토텔레스

- 남과 이야기하는 것은 하프를 연주하는 것과 같은 것이다. 현을 하나 켜는 일도 중요하지만, 현을 누르고 그 진동을 억제하는 것도, 그에 못지않게 대단한 기술을 요한다. -올리버 웬델 홈즈

- 하고 싶은 말이 있을 땐, 그 말을 하기 전에 다시 한 번 생각해 보라. 자신이 냉정하고 선량하며 사려 깊은 사람이라고 확신한다면, 그렇게 하지 않아도 좋다. 그러나 냉정을 잃고 마음이 혼란스럽다면, 말 때문에 죄를 범하는 일이 없도록 조심하라. -출처 미상

- 누구나 말하기 전에 세 가지 황금 문을 거쳐야 한다. 첫째, 그것이 참말인가? 둘째, 그것이 필요한 말인가? 셋째, 그것이 친절한 말인가? -데이

- 이야기하는 사람은 알지 못하고, 아는 사람은 이야기하지 않는다. -노자

- 말이 입힌 상처는 칼이 입힌 상처보다 깊다. -모로코 속담

- 화가는 화폭에 그림을 그린다. 그러나 음악가는 침묵에 그림을 그린다. 음악가는 음악을 제공하고, 청중은 침묵을 제공하는 것이다. -스토크프스키

- 말이 있기에 사람은 짐승보다 낫다. 그러나 바르게 말하지 않으면 짐승이 그대보다 나을 것이다. -사아디

Landing

■ 오늘 수업 한 줄 소감

제17장

멘토 인터뷰

Take-off ✈

● 구호	"I'm OK! You're OK!, We're OK!"
● 탑승 확인	Q. 짝수가 좋아, 홀수가 좋아? A.
● 좋아 박수	"나는 내가 정말 좋아!"
● 굿 뉴스(조별로)	

● 나의 One Change 점검 (조별로)	목표	
	진행 상황 (10점 척도)	

Flying

1. 멘토 리스트 만들기

(1) 내 인생에 조언을 해 줄 수 있는 멘토 명단을 작성한다. 가급적 학교생활, 진로설계, 취업 준비, 휴학(군 입대), 인간관계, 재정 관리, 신앙상담 등 여러 분야로 나눠서 물색하는 것이 좋다.

(2) 멘토는 해당 분야 전문가나 경험자가 좋으며 나이와는 상관없다.

분야	멘토 이름	현직(하는 일)

2. 멘토 위촉

(1) 직접 만나거나 이메일, SNS 등을 통해 멘토로 위촉하고 필요시 상담이나 지도를 받겠다고 요청한다.

(2) 허락을 받았으면 감사 인사를 하고 멘토로 모신다.

3. 멘토 인터뷰

(1) 최근 본인이 궁금해하거나 상담이 필요한 질문을 작성한다.

(2) 해당 분야 멘토에게 문의를 한다. (대면, 비대면)

(3) 답변 내용을 기록하여 당면 과제를 해결하는 데 활용한다.

(4) 멘토에게 감사 인사를 한다.

4. 멘토의 조언들[1]

◎ 멘토에게 문의한 질문에 대한 조언을 정리한다.

멘토 이름	문의 내용	상담 결과

Landing

■ 오늘 수업 한 줄 소감

---

[1] 앞으로 혼자 해결하기 어려운 문제가 싱길 경우, 멘토에게 문의하면 좋을 것이다.
유튜브 이의용TV, '청년에게 주는 잠언 10' 참조.

제18장 ●

진단, 나 영상 콘서트 준비

Take-off ✈

● 구호	"I'm OK! You're OK!, We're OK!"
● 탑승 확인	Q. 좋아하는 요일은?
	A.
● 좋아 박수	"나는 내가 정말 좋아!"
● 굿 뉴스(조별로)	

● 나의 One Change 점검 (조별로)	목표	
	진행 상황 (10점 척도)	

Flying

1. 수업 후 진단(Posttest)

◎ 지금, 내 인생은 어떤 상태인가? 다음 진단을 통해 알아보자. 문항을 자세히 읽고 객관적으로 점수를 매겨 보자.

(전혀 아니다: 0점 ~ 보통이다: 5점 ~ 매우 그렇다: 10점)

1. 대학생활	
질문	점수(0~10)
1. 우리 학교에 입학한 것에 만족하며, 그 이유를 설명할 수 있다.	
2. 내가 선택한 전공에 만족하며, 그 이유를 충분히 설명할 수 있다.	
3. 대학생활 중 이루고 싶은 것들이 있다.	
4. 대학생활에 대한 기대와 열정, 의욕이 넘친다.	
5. 대학생활에서 좋은 학점 얻는 것보다 더 중요한 것이 무엇인지 알고 있다.	
6. 고등학교 시절보다 더 재미있고 유익한 대학생활을 이룰 수 있을 것 같다.	
7. 대학생으로서 고등학교 시절에 익숙한 생활 습관이나 패러다임을 어떻게 바꿔 나가야 할 지 구체적으로 알고 있다	
8. 우리 학교 캠퍼스 지도를 거의 파악하고 있다.	
9. 내게 필요한 우리 학교의 학사 제도를 충분히 알고 있다.	
10. 내가 해결하고 싶은 문제가 생길 때 찾아갈 수 있는 곳을 잘 알고 있다.	
계	

2. 나	
질문	점수(0~10)
1. 내 이름의 뜻을 설명할 수 있다. (한자로 쓸 수 있다)	
2. 내가 출생한 시각, 장소, 당시 상황 등을 설명하고 있다.	
3. 내 인생에서 중요한 사건을 10가지 정도로 정리할 수 있다.	
4. 사진을 보지 않고 내 얼굴을 그릴 수 있다.	
5. 내 신체의 특징을 잘 파악하고 있다.	
6. 내 성격, 가치관, 습관 등을 잘 안다.	
7. 나에 대해 3분 정도 원고를 보지 않고 설명할 수 있다.	
8. 10년 후 나의 모습을 그려 보며 고민해 보곤 한다.	
9. 나는 일기를 쓰거나 메모를 하면서 내 자신을 성찰해 보곤 한다.	
10. 주위의 간섭을 받지 않고 내가 주도적으로 살아가고 있다.	
계	

3. 자존감	
질문	점수(0~10)
1. 나를 좋아한다.	
2. 나를 가치 있는 존재라고 생각하고, 있는 그대로의 나를 사랑한다.	
3. 내가 지닌 재능에 만족하며, 내게 숨겨진 재능을 계속 찾아 개발하고 있다.	
4. 나의 성장환경, 현재의 생활환경에 대해 만족한다.	
5. 나의 재능, 소유, 형편을 남들과 비교하지 않는다.	
6. 나에 대한 주위 사람들의 평가는 그리 중요하지 않다고 본다.	
7. 나는 날마다 발전하고 있다고 생각한다.	
8. 다른 사람들로부터 자신감이 넘친다는 소리를 자주 듣고, 나도 그렇게 생각한다.	
9. 나의 장점에 대해 몇 가지 설명해 줄 수 있다.	
10. 나의 장점을 잘 살릴 수 있는 직업을 생각해 놓고 있다.	
계	

4. 태도	
질문	점수(0~10)
1. 다른 사람들로부터 '긍정적이다' '친절하다'는 말을 자주 듣는다.	
2. 맡은 일을 적극적으로 한다.	
3. 내가 하는 일(공부)이 즐겁다.	
4. 내 주위의 사람들(가족, 친구 등)에게 감사하는 마음을 가지고 있다.	
5. 잠자리에 들기 전 하루 동안 고마웠던 일을 생각해 보거나 적어 두곤 한다.	
6. 나는 실패를 통해서도 배울 수 있다고 생각한다.	
7. 나는 앞으로 내 인생이 행복한 방향으로 전개될 것이라는 낙관적인 생각을 갖고 있다.	
8. 정직하고 언행일치가 되는 삶을 살아가려고 노력하고 있다.	
9. 하는 일이 잘 진행되지 않을 때 포기하지 않고 극복하려고 한다.	
10. 주위 사람들의 필요를 생각하고 배려하며 살아가려고 노력하고 있다.	
계	

5. 대인관계	
질문	점수(0~10)
1. 첫인상이 좋다는 얘기를 자주 듣는다.	
2 심야에 연락해도 기꺼이 나와 줄 친구가 있다.	
3. 고민이 있을 때 상의할 선배나 선생님, 멘토가 있다	
4. 곤경에 처했을 때 발 벗고 나서서 도와야 할 만한 사람이 있다.	
5. 진정으로 내게 조언해 줄 친구가 있다.	
6. 부모님과 소통을 잘 한다.	
7. 교수님과 편하게 소통하는 편이다.	
8. 과거 수강한 교수님과 연락을 주고받는다.	
9. 나는 친구와 갈등이 생길 경우 해결하는 방법을 알고 있고, 해결하고자 노력한다.	
10. 인생에서 인간관계가 얼마나 중요한지 알기에 만나는 모든 사람을 소중히 대한다.	
계	

6. 시간	
질문	점수(0~10)
1. 시간 약속을 잘 지킨다.	
2. 평소 우선순위를 정한 후 중요한 일을 먼저 한다.	
3. 내가 할 일은 반드시 내 손으로 책임지고 처리한다.	
4. 내가 해야 할 과제나 공부 등을 미루지 않는다.	
5. 더 중요한 일을 충실히 하기 위해 덜 중요한 일을 과감히 포기한다.	
6. 똑같은 일을 하더라도 다른 사람보다 빠른 시간 안에 효과적으로 처리하는 편이다.	
7. 과제의 마감을 반드시 지킨다.	
8. 시험 공부할 때 공부할 내용의 순서와 시간 계획을 세워서 한다.	
9. 스마트폰 등 시간을 갉아먹는 요인들을 단호히 물리칠 수 있다.	
10. 다른 사람의 약속 제안을 거절할 수 있다.	
계	

1) 6개 항목 중 점수가 상대적으로 높은 항목은 어느 것인가?

_____

2) 6개 항목 중 점수가 상대적으로 낮은 항목은 어느 것인가?

_____

3) 현재 이 상태로 살아간다면 10년 후 나의 모습은 어떠할 것으로 생각하는가?

_____

2. 수업 전후 진단 결과 비교

구분	사전진단(Pretest) 점수	사후진단(Posttest) 점수
1. 대학생활		
2. 나		
3. 자존감		
4. 태도		
5. 대인관계		
6. 시간		

1) 6개 항목 중 점수가 상대적으로 높아진 항목은 어느 것인가?

_____

2) 6개 항목 중 점수가 상대적으로 발전이 부족한 항목은 어느 것인가?

_____

3) 앞으로 스스로 보완해 나가야 할 항목은 어느 것인가?

_____

3. 나 영상 콘서트 준비

'전국 나 자랑대회' 또는 '취업 면접 프레젠테이션' 등에 임했다고 가정하고 영상으로 나를 설명해 보자.

1) 주제(다음 중 한 가지를 선택)

    (1) 나를 설명하기

    (2) 나를 자랑하기

    (3) 나의 드림 리스트 설명하기

    (4) 나를 키울 방학계획 설명하기

    (5) 이번 학기 수업을 통해 얻은 나의 변화

    ※ 동영상 제작 소감도 영상에 포함할 것

2) 발표 시간: 1인당 2분(영상 시간을 지킬 것)

3) 내용 구성

    나의 어떤 부분을 어떻게 소개할 것인지 내용과 구성을 미리 구상해 보자.

4) LMS나 유튜브에 게시해서 댓글 10명 이상으로부터 받기

4. 워크북 제출

(1) 지금까지 작성한 워크북을 담당 교수님에게 제출하여 평가를 받는다.
(2) 워크북은 다음 수업 때 돌려받는다.
(3) 워크북은 나를 찾아 떠난 여행기이므로 성실하게 작성하여 소중히 보관한다.

Landing

■ 오늘 수업 한 줄 소감

_____

_____

_____

제19장

나 영상 콘서트
· Happy Anding

Take-off ✈

● 구호	"I'm OK! You're OK!, We're OK!"
● 탑승 확인	Q. 나를 향한 칭찬 한마디! A.
● 좋아 박수	"나는 내가 정말 좋아!"
● 굿 뉴스(조별로)	
● 나의 One Change 점검 (조별로)	목표
	진행 상황 (10점 척도)

Flying

1. 나 영상 콘서트

1) 주제 (다음 중 한 가지를 선택)
    (1) 나를 설명하기
    (2) 나를 자랑하기
    (3) 나의 드림 리스트 설명하기
    (4) 나를 키울 방학계획 설명하기
    ※동영상 제작 소감도 영상에 포함할 것

2) 발표 시간: 1인당 2분 (영상 시간을 지킬 것)

3) 동영상 제출 방법[1]

4) 우수작을 투표로 선발하여 격려해 준다.

5) 오늘 수업 한 줄 소감(동료들의 동영상을 보면서 느낀 점, 배운 점, 실천할 점)

---

[1] 동영상을 유튜브나 LMS에 게시하여 동료들의 댓글 10개 이상 받기

2. Happy Anding!("또 만나요!")[2]

1) 나를 위한 시상식

(1) 수업을 위해 수고한 나에게 내가 상을 준다.

(2) 다음 상 이름을 참조하여 상 이름, 상장 문안, 상품을 정해 발표하고 스스로 시상한다.
   ex) 프라이드상, 매너상, 친절상, 채팅상, 끈끈이 노력상, 금연 성공상, 상은 무슨상…

2) 기념 촬영

3) 워크북 돌려받기(잘 보관해 두고, 잘 활용하기)

---

2 'Happy Ending'을 'Happy Anding'이라 함은 '끝'이 아니라 '계속'임을 표현한 것이다.

※미래 명함 용지(오려서 사용하세요)

미래 융합

MEMS

미래를 준비하는 따뜻한 어항

한마음 3.0

다가서는 인새롭게

New Normal 시대를 여는

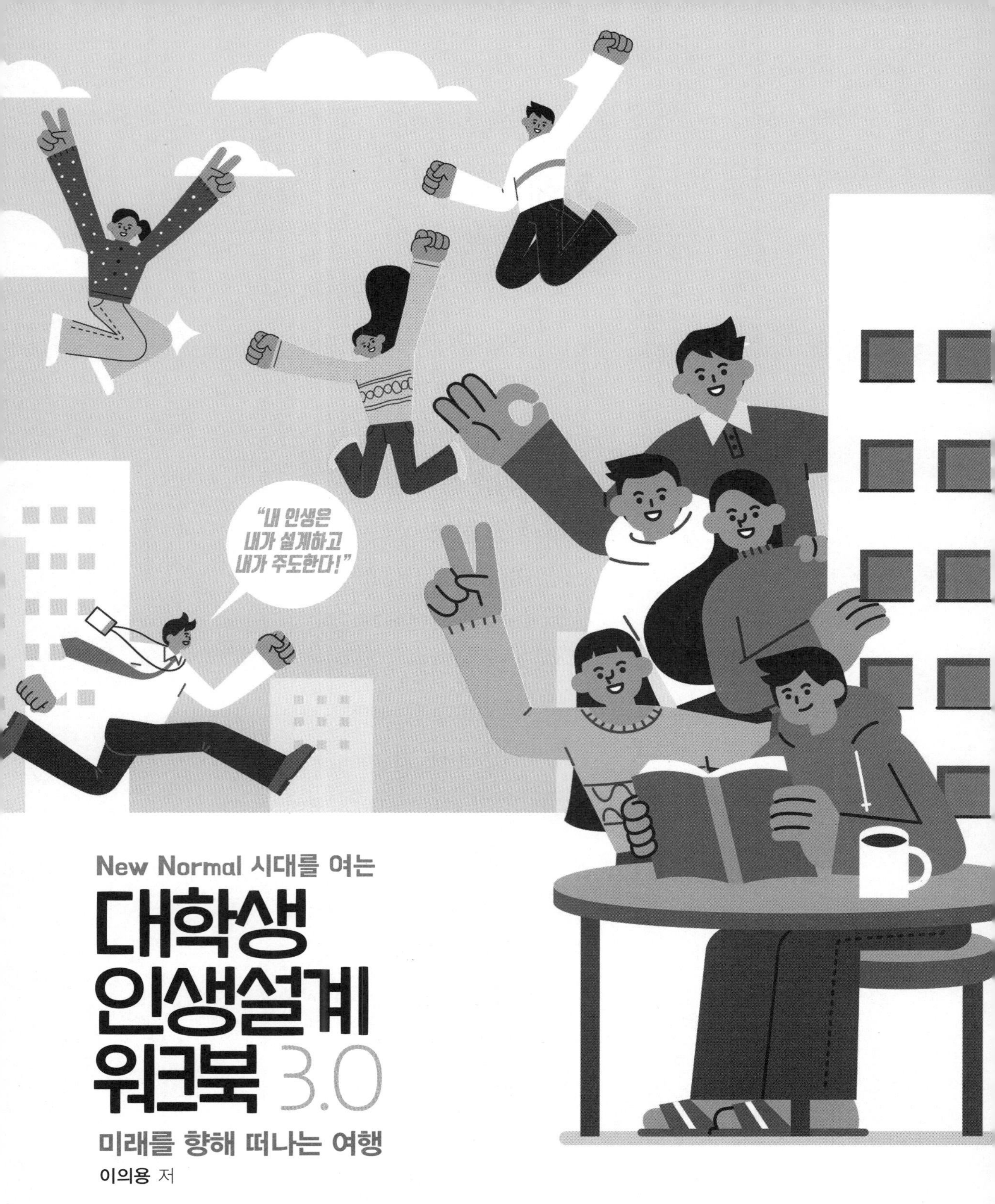

New Normal 시대를 여는

대학생 인생설계 워크북 3.0

미래를 향해 떠나는 여행

이의용 저

학지사

차례

CONTENTS

전체 차례

제 2 부

미래를 향해 떠나는 여행

제1장 ●

수업 안내, 동기부여

1. 담당 교수와 인사[1]

2. 세계 여행 빙고게임

3. 팀 빌딩

4. 왜 <미래를 향해 떠나는 여행>인가?[2]

1) 진학 전의 문제

2) 진학 후(대학생활)의 문제

3) 취업 과정의 문제

---

[1] 1, 2, 3번은 제1부 제1장을 참조할 것

[2] 이 부분부터 시작하면 된다.

4) 취업 후의 문제

_____

_____

5) 왜 이런 시행착오 현상이 일어날까?

_____

_____

6) 그로 인한 문제점은 무엇인가?

_____

_____

7) 그럼 어떻게 해야 하나?

_____

_____

5. 수업 안내

1) 수업 목적
  (1) 자기 인생을 스스로 주도해 나간다.
  (2) 자신에게 가장 적합한 직업을 찾는 방법을 알아본다.
  (3) 직업을 통해 사회 공동체에 끼칠 선한 영향력을 기른다.
  (4) 그 직업에 필요한 성품과 역량을 찾아 준비한다.
  (5) 취업을 준비하는 과정을 미리 경험해 본다.

2) 학습 목표

(1) 자신에게 적합한 직업을 선택할 수 있다.

(2) 직업에 필요한 가치관을 정립하고, 직업을 통해 이루려는 비전을 설정할 수 있다.

(3) 직업에 필요한 성품(인성)과 역량을 찾아 개발할 수 있다.

(4) 직업을 통해 사회 공동체에 선한 영향력을 끼칠 수 있다.

(5) 직업의 세계로 나아가는 본격적인 준비를 시작할 수 있다.

3) 수업의 흐름

	가치관			
직업	⇨	**역량**	⇨	**취업**
	비전			

4) 수업 내용

1학기 나를 찾아 떠나는 여행		2학기 미래를 향해 떠나는 여행	
제1장	수업 안내	제1장	수업 안내, 동기부여
제2장	진단, 동기부여	제2장	진단
제3장	슬기로운 대학생활 1-인생	제3장	동문선배 초청 특강
제4장	슬기로운 대학생활 2-캠퍼스 생활	제4장	직업현장 탐방
제5장	슬기로운 대학생활 3-우리 대학	제5장	직업 탐색
제6장	슬기로운 대학생활 4-시간	제6장	미래의 직업세계 1
제7장	나 알기 1	제7장	미래의 직업세계 2
제8장	나 알기 2	제8장	직업 가치관
제9장	나 알기 3	제9장	미래의 그림-비전
제10장	긍정적 태도	제10장	비전 만들기
제11장	긍정적 태도 연습	제11장	직장 선택과 미래 명함
제12장	자존감과 열등감	제12장	인재와 역량 1

제13장	내 장점 찾기	제13장	인재와 역량 2
제14장	근자감 콘서트	제14장	취업의 현장
제15장	인간관계	제15장	채용의 현장
제16장	인간관계 방법	제16장	자기 소개서
제17장	멘토 인터뷰	제17장	면접
제18장	진단, 나 영상 콘서트 준비	제18장	진단
제19장	나 영상 콘서트 • Happy Anding	제19장	비전 콘서트

6. 수업 진행 원칙[3]

7. 수업 진행 순서

8. 평가 기준

---

3 6, 7, 8번은 제1부 제1장을 참조할 것

9. 동기 부여

1) 다음 시를 읽고 가장 공감이 가는 부분을 적어 보자.[4]

(1) 가지 않은 길(The road not taken) / 로버트 프로스트

_____

_____

2) 다음 음악을 듣고, 가장 공감이 가는 부분을 적어 보자.[5]

(1) 길 / god

_____

_____

(2) Climb every mountain / 영화 'Sound of Music' 중에서

_____

_____

(3) 어떤 이의 꿈 / 봄여름가을겨울

_____

_____

_____

Landing ✈

● 오늘 수업 한 줄 소감

_____

_____

---

[4] 인터넷에서 검색해 볼 것
[5] 인터넷에서 검색해 볼 것

판단

● 제2장

Take-off

● 구호	"내 인생은 내가 설계하고 내가 주도한다!"
● 탑승 확인	Q. 나를 숫자로 표현한다면? A.
● 좋아 박수	"나는 내가 정말 좋아!"
● 칭찬 샤워(조별로)	
● 나의 One Change 점검 (조별로)	**목표** **진행 상황** **(10점 척도)**

16

Flying

1. 수업 전 진단(Pretest)

◎ 지금, 내 인생은 어떤 상태인가? 다음 진단을 통해 알아보자. 문항을 자세히 읽고 객관적
으로 점수를 매겨 보자.

(전혀 아니다: 0점 ~ 보통이다: 5점 ~ 매우 그렇다: 10점)

1. 직업 선택	
질문	점수(0~10)
1. 직업의 종류를 50가지 이상 적을 수 있다.	
2. 직업 선택이 왜 인생에서 중요한지 잘 알고 있다.	
3. 어떤 것이 내게 좋은 직업인지 명확한 기준을 갖고 있다.	
4. 내가 희망하는 좋은 직업 후보들이 있다.	
5. 내가 희망하는 직업들은 현재 전공과 연결, 조화시킬 수 있다.	
6. 내가 희망하는 직업을 갖기 위해 착실히 준비하고 있다.	
7. 원래부터 귀한 직업, 천한 직업은 없다고 자신 있게 말할 수 있다.	
8. 직업이 단순히 먹고 살기 위한 수단만은 아니라고 생각한다.	
9. 닮고 싶은 기업인, 직장인이 있으며, 이유를 설명할 수 있다.	
10. 어떤 일을 할 때 그 일의 목적을 생각해 보면서 한다.	
계	

2. 미래 직업세계	
질문	점수(0~10)
1. 스마트폰이 나오면서 사라진 직업이나 상품을 20개 정도 말할 수 있다.	
2. 코로나19로 인해 직업의 세계에 어떤 변화가 왔는지 설명할 수 있다.	
3. 4차 산업혁명으로 인해 직업의 세계에 어떤 변화가 왔는지 설명할 수 있다.	
4. 4차 산업혁명을 몰고 온 혁신적인 과학기술이 무엇인지 예를 들어 설명할 수 있다.	
5. 세상의 많은 직업들은 수년 내에 사라질 것이고, 새로운 직업들이 출현할 것이라고 생각한다.	
6. 내가 어떤 직업을 선택하더라도 그것이 오래 가지 않을 것이므로, 그 시대에 맞는 직업을 꾸준히 준비해야 한다.	
7. 앞으로 10년 후 우리의 라이프 스타일이 어떻게 바뀔지 자주 생각해 본다.	
8. 나는 인공지능의 기능을 이미 일상에서 사용하며 살고 있다.	
9. STEAM의 뜻을 설명할 수 있다.	
10. 스마트폰의 기능들을 일상에 충분히 활용하고 있다.	
계	

3. 비전	
질문	점수(0~10)
1. 지금 당장이라도 내가 이루고 싶은 꿈 10개 이상 말할 수 있다.	
2. 나에게는 나의 모든 시간과 돈, 에너지를 집중해서 쏟아 부을 만한 미래의 목적과 목표가 있다.	
3. 어떻게든 내가 원하는 삶을 살아가고 싶다. 그것이 행복이라고 생각한다.	
4. 나는 내 꿈을 기록해 놓고 자주 바라보며 꿈을 이루기 위해 노력한다.	
5. 나는 주변 사람들의 조언은 듣지만, 내 인생은 내가 확실히 주도한다.	
6. 나는 내 나름의 기준을 갖고 어떤 일을 할지 말지 결정한다.	
7. 지난 일에 대해서는 후회를 하지 않는다.	
8. 10년 후 내 모습을 자주 상상해 보곤 한다.	
9. 목적과 목표의 차이점을 설명할 수 있다.	
10. 나는 남의 삶을 그대로 따라 살고 싶지는 않다.	
계	

4. 역량	
질문	점수(0~10)
1. 사회가 나에게 필요로 하는 역량을 갖춰 나가고 있다.	
2. 정보 지식을 다루는 다양한 지적 도구를 사용하며 살아갈 수 있다.	
3. 나와 다른 사람들과 어울려 소통하며 살아갈 수 있다.	
4. 내 전공, 미래의 내 직업에 어떤 역량이 필요한지 안다.	
5. 내 전공, 미래의 내 직업, 취업에 필요한 역량들을 개발할 계획을 세워 놓고 있다.	
6. 수강신청을 할 때 역량개발 계획을 참고한다.	
7. 내 전공, 미래의 내 직업에 필요한 역량 개발 중 이미 성과를 보이는 것들이 있다.	
8. 취업 과정에 자신있게 내놓을 만한 장점, 역량이 있다.	
9. 100세 시대를 살아가려면 당장 취업 말고도 인생에 필요한 다양한 역량을 길러야 한다고 생각한다.	
10. 당장 직무수행에 필요한 역량도 중요하지만 인성은 더 중요하다고 생각한다.	
계	

5. 취업	
질문	점수(0~10)
1. 내가 원하는 직장 조건이 있다.	
2. 꼭 취업하고 싶은 곳이 있다.	
3. 그 회사에 대해 많은 것을 파악하고 있다.	
4. 취업의 과정을 충분히 알고 있다.	
5. 요즘 채용 트렌드를 잘 파악하고 있다.	
6. 미래의 내 명함을 만들 수 있다.	
7. 자기 소개서를 지금 당장이라도 쓸 수 있다.	
8. 취업을 위한 면접에 응할 준비가 되어 있다.	
9. 온라인 면접에 응할 수 있다.	
10. 어떤 회사를 다니느냐보다 어떤 일을 하느냐가 더 중요하다.	
계	

1) 5개 항목 중 점수가 상대적으로 높은 항목은 어느 것인가?

_____

2) 5개 항목 중 점수가 상대적으로 낮은 항목은 어느 것인가?

_____

3) 현재 이 상태로 살아간다면 10년 후 나의 모습은 어떠할 것으로 생각하는가?

_____

_____

4) 이 수업을 통해 보완해야 할 부분은 어떤 것인가?

_____

_____

5) 이 수업을 이수한 후 같은 문항으로 진단을 실시할 경우, 어떤 변화가 있기를 기대하는가?

_____

_____

Landing ✈

● 오늘 수업 한 줄 소감

_____

_____

_____

운동지배 주요 흐름

● 제3장

Take-off

● 구호	"내 인생은 내가 설계하고 내가 주도한다!"
● 탑승 확인	Q. 오늘 초청된 동문에게 하고 싶은 질문 한마디는? A.
● 좋아 박수	"나는 내가 정말 좋아!"
● 칭찬 샤워(조별로)	

● 나의 One Change 점검 **(조별로)**	**목표**		
	진행 상황 **(10점 척도)**		

Flying

1. 인사

1) 오늘 초청된 동문 선배는 누구인가?

_____

_____

2) 소속 직장과 담당 업무

_____

_____

2. 강의

1) 직업 현장의 이야기

_____

_____

2) 직업 선택, 직장 선택, 취업(창업)을 위해 무엇을 어떻게 준비해야 할까?

_____

_____

3) 후배들에게 꼭 남기고 싶은 조언은 무엇인가?

_____

_____

3. 글의 응답

1)

2)

3)

Landing

● 오늘 수업 한 줄 소감

직업윤리와 태도

● 제4장

Take-off

● 구호	"내 인생은 내가 설계하고 내가 주도한다!"
● 탑승 확인	Q. 스마트폰이 나오면서 사라져 가고 있는 물건은? A.
● 좋아 박수	"나는 내가 정말 좋아!"
● 칭찬 샤워(조별로)	

| ● 나의 One Change 점검
(조별로) | 목표 | | |
| | 진행 상황
(10점 척도) | | |

Flying

◎ 직업현장 탐방은 다음과 같이 진행한다.[1]

1) 다음 두 가지 방법 중 하나를 선택한다.

2) 개인별로, 혹은 관심사가 같은 그룹별로 가능하다. (6명 내외)

3) 수업 시간, 또는 다른 시간에 실시하며, 1주 수업에 포함된다.

방법 1	• 자신의 직업이나 직장 선택에 도움이 될 만한 직업현장을 탐방한다. • 이를 동영상으로 편집하여 발표한다. (3분)
방법 2	• 미래의 직업이나 직장 선택에 도움이 될 만한 직업인(전문인)을 인터뷰한다. • 이를 동영상으로 편집하여 발표한다. (3분)

Landing

● 오늘 수업 한 줄 소감

_____

_____

_____

---

1 발표는 다음 시간에 하며, 발표 후 최우수 발표팀을 투표하여 시상한다.

차별 금지

Take-off

● 구호	"내 인생은 내가 설계하고 내가 주도한다!"
● 탑승 확인	Q. 스마트폰이 나오면서 사라져 가고 있는 직업은? A.
● 좋아 박수	"나는 내가 정말 좋아!"
● 칭찬 샤워(조별로)	

● 나의 One Change 점검 (조별로)	목표	
	진행 상황 (10점 척도)	

Flying

1. 직업 선택, 왜 중요한가?

◎ 직업은 인생이다. 개인의 땀과 시간을 거기에 다 쏟아 붓기 때문이다. 그래서 어떤 사람을 소개할 때 이름과 함께 직업을 소개한다. 직업 선택은 매우 중요하다.

(1) 어떤 일을 하며 사느냐가 인생의 행복을 결정짓기 때문이다. 좋아하는 일이냐, 잘하는 일이냐, 의미 있는 일이냐, 위험한 일이냐, 해로운 일이냐, 피해를 주는 일이냐….

(2) 근로의 대가가 어느 정도냐가 개인의 경제생활을 뒷받침해 주기 때문이다.

(3) 그 일을 언제까지 안정적으로 할 수 있느냐가 중요해지고 있기 때문이다. 인간의 수명은 계속 연장되고 있다.

(4) 이직률이 높아지고 있기 때문이다. 이직률이 높아진다는 것은 직업이나 직장의 선택이 잘못됐음을 의미한다. 특히 사회에 처음 진출하는 젊은이들의 시행착오는 개인적으로나 사회적으로 적지 않은 손실이다.

2. 높아지고 있는 신입사원 퇴사율

자료 1[1]

임용 1년 내 퇴직 공무원 1769명… 그들은 왜 '철밥통' 버렸나

'37.2 대 1'과 '10.4 대 1'. 2020년도 국가직·지방직 9급 공무원 공채시험 경쟁률이다. 매년 약 20만 명의 응시자 중 이 경쟁률을 통과한 이만 공무원이 된다. 그러나 최근 국정감사에선 2019년 재직 5년 미만 공무원 퇴직자가 6,664명으로 2018년(5,670명), 2017년(5,181명)에 비해 대폭 늘었다는 공무원연금공단 자료가 공개됐다.

이중 임용 1년도 안 돼 공무원을 그만둔 경우가 전체의 26.5%(1,769명)에 달했다. 긴 수험생활을 거쳐 공무원증을 쥐고도 그만두는 이들의 속사정은 무엇일까. 4일 임용 2~4년차에 의원면직한 전직 지방직 공무원 3명에게 물었다.

이들은 공통적으로 민원 대응의 어려움을 꼽았다. 특히 민원인의 폭력과 욕설 등으로부터 제대로 된 보호를 받지 못했다고 했다. 서울시 공무원으로 3년간 일했던 A씨(28)는 "민원인이 눈앞에서 위협하는데도 제지할 수가 없었다. 잘못이 없는데도 사과해야 하는 경우도 많았다."며 "늘 저자세일 것을 지나치게 강요받았다."고 말했다. 강원도의 한 군청 공무원으로 약 3년간 일했던 오렌지인(28·닉네임)도 "'눈을 보고 밝게 인사한다.'와 같은 친절 응대 매뉴얼은 있지만, 악성 민원 대처 방법은 아무도 알려주지 않았다."며 "(상급자가) 원하는 것은 공무원 개인의 참을성을 최대한 발휘해 그 상황을 모면하는 것이었다."고 말했다. 지역사회 관계자들과의 회식 자리에서 성추행을 당한 뒤 상사가 이를 대수롭지 않게 넘겼을 때 그는 "뭔가 잘못됐다."고 느꼈다고 했다.

업무량도 적지 않았다. 서울시 소속으로 4년간 일하다 최근 퇴직한 B씨(31)는 "한 달 내내 주말이 없을 때도 있었고, 밤 10시, 11시까지 야근하는 날도 많았다."고 말했다. 오렌지인도 "우박 피해, 수해 피해, 조류인플루엔자 등 재난·재해가 많아 비상근무가 잦았다."며 "365일 24시간 긴장 상태였다."고 말했다.

과도한 의전 문화나 유연성이 떨어지는 업무방식 등 조직 문화도 젊은 공무원들을 나가 떨어지게 하는 요인이다. B씨는 "'보여 주기'를 위한 업무에 시간과 에너지를 쏟는 것이 이해가 안 갔다."며 "효율을 중시하는 청년 공무원들을 딜레마에 빠지게 했다."고 말했다. 이밖에 업무 인수인계의 부재, 저연차에 집중되는 기피 업무 배정 등도 요인으로 꼽혔다.

공시 열풍 속 업무나 적성에 대한 고민 없이 시험에 뛰어든 것도 어려움을 더했다. B씨는 "하고 싶은 일이 없는 데다 공무원이 되면 편하게 살 수 있다는 마음으로 준비했다가 안 맞는다는 걸 깨닫는 경우가 많다."고 말했다. 여기에 '공무원은 편하다'는 세간의 인식이 더해지며 고충을 말하기도 어려웠다. 실제 저연차 퇴직자들은 "공무원도 못 하면 무슨 일을 하겠냐."는 주변 반응에도 시달렸다고 했다.

이들은 퇴직을 고민하는 공무원이 적지 않다고 입을 모았다. A씨는 "그만뒀을 때 사무실의 모두가 나를 부러워했다."고 말했다. 그가 퇴직 후 일상을 연재하는 블로그엔 매일 30~50명이 '공무원 의원면직 행복' '공무원 의원면직 부모 설득' 등 검색어 입력을 통해 들어온다. 오렌지인이 운영하는 유튜브 채널(Orange_in)에서도 퇴직을 고민하는 공무원들의 상담이 이어진다.

최병대 한양대 행정학과 교수는 "저연차 공무원의 퇴직 증가에는 폐쇄적이고 경직된 조직 문화와 늘어나는 악성 민원, 신규 직원의 기피 업무 배정 등 복합적인 문제가 있다."고 말했다. 인사혁신처 관계자는 "20~30대 신입직원이 국장급 상사에게 각종 지원과 조언을 하는 '역멘토링 프로그램'을 인사처 내에서 시범 운영하는 등 공직문화 변화를 시도하고 있다."고 말했다.

-최민지 기자

신입사원 31%, 입사 1년 이내 퇴사

사상 최악의 취업난에도 입사 후 1년을 넘기지 못하고 퇴사하는 신입사원들이 늘어나는 것으로 나타났다. 사람인에이치알이 운영하는 구인구직 매칭플랫폼 사람인은 22일 최근 1년 신입사원을 채용한 기업 416개사를 대상으로 '입사 1년 미만 신입사원 중 퇴사자 발생 여부'를 조사한 결과 '있다'는 응답이 74.8%로 나타났다고 밝혔다. 지난해 같은 조사 결과(66.2%) 대비 8.6%포인트 증가한 수치다.

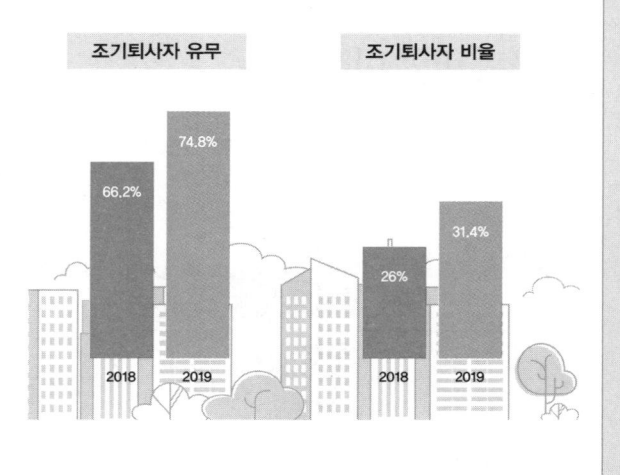

전체 입사자 대비 조기 퇴사자의 비율은 평균 31.4%로 조사됐다. 이 역시 작년 평균 조기퇴사자 비율(26%)에 비해 5.4%포인트 늘어났다.

조기 퇴사자들은 입사 후 평균 4.6개월을 근무하고 회사를 떠나는 것으로 나타났다. 특히 조기 퇴사자들의 54%는 3개월 이전에 퇴사했다.

조기퇴사자들이 회사에 밝힌 퇴사 사유는 '적성과 안 맞는 직무'가 59.2%(복수응답)로 가장 많았다. 다음으로 '대인관계 등 조직 부적응'(26.4%), '낮은 연봉'(23.8%), '담당 업무 불만족'(23.2%), '타사 합격'(15.8%) 등의 순이었다.

그러나 기업들이 생각하는 신입사원의 퇴사 이유는 '이상과 현실의 괴리'(39.5%, 복수응답)가 첫 번째였다. 계속해서 '책임감 낮음'(28.9%), '묻지마 지원 등 급한 취업'(28.6%), '인내심 부족'(27.3%), '직업의식 부족'(27%), '부족한 연봉과 복리후생'(26.4%) 순이었다. 퇴사의 원인을 사측보다는 신입사원 측으로 보는 경향이 높은 것으로 풀이된다.

조기 퇴사자들로 인해 기업들이 입은 피해를 묻는 질문에는 '추가 채용으로 인한 시간 및 비용 손실'(77.2%, 복수응답)이라는 답변이 압도적으로 많았다. 이밖에 '기존 직원의 업무량 증가'(43.7%), '기존 직원의 사기 저하'(38.6%), '교육비용 손실'(35.4%), '업무 추진 차질'(34.7%) 등의 피해로 나타났다.

이런 상황에서 신입사원 조기 퇴사를 막기 위해 회사가 기울이는 노력으로는 '복리후생 강화(38.5%, 복수응답)'라는 응답이 가장 많았다. 계속해서 '초봉 인상 등 근무조건 개선'(34.9%), '선배 직원과 멘토링'(33.7%), '높은 인센티브 등 동기부여'(24.3%,), '적성에 따른 업무 재배치'(16.3%) 등이 있었다.

-고석용 기자

1 경향신문, 2020. 11. 4.
2 머니투데이, 2019. 5. 22.

30세 미만 이직자 수

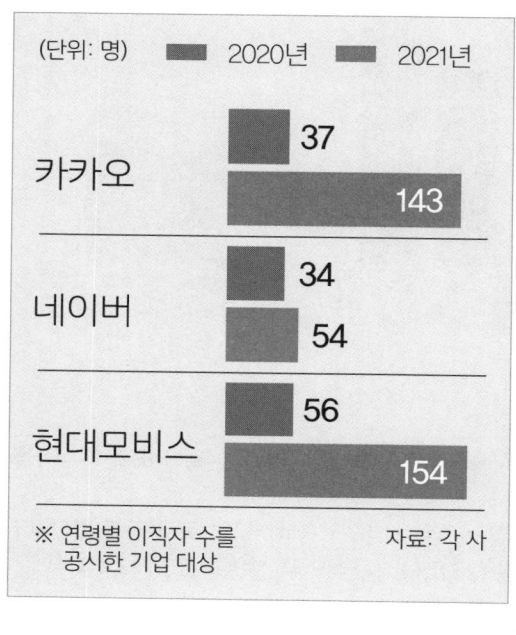

(단위: 명) ■ 2020년 ■ 2021년

카카오
37
143

네이버
34
54

현대모비스
56
154

※ 연령별 이직자 수를
   공시한 기업 대상

자료: 각 사

높아지는
주요 기업 이직률

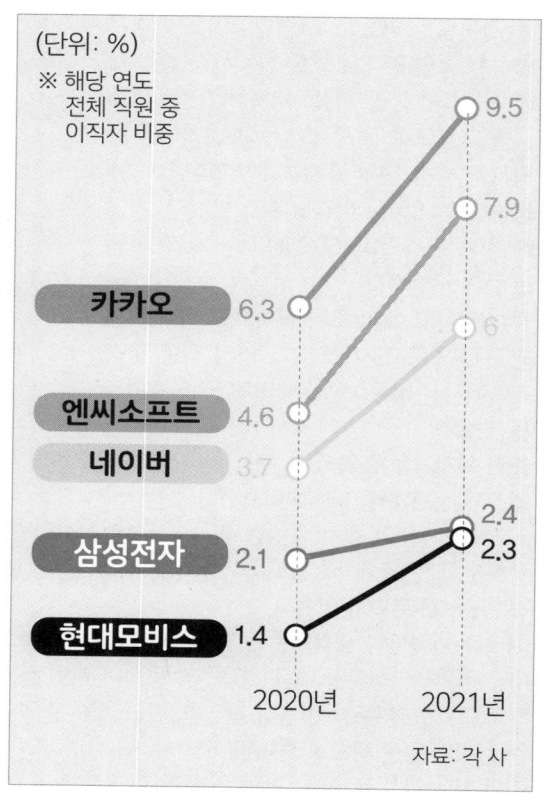

(단위: %)

※ 해당 연도
   전체 직원 중
   이직자 비중

9.5

7.9

카카오 6.3

6

엔씨소프트 4.6

네이버 3.7

삼성전자 2.1

2.4

2.3

현대모비스 1.4

2020년   2021년

자료: 각 사

직장인 10명 중 9명 첫 직장 퇴사… 28% "퇴사 후회"

신입사원 10명 중 9명이 첫 직장을 떠나는 것으로 조사됐다. 퇴사 후 10명 중 3명은 퇴사를 후회했다.

취업포털 인크루트와 바로면접 알바앱 알바콜이 직장인 1,831명을 대상으로 첫 직장 재직 여부를 조사한 결과 87.6%가 퇴사했다고 밝혔다.

설문에 참여한 전체 직장인 중 12.4%만이 첫 직장에 재직 중인 것으로 나타났다. 지난 2003년 인크루트 조사결과 첫 직장 퇴사율은 80.4%로 집계됐었다. 이번에 7.2%포인트가 높아졌다.

기업 규모별 퇴사율은 '영세기업'이 90.3%로 가장 높았다. 가장 낮은 퇴사율을 보인 곳은 '공공기관'으로 80.9%를 보였다. 이어 대기업 86.8%, 중견기업 87.2%, 중소기업 88.1% 순으로 나타났다.

퇴사 시기는 '1년 미만' 근무자 비율이 30.6%로 가장 높았다. '재직 7~12개월 이내'는 15.2%였으며 '6개월 이내' 퇴사자도 15.4%나 됐다. '재직 1년 이상~ 2년 미만' 퇴사자는 29.7%, '3년 미만' 퇴사자는 15.4%로 집계됐다.

퇴사자 중 2년을 못 채운 비율은 63.0%로 절반을 넘었고, 3년 내 퇴사한 비율도 무려 75.6%에 달했다. 4명 중 3명이 3년 내 퇴사한 것이다.

퇴사 사유는 '대인관계 스트레스'(15.8%)가 1위로 꼽혔다. 이후 '업무 불만'(15.6%) '연봉 불만'(14.6%) 등이 뒤따랐다.

기업 규모별로 퇴사 사유에 차이를 보였다.

대기업의 퇴사 사유 1위는 '업무 불만족'(20.3%)이 가장 컸다. 중견기업은 '대인관계 스트레스'(18.3%), 중소기업은 '연봉 불만족'(16.8%)으로 각각 집계됐다.

또한 퇴사 이후 28.5%는 첫 직장 퇴사에 대해 후회하는 것으로 나타났다. 퇴사에 대해 자체평가한 결과 전체 퇴사자의 28.5%는 첫 직장 퇴사에 대해 후회하는 것으로 나타났다. 그 가운데 13.6%는 재입사를 희망했는데 실제로 재입사한 비율도 4.3%로 확인됐다. 퇴사에 대해 후회하는 비율은 중소기업(23.6%)보다 대기업(43.5%)이 2배 가량 높았다.

끝으로 첫 직장에 여전히 재직 중인 직장인에게 재직 이유를 묻자 '이직하려면 버텨야 해서'(37.1%)가 압도적으로 1위에 올랐다. 이직을 하기 위해 재직하고 있다는 아이러니한 상황이 펼쳐졌다.

그 외 재직 이유는 '대인관계가 원만한 편'(9.5%) '출퇴근이 쉽다'(8.6%) '연봉 만족'(6.3%) '업무 만족'(5.4%) 순이었다.

– 최희수 인턴 기자

---

3 국민일보, 2020. 1. 9.

신입사원, 왜 퇴사했나?

적성에 맞지 않는 직무	22.5
조직에 부적응	19.2
낮은 연봉	15.7
열악한 근무환경	15.1
강도 높은 업무량	11.8
비전을 찾지 못함	5.8
타사에 취업	5.1
진학이나 유학	2.1

자료: 잡코리아, 2016년

신입사원의 높은 퇴직 이유 중 하나는 적성 문제다. 경총의 조사에서 '조직·직무 적응에 실패했기 때문'이라는 응답이 49.1%로 가장 많았고, 잡코리아의 조사에서도 '직무가 적성에 맞지 않았다'는 응답이 22.5%로 1위였다. 다음 이유가 '조직에 부적응'으로 19.2%에 달했다.

이는 직종이나 직업의 선택에 문제가 있음을 보여 준다. 직업(전공)과 직장을 보다 치밀하고 신중하게 선택해야 할 이유가 여기에 있다.

3. 직업 선택 3각형[4]

◎ 직업을 선택할 때에는 다음 4가지를 고려하면 시행착오를 줄일 수 있다.

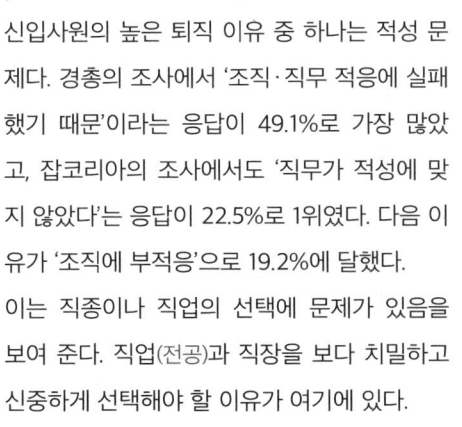

(1) **앞**: 앞으로 이 일(직업)은 앞으로 어떻게 달라질 것인가? (변화, 장래성)

(2) **좋**: 내가 이 일(직업)을 좋아하는가? (흥미)

(3) **잘**: 내가 이 일(직업)을 잘하는가? (적성, 역량 등)

(4) **왜**: 왜 이 일(직업)을 하려 하는가? (가치관, 비전, 사명)

---

4 유튜브 이의용TV, '직업 삼각형' 참조.

4. 홀랜드(Holland) 직업 선호도 검사

1) 검사 설명

   (1) 이 검사는 개인의 관심과 흥미, 성향 그리고 생활 경험을 측정하여 적합한 직업을 안내하는 것이다.

   (2) 검사 결과는 개인이 직업이나 직무를 선택할 때 유용하다. 또한 자기 소개서 작성이나 면접 준비 시 자신을 객관적이고 구체적으로 소개하는 기초 자료로도 활용할 수 있다.

   (3) 그러나 이 검사는 흥미, 성격, 생활 경험을 검사할 뿐 개인의 현재 보유 능력이나 학력, 전공, 자격, 가치관 등은 반영하지 않는다.

   (4) 따라서 직업이나 진로를 결정하고자 할 때는 이 검사 결과와 함께 자신의 능력, 자격, 적성, 가치관 등도 함께 고려하는 것이 좋다.

2) 다음 사이트에서 검사를 해 보자.

   (1) 직업 선호도 검사 L형

   (2) 워크넷(https://url.kr/HXKdbr)

   (3) 회원가입, 무료, 60분 소요

3) 검사 결과를 해석해 보자.

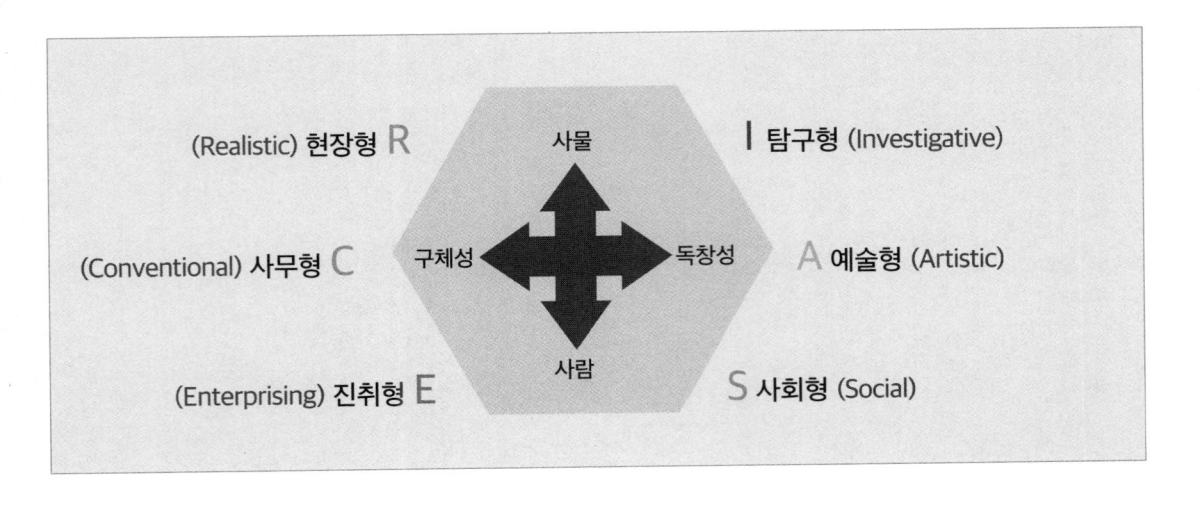

4) 검사 결과로 다음을 분석해 보자.[5]

    (1) 나의 성격은 어느 유형에 가까운가?

_____

    (2) 내가 좋아하는 일, 싫어하는 일은 어떤 것인가? 결과에 대해 동의하는가?

_____

_____

    (3) 나에게 적합한 직업은 어떤 것들이 있을까?

_____

_____

    (4) 나에게 적합한 직업과 전공은 얼마나 일치하는가?

_____

_____

---

5 tvN <유 퀴즈 온 더 블럭> 도배사 배윤슬

구분	성격 특성	좋아하는 일	싫어하는 활동	대표 직업
R 현장형	솔직, 성실, 검소, 건강, 소박, 단순, 고집, 과묵, 실용적	기계, 도구, 동물에 관한 일, 뭔가를 만들고 조작하는 일	다른 사람들을 가르치거나 사교적인 일	기술자, 경찰, 군인, 운동선수, 항공기 조종사, 요리사, 사육사
I 탐구형	논리적, 분석적, 합리적, 비판적, 탐구심, 내성적, 지적 호기심, 신중, 소극적	사회현상이나 자연현상을 관찰하고 이해하고 탐구하는 일	다른 사람들을 설득하고 이끌어 가는 일	학자, 대학교수, 연구원
A 예술형	상상력, 감수성, 변화자유, 분방, 개방적, 독창적, 창조적, 감정적, 다양성	예술적 창조와 표현, 자유로운 일	반복적이고 틀에 박힌 일	음악가, 화가, 디자이너, 사진작가, 작가, 시인, 무용가
S 사회형	외향적, 이해심, 친절, 봉사, 낙관적, 사교적	다른 사람들의 문제를 듣고 이해하고 도와주고 봉사하는 일	기계, 도구를 사용하는 일	사회복지사, 교사, 성직자, 특수교사, 상담사, 간호사
E 진취형	통솔력, 지도력, 자신감, 모험심, 야심적, 설득적, 열성적, 경쟁적	다른 사람들을 지도, 통제	과학적이거나 시간이 오래 걸리는 지적인 일	정치인, 기업경영, 영업사원, 기자, 아나운서
C 사무형	조심성, 계획성, 검소, 책임감, 사무적, 보수적, 정확 관습적, 순응적	기록, 정리, 조직, 사무적, 계산적 활동	창의적, 자율적, 모험적, 체계적인 변화	은행원, 세무사, 회계사, 도서관사서, 공무원

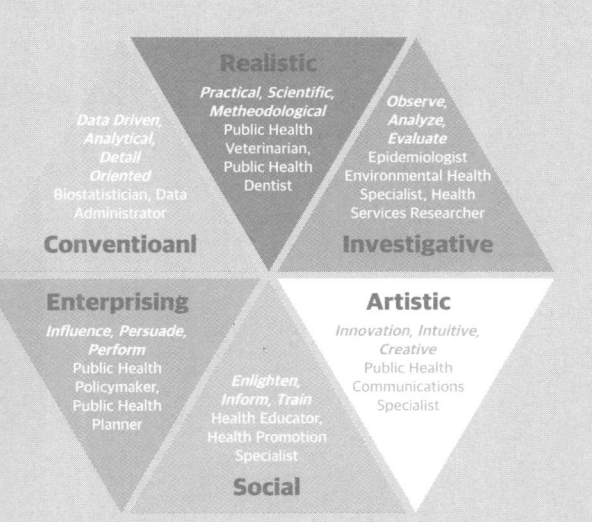

5. 직업 선택 시 따져봐야 할 점

1) 무엇이 좋은 일(직업)인가?[6]

(1) 내가 생각하는 좋은 직업의 조건은?

_____

_____

(2) 우리나라 청소년은 일상생활은 물론이고 전공이나 직업 선택에서도 부모로부터 지나칠 정도의 도움, 또는 간섭을 받는 경우가 많다. 본인의 자기 주도력이 약한 경우 더욱 그렇다. 직업 선택 과정에서 본인의 의견과 가족(부모)의 의견이 대립될 때 어떻게 할 것인가는 현실적으로 매우 중요한 문제다.

(3) 나의 경우 직업 결정에서 내 의견과 부모 의견이 대립할 때

① 내 의견은 몇 % 정도 반영될 수 있는가? (   )%

② 어떤 비율이 이상적이라고 생각하는가? 내 의견 : 부모 의견 = (   ) : (   )

2) 나에게 맞는 일이 좋은 직업이다.

세상에서 자신을 가장 잘 아는 사람은 바로 자기 자신이다. 직업은 자신의 인생이므로 스스로 선택하고 책임져야 한다. 나에게 가장 잘 맞는 직업이 가장 좋은 직업이다. 단지 먹고 살기 위해 하기 싫은 일을 날마다 할 것인가, 아니면 하고 싶은 일을 하면서 날마다 즐겁고 의미 있게 살 것인가? 소화기는 소화기로 쓰일 때 가장 행복하다. 소화기가 문 닫힘 방지용으로 쓰일 때 문이나 소화기나 사용자 모두 불편하고 불행하다. 나한테 맞는 일이 좋은 직업이다.

---

6 유튜브 이의용TV, '좋아하는 일과 잘하는 일 1' 참조.

3) 그러므로 직업을 잘 선택하려면 2가지를 잘 알아야 한다. [7]

(1) 첫째, 나에 대해서 잘 알아야 한다.

나 ① 그 직업을 좋아하나? (want)
② 그 직업을 잘 해낼 수 있나? (ability)

➡ 내가 그 직업을 좋아하는지, 잘 해낼 수 있는지에 따라 다음과 같은 4가지 상황이 나온다.

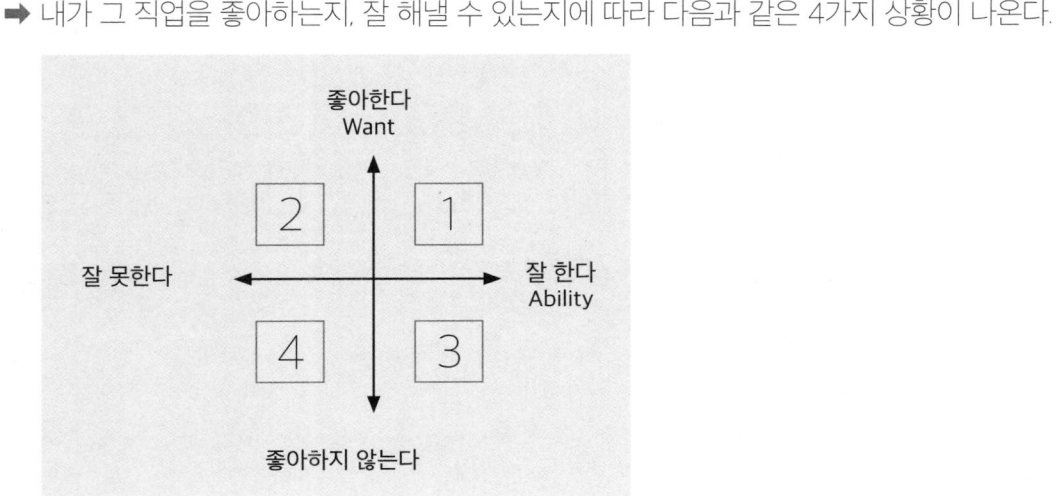

➡ 4가지 경우를 보다 구체적으로 살펴보면 다음과 같다.

상황		결과
1	하고 싶고, 잘 할 수 있다.	• 일이 즐겁고 잘하니 남보다 성과가 크다.
2	하고 싶으나, 잘 할 수 없다.	• 시간, 땀, 돈이 필요하다. • 느리지만 발전할 수 있다. • 좋아하기 때문에 만족도가 점점 높아진다.
3	하고 싶지 않으나, 잘 할 수 있다.	• 일이 지루하고 회의가 생긴다. • 능력은 점점 퇴화한다.
4	하고 싶지 않고, 잘 할 수 없다.	• 괴롭고 지루하다. • 포기한다.

---

7 유튜브 이의용TV, '좋아하는 일과 잘하는 일 2' 참조.

(2) 둘째, 그 직업에 대해 잘 알아야 한다.

직업
① 업무 내용(하는 일)
② 그 직업이 필요로 하는 성품, 역량
③ 장래성(미래의 상황)
④ 그밖에

4) 나를 얼마나 아는지, 직업에 대해 얼마나 아는지에 따라 다음과 같은 4가지 상황이 나온다.

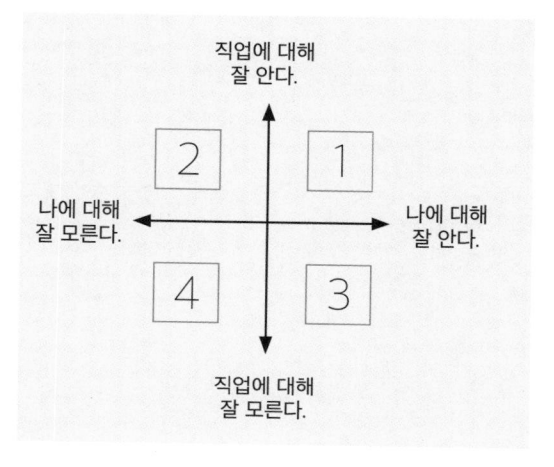

➡ 4가지 경우를 보다 구체적으로 살펴보면 다음과 같다.

상황		결과
1	나에 대해 잘 알고, 직업에 대해서도 잘 안다.	• 탐색에 시간이 많이 걸린다. • 안정적으로 직업을 영위할 수 있다. • 직업 만족도가 높다.
2	나에 대해 잘 모르지만, 직업에 대해서는 잘 안다.	• 직업에 대해서만 탐색한다. • 느낌과 예감에 의존한다. • 자신에게 맞지 않음을 나중에 알게 된다. • 직업 만족도가 낮아진다.
3	나에 대해서 잘 알지만, 직업에 대해서는 잘 모른다.	• 나에 대해서만 탐색한다. • 주변 조언에 의존한다. • 주어지는 직업에 나를 맞추게 된다. • 직업 만족도가 낮다.
4	나에 대해서도 잘 모르고, 직업에 대해서도 잘 모른다.	• 탐색을 전혀 안 한다. • 결정 장애가 온다. • 주변 조언에 의존하거나, 묻지 마 선택을 한다. • 직업생활에 혼란과 마비, 무기력이 온다.

5) 현재 나는

    (1) 나에 대해 잘 알고 있나?

    (2) 원하는 직업에 대해 잘 알고 있나?

6) 직업은 주어지는 것이 아니라 선택하는 것이다.
내게 맞는 '天職'이 아니면 '賤職'이 되기 쉽다. 남 따라 가지 말고 나에게 맞는 직업을 찾아라.

6. 내게 맞는 직업 찾아보기(1)

◎ 다음 두 가지 조건을 충족하는 직업을 찾아보자.

1) 내가 하고 싶고 잘 할 수 있다.

2) 내가 원하는 직업에 대해 잘 알고 있다(업무 내용, 전망, 직종, 필요 역량 등).

①	④
②	⑤
③	⑥

Landing

● 오늘 수업 한 줄 소감

_____

_____

_____

Take-off

● 구호	"내 인생은 내가 설계하고 내가 주도한다!"

● 탑승 확인	Q. 나에게 적합한 직업은?
	   - 사람 다루는 일(M: Man)
	   - 정보 다루는 일(I: Information)
	   - 도구 다루는 일(T: Tool)

	A.
● 좋아 박수	"나는 내가 정말 좋아!"
● 칭찬 샤워(조별로)	

| ● 나의 One Change 점검
(조별로) | 목표 | |
| | 진행 상황
(10점 척도) | |

46

Flying

1. 직업 이름 리스트 만들기[1]

◎ 다음 칸에 알고 있는 직업 이름을 작성해 보자.

---

1 유튜브 이의용TV, '내 직업의 미래 1, 2' 참조.

47

2. New Normal 시대가 왔다[2]

◎ 4차 산업혁명으로 지금 우리는 지금까지 한 번도 경험해 보지 않은 변화의 시대를 접하고 있다. 여기에 코로나 팬데믹이 겹치면서 지구촌 전체가 격변의 시대를 경험하게 됐다. Normal은 현재의 기준을, New Norm은 새로운 기준을 말하는데 New Normal이 Normal 이 되는 시대가 온 것이다.

1) 스마트폰이 우리 삶에 등장하면서 쇠퇴하거나 소멸된 제품, 직업을 적어 보자.

쇠퇴하거나 소멸된 제품	쇠퇴하거나 소멸된 직업

2) 코로나 팬데믹이 몰고 온 변화

(1) 코로나19가 내 삶에 몰고 온 변화를 적어 보자.

---

2 유튜브 세바시, 문명을 바꾸는 포노사피엔스(최재붕 교수)

(2) 코로나 팬데믹이 지구촌 전체의 정치, 경제, 사회, 산업, 문화, 가치관 등에 몰고 온 변화가 어떤 것이 있는지 적어 보자.

(3) 코로나19로 흥해진 업종과 어려워진 업종을 적어 보자.

흥해진 업종	어려워진 업종

3) 4차 산업혁명이 몰고 온 변화

4차 산업혁명이란 인공지능(AI)이나 사물인터넷(IoT), 빅데이터(Big Data), 모바일(Moblie) 등 첨단의 정보통신기술이 경제적으로나 사회적으로 전 산업을 융합, 초연결해 주는 혁신적인 변화의 시대라고 할 수 있다.

(1) 이러한 4차 산업혁명이 우리 삶에 몰고 온 변화는 어떤 것이 있는지 적어 보자.

(2) 4차 산업혁명이 정치, 경제, 산업, 문화, 가치관 등에 몰고 온 변화가 어떤 것이 있는지 적어 보자.

(3) 4차 산업혁명으로 인해 흥해진 업종과 어려워진 업종을 적어 보자.

흥해진 업종	어려워진 업종

3. New Normal 시대 미리 보기

1) 4차 산업혁명 시대의 특성을 알려주는 다음 용어의 뜻을 검색해서 적어 보자.

용어	뜻
(1) 붉은 여왕의 효과[3]	
(2) 超연결	
(3) 超지능	
(4) 超스피드	
(5) Digital Self[4]	
(6) STEAM	
(7) Big Data	
(8) IoT	
(9) O2O	
(10) Crowd worker	
(11) Gig worker	
(12) Gig economy	

---

3 세상도 나만큼 빠른 속도로 변한다. 내가 달리지 않으면 제자리에 있게 된다.
4 아마존은 나보다 나에 대한 정보를 더 많이 갖고 있다. 그 데이터 자체가 디지털 셀프.

2) 다음과 같은 상황이 현실이 된다면 직업의 세계와 라이프 스타일은 어떻게 달라질까?(긍정, 부정) **조별로 나누어 토의하고 결과를 공유해 보자.**

(1) AI가 자동차 운전을 하게 되면?

_____

_____

(2) 자동차 연료(휘발유, 경유)를 전기, 수소가 대체하게 되면?

_____

_____

(3) 드론이 대중화되면?

_____

_____

_____

(4) 인공지능의 번역(통역)이 정착되면?

_____

_____

_____

(5) 모바일 원격 진료가 확대되면?

_____

_____

(6) 인터넷 구매(상거래)가 더 확대되면?

_____

_____

(7) 인공지능 Robot의 활동 영역은 어디까지?

_____

_____

(8) 앞으로 종이신문, 라디오, TV, 영화 등 미디어는 어떻게 될까?

_____

_____

(9) 100살 수명이 실현되면?

_____

_____

(10) 코로나19 같은 바이러스가 다시 유행하면?

_____

_____

(11) 북극의 빙하와 빙상이 계속 녹아 무너져 내린다면?

_____

_____

(12) 얼굴 인식 기술이 잘못 사용되면?

_____

_____

(13) 인공지능 ChatGPT 이용이 늘어나고 있다. 앞으로 어떤 분야에서 어떤 일에 변화가 예상되는가?

_____

_____

4. 앞으로 10년…

1) 향후 10년간 지배할 한국 사회 키워드[5]

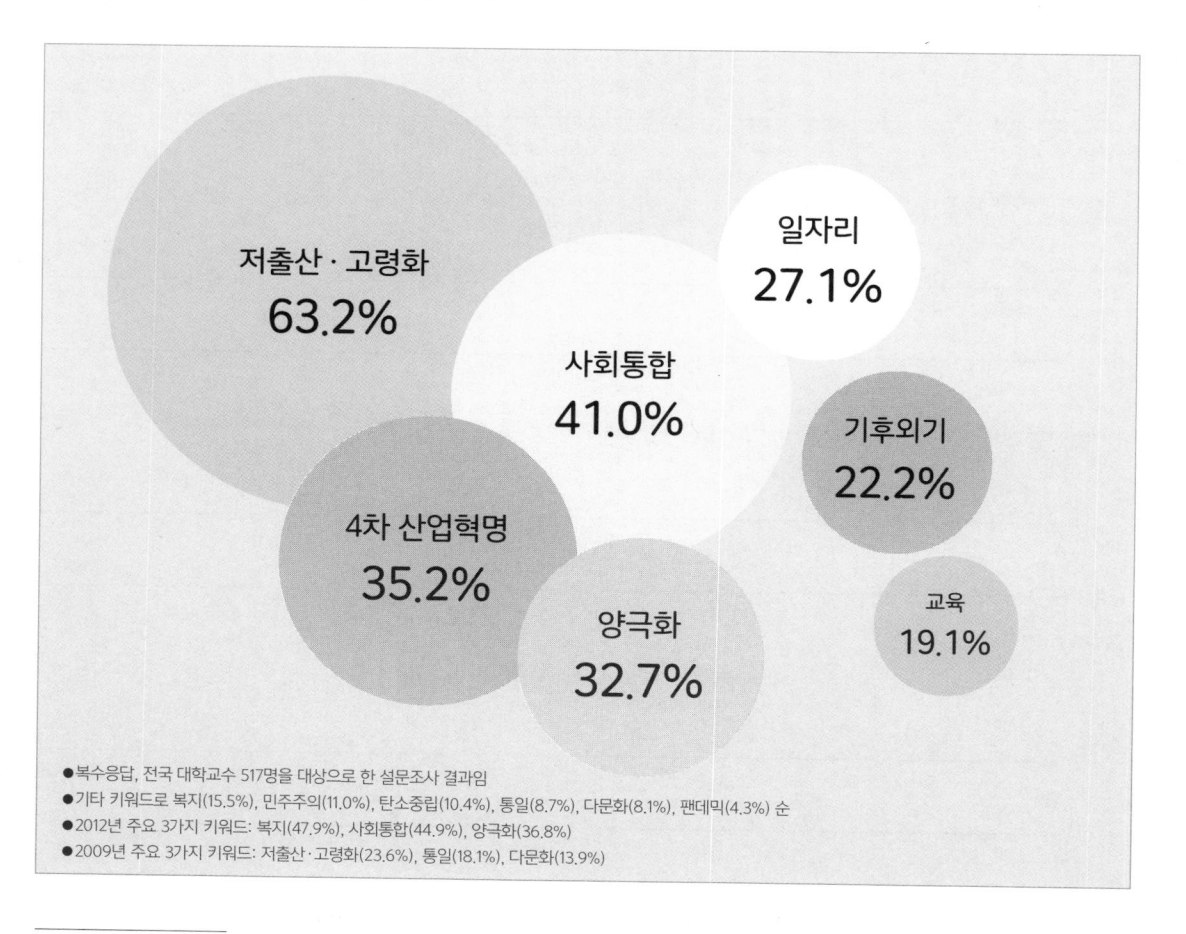

● 복수응답, 전국 대학교수 517명을 대상으로 한 설문조사 결과임
● 기타 키워드로 복지(15.5%), 민주주의(11.0%), 탄소중립(10.4%), 통일(8.7%), 다문화(8.1%), 팬데믹(4.3%) 순
● 2012년 주요 3가지 키워드: 복지(47.9%), 사회통합(44.9%), 양극화(36.8%)
● 2009년 주요 3가지 키워드: 저출산·고령화(23.6%), 통일(18.1%), 다문화(13.9%)

_____

5 교수신문, 2022. 4.

2) 2022 세계 위험 보고서[6]

- 세계 위험 1~10 순위

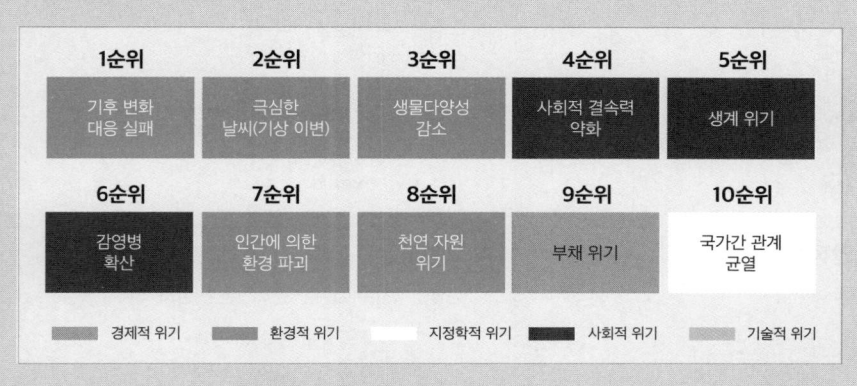

1순위	2순위	3순위	4순위	5순위
기후 변화 대응 실패	극심한 날씨(기상 이변)	생물다양성 감소	사회적 결속력 약화	생계 위기

6순위	7순위	8순위	9순위	10순위
감염병 확산	인간에 의한 환경 파괴	천연 자원 위기	부채 위기	국가간 관계 균열

경제적 위기　환경적 위기　지정학적 위기　사회적 위기　기술적 위기

- 앞으로 10년간 세계가 마주하게 될 가장 위협적인 문제 10가지는?

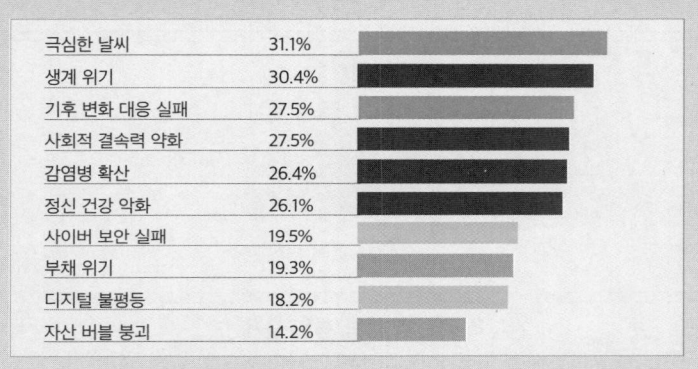

극심한 날씨	31.1%
생계 위기	30.4%
기후 변화 대응 실패	27.5%
사회적 결속력 약화	27.5%
감염병 확산	26.4%
정신 건강 악화	26.1%
사이버 보안 실패	19.5%
부채 위기	19.3%
디지털 불평등	18.2%
자산 버블 붕괴	14.2%

- 단기간(0~2년) 내로 세계에 가장 치명적인 위험 요소 10가지는?

기후 변화 대응 실패	42.1%
극심한 날씨	32.4%
생물다양성 감소	27.0%
천연 자원 위기	23.0%
인간에 의한 환경 파괴	21.7%
사회적 결속력 약화	19.1%
(환경 문제 등으로 인한) 원치 않았던 이민	15.0%
기술 발전의 부작용	14.9%
지리경제적 대립	14.1%
지정학적 자원 쟁탈전	13.5%

---

6 세계경제포럼(WEF)

3) 한국 사회의 10년 후 10대 이슈[7]

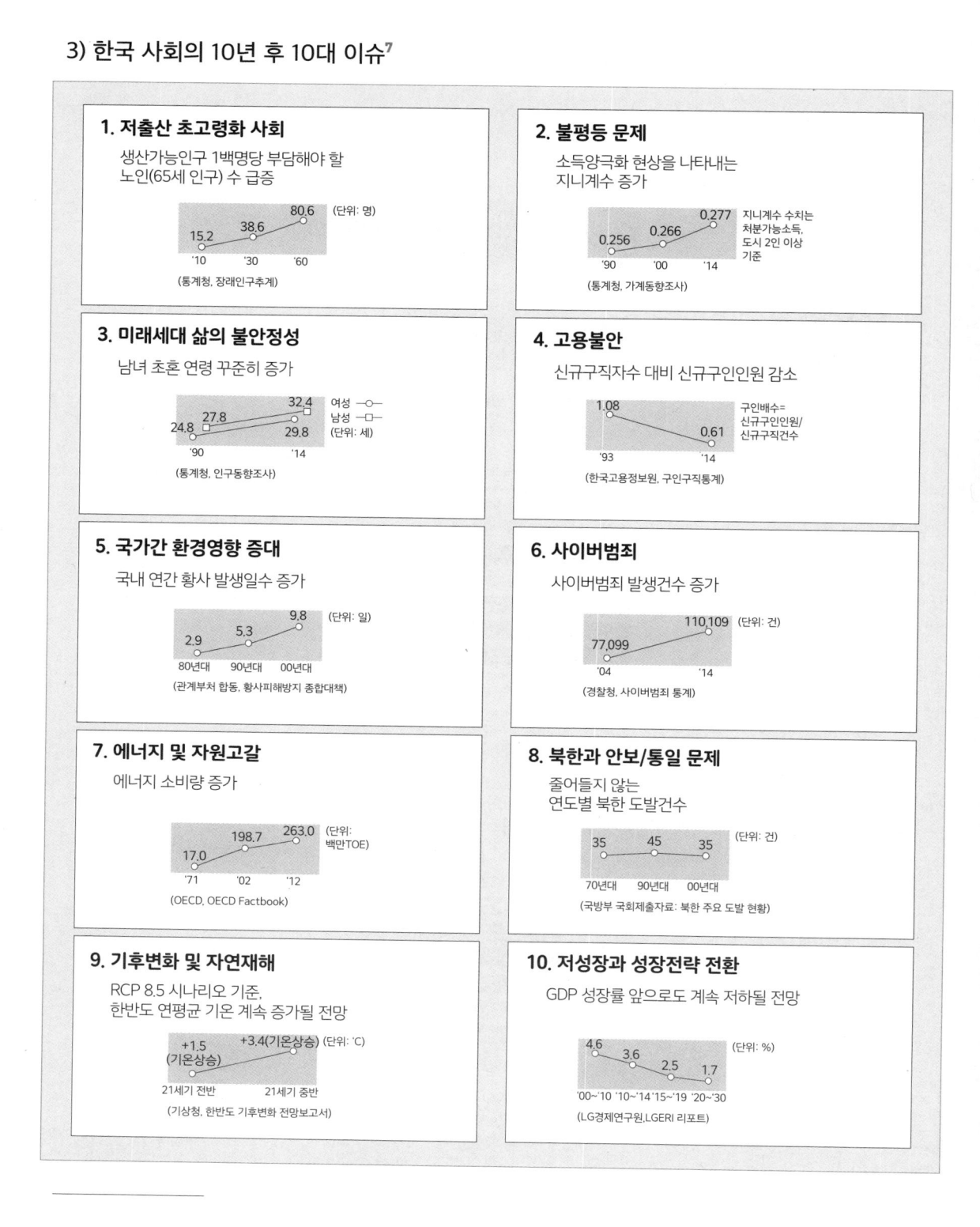

1. 저출산 초고령화 사회

생산가능인구 1백명당 부담해야 할
노인(65세 인구) 수 급증

15.2 38.6 80.6 (단위: 명)
'10 '30 '60
(통계청, 장래인구추계)

2. 불평등 문제

소득양극화 현상을 나타내는
지니계수 증가

0.256 0.266 0.277 지니계수 수치는
'90 '00 '14 처분가능소득,
도시 2인 이상
기준
(통계청, 가계동향조사)

3. 미래세대 삶의 불안정성

남녀 초혼 연령 꾸준히 증가

32.4 여성 ─○─
27.8 남성 ─□─
24.8 29.8 (단위: 세)
'90 '14
(통계청, 인구동향조사)

4. 고용불안

신규구직자수 대비 신규구인인원 감소

1.08 구인배수=
신규구인인원/
0.61 신규구직건수
'93 '14
(한국고용정보원, 구인구직통계)

5. 국가간 환경영향 증대

국내 연간 황사 발생일수 증가

9.8 (단위: 일)
5.3
2.9
80년대 90년대 00년대
(관계부처 합동, 황사피해방지 종합대책)

6. 사이버범죄

사이버범죄 발생건수 증가

110,109 (단위: 건)
77,099
'04 '14
(경찰청, 사이버범죄 통계)

7. 에너지 및 자원고갈

에너지 소비량 증가

263.0 (단위:
198.7 백만TOE)
17.0
'71 '02 '12
(OECD, OECD Factbook)

8. 북한과 안보/통일 문제

줄어들지 않는
연도별 북한 도발건수

35 45 35 (단위: 건)
70년대 90년대 00년대
(국방부 국회제출자료: 북한 주요 도발 현황)

9. 기후변화 및 자연재해

RCP 8.5 시나리오 기준,
한반도 연평균 기온 계속 증가될 전망

+1.5 +3.4(기온상승) (단위: ℃)
(기온상승)
21세기 전반 21세기 중반
(기상청, 한반도 기후변화 전망보고서)

10. 저성장과 성장전략 전환

GDP 성장률 앞으로도 계속 저하될 전망

4.6 3.6 2.5 1.7 (단위: %)
'00~'10 '10~'14 '15~'19 '20~'30
(LG경제연구원,LGERI 리포트)

---

7 미래창조과학부, 2015

57

_____

_____

_____

● 오늘 수업 한 줄 소감

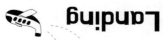 Landing

제7장 ●
미래의 직업세계 2

Take-off

● 구호	"내 인생은 내가 설계하고 내가 주도한다!"
● 탑승 확인	Q. 앞으로 없어지거나 줄어들 직업은? A.
● 좋아 박수	"나는 내가 정말 좋아!"
● 칭찬 샤워(조별로)	

| ● 나의 One Change 점검
(조별로) | 목표 | |
| | 진행 상황
(10점 척도) | |

60

Flying

1. 직업의 미래[1]

◎ 앞 장에서 적은 직업 리스트를 보자. 이 직업들은 앞으로 어떻게 될 것 같은가? 없어질 것 같은 직업(x표), 줄어들 것 같은 직업(△표), 남아 있을 것 같은 직업(○표)을 구분해 보자.

_____

_____

2. 로봇의 등장

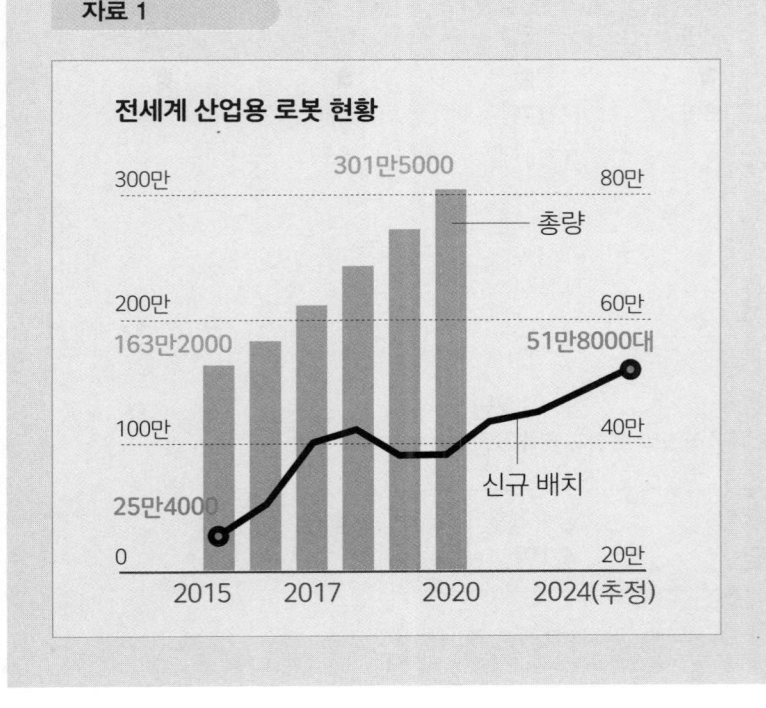

자료 1

전세계 산업용 로봇 현황

- 300만 / 80만
- 301만5000 (총량)
- 200만 / 60만
- 163만2000
- 51만8000대
- 100만 / 40만 (신규 배치)
- 25만4000
- 0 / 20만
- 2015 2017 2020 2024(추정)

---

1 유튜브 이의용TV, '내 직업의 미래 1, 2' 참조.

2013년 전망한 직업의 미래[2]

가능성(1에 가까울수록 사라질 가능성이 높고, 0에 가까울수록 낮음)

화물·창고 관련 종사자 _____ 0.99	정치학자 _____ 0.039
스포츠 경기 심판 _____ 0.98	법률가 _____ 0.035
회계·감사 _____ 0.94	홍보관련업무 종사자 _____ 0.015
주차요원 _____ 0.84	외과·내과 의사 _____ 0.0042
부동산 중개사 _____ 0.86	레크리에이션을 활용한
이발사 _____ 0.8	치료 전문가 _____ 0.0028

분야별 서비스 로봇 판매

(단위: 대)

	물류운송	청소 분야	의료 분야	접객 분야	농업 분야
2020년	4.4만	3.4만	1.8만	1.5만	0.7만
	⬆	⬆	⬆	⬆	⬆
2019년	3.3만	1.8만	0.7만	1.3만	0.7만

전 세계 업종별 로봇 도입 현황

(2020년 기준)

음식 **1.2만**
플라스틱 화학제품 **1.9만**

전기전자 **10.9만**	자동차 **8만**	금속기계 **4.1만**		

* 도미노 피자가 개발한 배달 로봇 누로 R2.
완전 자율주행차로는 처음으로 미국 교통부 승인을 받았다.

---

[2] 영국 옥스포드대학교 '고용의 미래'

3. 앞으로 없어질 직업, 유망한 직업

◎ 앞으로 없어질 직업과 유망한 직업 이름을 찾아 적어 보자.[3, 4]

없어질 직업[5]	유망한 직업

---

3 유튜브에서 '사라질 직업' '유망직업'을 검색하면 여러 영상을 볼 수 있다.

4 KBS 명견만리, 20년 이내 현재 직업의 47%가 사라진다(2015. 7. 23.)

5 "자동화와 기술 발전으로 20년 이내에 현재 직업의 47%가 사라질 가능성이 크다."-옥스포드 마틴스쿨 베네딕트 프레이 교수
와 마이클 오스본 교수의 보고서(고용의 미래, 2015)

미래 사라질 직업 1위 '번역가', 생존 직업 1위 '연예인'

1) 미래에 사라질 것으로 생각되는 직업(복수응답)
- 번역가(31.0%)
- 캐셔 · 계산원(26.5%)
- 경리(20.0%)
- 공장근로자(18.8%)
- 비서(11.2%)
- 서빙 · 매장관리(10.5%)
- 데이터베이스관리자(9.7%)
- 약사(9.3%)
- 배 조종사(8.9%)
- 택배원.배달원(8.5%) 등

2) 미래에 살아남을 것으로 생각하는 직업(복수응답)
- 연예인(33.7%)
- 작가(25.7%)
- 영화·연극 감독(23.0%)
- 운동선수(15.4%)
- 화가 · 조각가(15.0%)
- 사회복지사(10.6%)
- 경찰관. 소방관(10.3%)
- 교사(10.3%)
- 간호사(10.1%)
- 미용사, 이발사(9.8%)

-취업포털 잡코리아와 아르바이트 대표포털 알바몬 설문조사 결과

4. 직업 세계 탐험

◎ 직업의 미래를 미리 알아보는 것은 여행 떠나기 전에 일기예보 살펴보는 것과 같이 중요하다. 워크넷(한국직업정보시스템)에는 현재의 직업 현황과 미래의 직업 예측이 나와 있다. 직업심리검사, 채용정보, 직업 진로 등도 다루고 있다. 이 자료를 통해 내 직업, 내 전공의 미래를 살펴볼 수 있다.[6] 조원들과 협력하여 다음 정보를 찾아 기록해 보자.

구분	내용
(1) 흥미로운 신직업·창직들 (20개)	
(2) 눈길을 끄는 이색직업들 (20개)	
(3) 아직 세상에 없는 직업 만들어 보기(5개)	
(4) 내 전공으로 진출할 수 있는 직업들(10개 이상)	
(5) 내 전공과 융합이 가능한 직업(10가지)	
(6) 내게 필요한 직업심리검사들	

---

6 '한국직업정보시스템(www.work.go.kr/jobMain.do)'을 검색해 보자.

5. 내 전공, 내 직업의 미래는?

◎ 앞으로 내 전공의 직업 세계에는 어떤 변화가 올지 생각해 보자.

_____

_____

_____

_____

6. 내게 맞는 직업 찾아보기(2)

◎ 앞에서 살펴본 미래 세계의 변화 예측을 참고하여 내게 맞는 직업을 찾아보자.

①		④	
②		⑤	
③		⑥	

Landing

● 오늘 수업 한 줄 소감

_____

_____

_____

취업 가치관

● 제8장

Take-off ✈

● 구호	"내 인생은 내가 설계하고 내가 주도한다!"
● 탑승 확인	Q. 내게 현금 100만 원과 100시간의 휴가가 주어진다면 어느 쪽을 선택하겠는가? A.
● 좋아 박수	"나는 내가 정말 좋아!"
● 칭찬 샤워(조별로)	
● 나의 One Change 점검 (조별로)	목표
	진행 상황 (10점 척도)

Flying

1. 왜 일을 하는가?[1]

1) 내가 닮고 싶은 직업인

(1) 누구?

_____

(2) 닮고 싶은 점은?

_____

2) 닮고 싶은 인물들의 공통점은?

3) 직업(일) 선택 시 따져봐야 할 점

(1) 직업 선택은 "내가 무엇을 위해 살 것인가?" "내가 어떠한 삶을 살 것인가?"의 문제이다. 직업은 단순한 돈벌이 수단이 아니고, 사람은 먹고 살기 위해서만 일하지 않기 때문이다.

5단계 자아 실현
4단계 성취와 명예 얻기
3단계 사랑과 인정 받기
2단계 안전 보장
1단계 생존 유지

〈매슬로의 욕구 5단계〉

---

1 유튜브 이의용TV, '왜 일하는가 1' 참조.

(2) 따라서 직업을 선택할 때에는 이 직업이 미래에 어찌 될 것인가(앞), 내가 좋아하는 일인가(좋), 내가 잘하는 일인가(잘), 그리고 내가 이 일을 왜 하려는가(왜)를 따져봐야 한다.

2. 직업 가치관

1) 다음 중 내가 직업 선택에서 중요하게 생각하는 것은?

남 돕기	시간의 자유로운 사용	자부심	성취	도덕성	모험성
남에게 인정받기	소도시에서 생활	바깥 활동	일의 자율성	육체의 평안함	흥미진진함
물질적 보상	직업의 안정성	사람들과의 교제	존경과 명예	종교적 신념	예술성 (심미성)
창의력 발휘	타인에 대한 사랑	일의 다양성	잠재력 개발과 실현	승진 기회	자기 발전
권력	소속감	지위	나라 발전에 기여	전문성	주도성 (리더십 발휘)

2) "나는 왜 이 일을 하는가?"

사람마다 직업에 대해 갖는 가치나 기대는 서로 다르다. 어떤 직업(일)에 부여하는 가치나 의미를 '직업 가치관'이라 한다. 말하자면 "나는 왜 이 일을 하는가?"에 대한 답이 직업 가치관이다. 일을 한다는 것은 어떤 '가치'를 만드는 행위다. 가치 수준이 낮은 사람은 단지 자신이 먹고 살기 위한 정도의 가치를 만든다. 그러나 가치 수준이 높은 사람은 모두에게 유익한 가치를 만들기 위해 일을 한다.

3) 직업 가치관은 공동체 전체의 행복과 불행을 결정한다.

어떤 공동체에 가치 수준이 높은 사람들이 많으면, 구성원들이 서로 유익한 가치를 만들어 서로 나누게 되므로 모두가 행복한 삶을 누릴 수 있다. 우리의 가정이 좋은 예다.

그러나 가치 수준이 낮은 사람들이 많으면, 구성원들이 오직 자신만을 위해 다른 구성원에게 해로운 가치를 만들어 서로 나누게 되므로 모두가 불행한 삶을 살게 된다. 자신만 잘 살려고 불량식품을 만들어 파는 것, 또 자신만 잘 살기 위해 공무원이 국민들에게 공권력을 마구 행사하는 것 등이 한 사례다.

3. 직업 가치관 탐색

1) 가치관: 가치를 매긴 우선순위

가치관은 인생을 설계할 때 중요한 기준이 된다. 가치관은 어떤 일을 좋아하게 해 주기도 하며, 나아가 직업을 선택하는 기준이 되기도 한다. 평생 자신의 마음, 시간, 정열, 자존심을 쏟을 만한 가치가 있는 일을 찾아 해야 만족한 삶을 살아갈 수 있기 때문이다. 그렇다면 자신의 가치관을 잘 알아야 한다.

2) 슈프랑가의 6가지 가치관 유형

(1) 교육학자이자 심리학자인 슈프랑가는 인생을 구성하는 6가지 요소를 골라내고, 그중 어떤 것을 중시하느냐로 6가지 가치관 유형을 개발하고 관련 직업도 예시를 하였다.

가치관 유형	특징	관련 직업
이론형	사물의 진리를 탐구하고 연구하며 가르치는 일에 보람과 긍지를 느낌	교사, 교수, 연구원, 학자, 과학자, 소설가, 평론가, 수학자, 교육가 등 연구 활동에 종사하는 사람
경제형	가치 기준을 자본 형성, 즉 돈을 벌어 부자가 되어야 한다는 경제적 활동에 큰 비중을 둠	소매·도매상인, 유통업 종사자, 중소기업인, 대기업인, 무역인, 사장, 회장 등 경제 활동에 종사하는 사람
심미형	미에 대한 가치를 추구하는 것이 다른 어떤 분야보다 가치가 있다고 인정함	음악가, 체육인, 무용가, 음악평론가, 화가, 소설가, 스포츠 해설가 등 예술분야 직종
사회 사업형	남을 위해 봉사하고 돕는 사람으로 타인을 사랑하고 사회 진보와 복지를 위해 헌신하는 것을 최고의 가치로 삼음	사회 사업가, 서비스업 종사자, 상담 교사, 재활 상담원, 간호사, 사회 봉사자 직종
정치형	권력을 잡고 남을 지배해 보며 권리 취득을 최고의 가치로 삼음	정당인, 정치가, 국회의원, 장관, 행정 관료, 시·도의원 등의 직종
종교형	종교적 가치에 의하여 행동하고 성스러운 것을 추구하며 생활의 정신적 의의 및 최고 가치의 신비와 초자연적인 것을 숭배함	목사, 승려, 종교인, 신부, 수도사 등의 직종

(2) 나는 6가지 유형 중 어디에 가까운가?

_____

(3) 그런데 실제 직업의 현장에서는 여러 유형이 서로 결합·융합되기도 한다.
　　나의 유형과 결합(융합)하면 좋을 유형은 어떤 것인가?

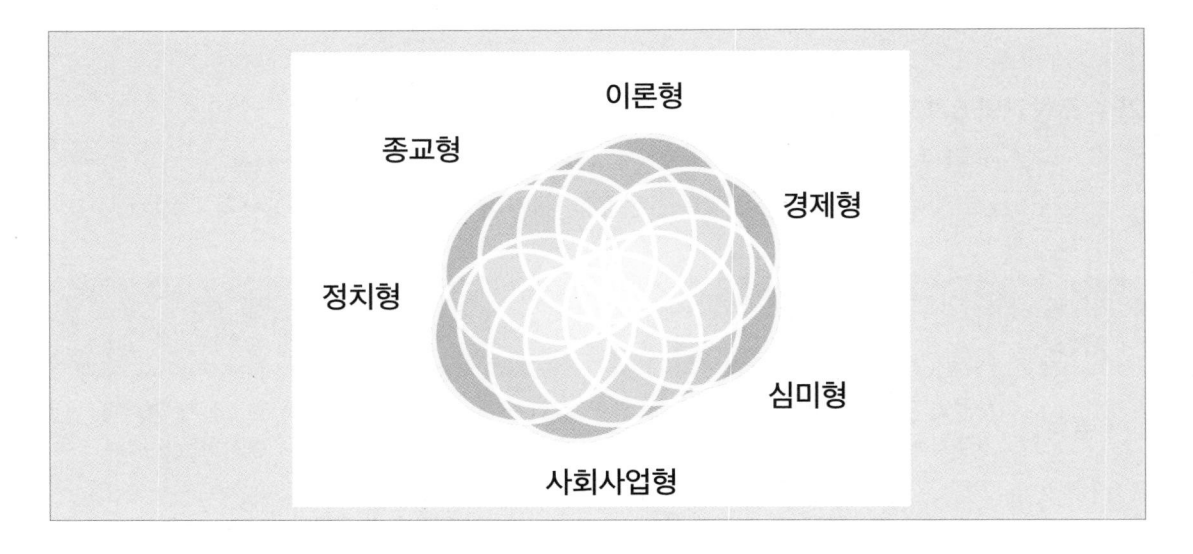

3) 워크넷 직업 가치관 검사

(1) 이 검사는 직업 생활에서 가장 중요시하는 가치가 어떤 것인지 13개 요인으로 나누어
　　탐색해 보는 것이다.
- 직업가치관검사(https://url.kr/mMkEAG)
- 워크넷(회원가입, 무료, 20분 소요)

(2) 검사 결과에서 13개 가치 요인 중 높은 점수를 받은 가치는 무엇인가?

_____

(3) 높은 점수를 받은 직업 가치에 대해 구체적으로 살펴보자.

가치 요인	가치 설명	관련 직업
1. 성취	스스로 달성하기 어려운 목표를 세우고 이를 달성하여 성취감을 맛보는 것을 중시하는 가치	대학교수, 연구원, 프로운동선수, 연구가, 관리자 등
2. 봉사	자신의 이익보다는 사회의 이익을 고려하며, 어려운 사람을 돕고, 남을 위해 봉사하는 것을 중시하는 가치	판사, 소방관, 성직자, 경찰관, 사회복지사 등
3. 개별 활동	여러 사람과 어울려 일하기보다 자신만의 시간과 공간을 가지고 혼자 일하는 것을 중시하는 가치	디자이너, 화가, 운전사, 교수, 연주가 등
4. 직업 안정	해고나 조기퇴직의 걱정 없이 오랫동안 안정적으로 일하며 안정적인 수입을 중시하는 가치	연주가, 미용사, 교사, 약사, 변호사, 기술자 등
5. 변화 지향	일이 반복적이거나 정형화되어 있지 않으며 다양하고 새로운 것을 경험할 수 있는지를 중시하는 가치	연구원, 컨설턴트, 소프트웨어개발자, 광고 및 홍보전문가, 메이크업아티스트 등
6. 몸과 마음의 여유	건강을 유지할 수 있으며 스트레스를 적게 받고 마음과 몸의 여유를 가질 수 있는 업무나 직업을 중시하는 가치	레크리에이션 진행자, 교사, 대학교수, 화가, 조경기술자 등
7. 영향력 발휘	타인에게 영향력을 행사하고 일을 자신의 뜻대로 진행할 수 있는지를 중시하는 가치	감독 또는 코치, 관리자, 성직자, 변호사 등
8. 지식 추구	일에서 새로운 지식과 기술을 얻을 수 있고 새로운 지식을 발견할 수 있는지를 중시하는 가치	판사, 연구원, 경영컨설턴트, 소프트웨어 개발자, 디자이너 등
9. 애국	국가의 장래나 발전을 위하여 기여하는 것을 중시하는 가치	군인, 경찰관, 검사, 소방관, 사회단체활동가 등
10. 자율	다른 사람들에게 지시나 통제를 받지 않고 자율적으로 업무를 해 나가는 것을 중시하는 가치	연구원, 자동차 영업원, 레크리에이션 진행자, 광고전문가, 예술가 등
11. 금전적 보상	생활하는 데 경제적인 어려움이 없고 돈을 많이 벌 수 있는지를 중시하는 가치	프로운동선수, 증권 및 투자중개인, 공인회계사, 금융자산운용가, 기업고위임원 등
12. 인정	자신의 일이 다른 사람들로부터 인정과 존경을 받을 수 있는지를 중시하는 가치	항공기조종사, 판사, 교수, 운동선수, 연주가 등
13. 실내 활동	주로 사무실에서 일할 수 있으며 신체활동을 적게 요구하는 업무나 직업을 중시하는 가치	번역사, 관리자, 상담원, 연구원, 법무사 등

(4) 그래프에 나타난 검사결과를 '매우 높음, 높음, 보통, 낮음, 매우 낮음'의 5가지로 분류해
보자. '높음'으로 나타난 가치들을 1위부터 5위까지 순차적으로 배열하여 다음 양식에
정리해 보자.

순위	나의 직업 가치관	선택 이유 등
1		
2		
3		
4		
5		

4. 수단 가치와 목적 가치[2]

1) 다음 사례를 통해 왜 일을 하는가에 대한 가치에 대해 알아보자.

[사례 1] 미국의 어느 대통령이 우주항공국(NASA)에 들렀을 때 청소하는 이와 나눈 대화

> "당신은 여기에서 어떤 일을 하십니까?"
> "예, 저는 인간을 우주에 보내는 일을 하고 있습니다."

청소하는 일 자체는 수단 가치이지만, 그 일을 통해 추구하려는 더 높은 가치는 목적 가치가 된다. 그저 먹고 살기 위해 청소를 하는 사람과, 우주에 인간을 보내기 위해 청소를 하는 사람은 겉으로는 같은 일을 하는 것 같지만 매우 다른 일을 하고 있다고 볼 수 있다.

---

2 유튜브 이의용TV, '왜 일하는가 2' 참조.

> "당신은 지금 어떤 일을 하고 있습니까?"
> "저는 벽돌을 쌓고 있습니다."
> "저는 벽을 쌓고 있습니다."
> "저는 건물을 짓고 있습니다."
> "저는 병원을 짓고 있습니다."
> "저는 결국 사람들 병 고치는 일을 하고 있는 셈이죠."

사람마다 그 일을 통해 만들려는 가치가 다르고, 추구하는 목적이 다르다. 그러니 어떤 사람이 하는 일만 보고 그 사람을 평가해서는 안 될 일이다. 그가 왜 그 일을 하는지를 봐야 한다. 그래서 직업에 귀천이 없다고 하는 것이다. 공무원이 되려는 사람들에게 왜 공무원이 되고 싶어 하는지에 대한 이유를 물으면 대부분 '안정된 삶을 위해서'라고 말한다. 그러나 훌륭한 공무원 후보라면 '자신의 안정된 삶'만이 아니라 '국민의 안정된 삶'을 먼저 추구해야 할 것이다.

2) 목적 가치를 추구하는 사람들

(1) 지진 온 순간 아기들부터 지킨 산후조리원 직원들[3]

(2) 코로나19 방역을 위해 자원하여 봉사한 의료인들[4]

(3) 보트피플 96명을 살린 광명호 선장과 선원들[5]

(4) "결식아동에게 무료 식사 제공하는 파스타집"[6]

(5) 발포 명령 거부하고 시민을 보호하려다가 순직한 5·18 경찰관들[7]

(6) 학대 청소년 보호소를 자임하고 나선 전국의 편의점 업체

(7) 오랜 기간 거리 생활을 하면서 타인을 경계한 '방배동 모자사건'의 아들을 설득한 정미경 사회복지사

---

3 유튜브, '지진 나자 아기부터 챙긴 산후조리원' 참조.
4 관련 기사 참조.
5 유튜브, '96명의 보트피플을 구한 전재용 선장' 참조.
6 유튜브 사사건건 플러스, '결식아동에게 무료 식사' 참조.
7 유튜브, '5·18 시민에 총 못 쏜다' 참조.

3) 귀한 직업, 천한 직업

(1) 단지 수단 가치만을 위해 일하면 그 일은 생업(job)에 불과하지만, 그걸 넘어 더 높은 목적 가치를 위해 일하면 '직업(vocation)'이 되고 '사명(mission)'이나 '소명(calling)'이 될 수 있다.

> "돈에 맞춰 일하면 생업(직업)이고, 돈을 넘어 일하면 소명(사명)이다. 생업(직업)으로 일하면 월급을 받고, 소명으로 일하면 선물을 받는다."
>
> – 김구 선생

(2) 원래부터 소중하고 귀한 직업, 천한 직업은 없다. 내가 어떤 목적, 의미, 태도로 그 일을 하느냐가 귀한 일과 천한 일을 결정한다.

   (1) 천직(天職)-소명의 직업. 하늘이 맡겨준 일. 다른 사람과 관련이 있다.
   (2) 천직(賤職)-보람도 의미도 없는 일을 오직 나만을 위해 한다.

   내 직업의 귀천은 내가 결정한다. "나는 왜 이 일을 하는가?"가 결정한다.

(3) 소명으로 일하는 사람은 옳은 일을, 옳은 방법으로 한다.

어떤 일을	어떤 방법으로
옳은 일을	옳은 방법으로
옳은 일을	옳지 않은 방법으로
옳지 않는 일을	옳은 방법으로
옳지 않은 일을	옳지 않은 방법으로

(4) 극히 일부를 제외하고 원래 나쁜 직업은 없다. 그 직업을 수행하는 목적과 태도에 따라 성직도 될 수 있고 천한 직업도 될 수 있다. 귀한 직업이냐, 천한 직업이냐는 것은 다른 사람에게 유익한 가치를 제공하느냐, 해로운 가치를 제공하느냐로 따져 볼 수 있다. 다음의 표에서 보듯, 어떤 직업이든 유익함과 해로움으로 나누어 점수를 매겨 보면 귀한 직업인지, 천한 직업인지 평가해 볼 수 있다.

직업 이름: (국회의원)		
유익한 점	점수 +5 0 -5	해로운 점
① 국민의 의견을 수렴한다.		
		① 당선에 필요한 의견만 반영한다.
② 권력을 견제할 수 있다.		
		② 권력을 부당하게 견제할 수 있다.
③ 사회정의를 위한 정책을 입안할 수 있다.		
		③ 당리당략에 빠질 수 있다.
④ 국가 예산을 감사할 수 있다.		
		④ 파벌 조성으로 균형감각을 잃을 수 있다.

직업 이름: ( )		
유익한 점	점수 +5 0 -5	해로운 점
①		
		①
②		
		②
③		
		③
④		
		④

5. 내 직업의 목적 가치 찾기

1) 앞서 제5장, 7장에서 내게 적합한 직업 리스트를 만들어 보았다. 그것을 다음에 옮겨 적어 보자.

2) 앞의 직업 중에서 내게 가장 적합하다고 생각하는 직업 3개를 골라 보자.[8]

①_____   ②_____   ③_____

3) 내가 그 직업을 갖게 된다면 어떤 목적 가치를 추구할 것인가? 다음 표에 내용을 정리해 보자.

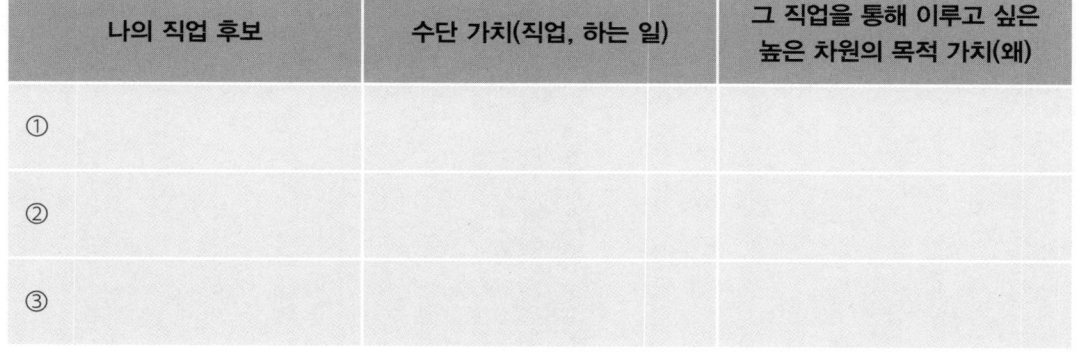

	나의 직업 후보	수단 가치(직업, 하는 일)	그 직업을 통해 이루고 싶은 높은 차원의 목적 가치(왜)
①			
②			
③			

---

8 유튜브 이의용TV, '직업 선택' 참조.

6. 국가별 '일의 즐거움' 조사에서 우리나라가 하위인 원인 생각해 보기[9]

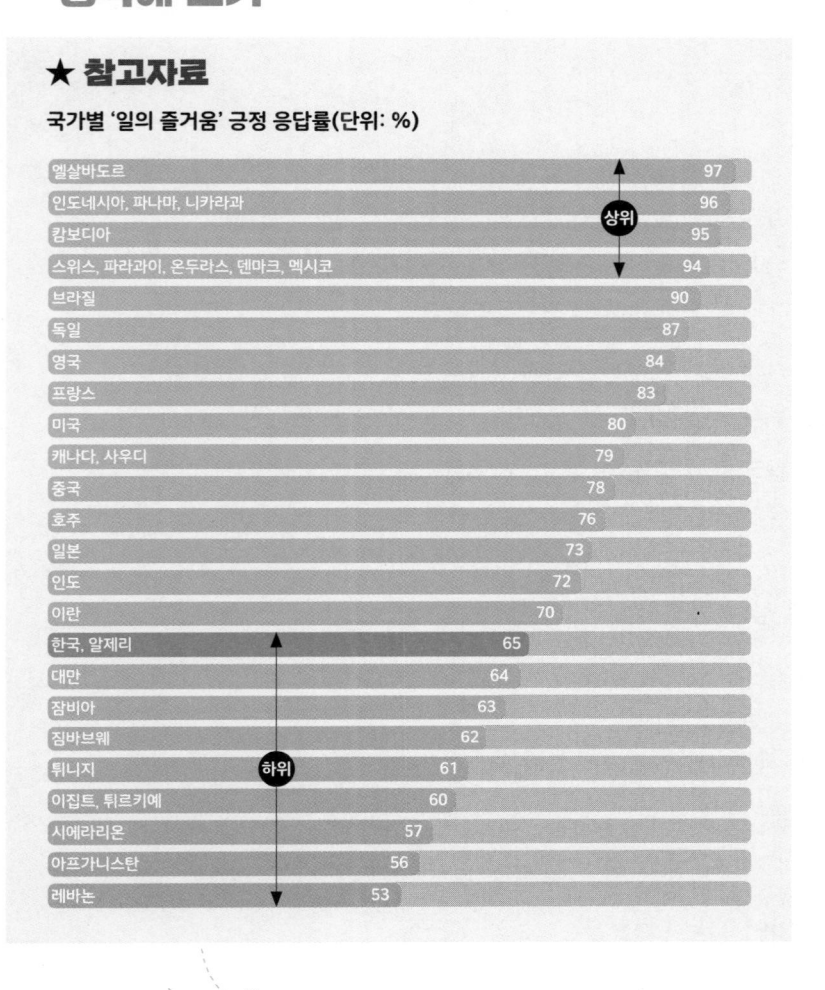

★ 참고자료

국가별 '일의 즐거움' 긍정 응답률(단위: %)

국가	%
엘살바도르	97
인도네시아, 파나마, 니카라과	96
캄보디아	95
스위스, 파라과이, 온두라스, 덴마크, 멕시코	94
브라질	90
독일	87
영국	84
프랑스	83
미국	80
캐나다, 사우디	79
중국	78
호주	76
일본	73
인도	72
이란	70
한국, 알제리	65
대만	64
잠비아	63
짐바브웨	62
튀니지	61
이집트, 튀르키예	60
시에라리온	57
아프가니스탄	56
레바논	53

Landing ✈

● 오늘 수업 한 줄 소감

_____

_____

_____

9 한국일보 2022. 11. 30.

[직업 정보 탐색]

① 다양한 직업 정보 탐색

한국직업정보시스템	• 워크넷(www.work.go.kr) 사이트 접속 후 [한국직업정보시스템] 클릭 • 직업정보(하는 일, 교육/자격/훈련, 능력/지식/환경 등) 검색 • 다양한 직업정보서와 직업동영상 제공
한국직업전망	• 워크넷(www.work.go.kr) 사이트 접속 후 [한국직업전망] 클릭 • 우리나라 대표 17개 분야 약 200개 직업에 대한 상세정보 제공
한국직업사전	• 워크넷(www.work.go.kr) 사이트 접속 후 [한국직업사전] 클릭 • 우리나라 최대직업정보자료로 현장 직무조사 통해 상세정보 제공

② 자격증 취득과 직업훈련 정보 탐색

직업능력개발 훈련정보망 HRD-Net	• 직업능력지식포털(www.hrd.go.kr) 사이트 접속 후 [훈련정보], [자격정보], [공개강의] 검색 • 고용노동부 지원 훈련 종목 및 훈련기관 등 검색
자격포털Q-Net	• 큐넷(www.q-net.or.kr) 사이트 접속 후 국가자격, 민간자격, 외국자격정보 검색

③ 직종별 일자리 정보 및 기업 정보 탐색

워크넷(WorkNet)	• 워크넷(www.work.go.kr) 사이트 접속 후 [채용정보] 검색 • 국가가 운영하는 최대 일자리 정보망
워크넷(청년)	• 워크넷 청년(www.work.go.kr/jobyoung) 사이트 접속 후 [채용정보], [강소기업 채용정보] 검색
월드잡플러스	• 월드잡플러스(www.worldjob.or.kr) 사이트 접속 후 [취업정보], [연수정보], [인턴정보] 검색 • 해외 취업, 창업, 인턴, 봉사 등 해외진출 관련 정보 및 지원제도 제공

제9장 ●
미래의 그림 – 비전

Take-off

● 구호	"내 인생은 내가 설계하고 내가 주도한다!"	
● 탑승 확인	Q. 끝말잇기('비전')	
	A.	
● 좋아 박수	"나는 내가 정말 좋아!"	
● 칭찬 샤워(조별로)		
● 나의 One Change 점검 (조별로)	목표	
	진행 상황 (10점 척도)	

Flying

1. 나의 꿈은?

◎ 앞으로 10년 안에 내가 이루고 싶은 간절한 Dream List를 작성해 보자.

코로나19로 여행길이 막혔을 때, 한 여행사가 이색 상품을 내놔 성공을 거두었다. 목적지 상공 하늘에서 목적지를 내려다보고 되돌아오는 상품이었다. 제주도는 물론이고 가까운 이웃 나라 하늘을 여행하는 상품이었는데, 순식간에 매진이 되었다고 한다. 비록 목적지에 내리지는 못하지만 하늘에서 목적지를 내려다보며 실제 이뤄질 여행을 기대하는 것, 그것이 바로 꿈이고 비전이다.

2. '목표'와 '목적' '꿈'과 '비전'

1) '목표'와 '목적'의 차이

(1) '목표'는 '최종 목적지'로 가는 여러 과정 중 하나를 말한다. 서울에서 제주도를 가려면 김포공항으로 가야 하고, 거기서 제주공항행 비행기를 타야 한다. 그리고 제주공항에서 내려 한라산으로 가야 한다. 여기서 김포공항은 제1목적지, 제주공항은 제2목적지, 한라산은 최종 목적지가 된다. 그렇지만 엄격히 말하자면 김포공항은 한라산이라는 최종 목적지로 향하는 제1목표, 제주공항은 제2목표가 된다.

(2) 그런데 최종 목적지인 한라산으로 왜 가는가? 백록담을 보기 위해서라고 하자. 그러면 백록담 보는 것이 목적이고, 한라산은 그 목적을 이룰 마지막 목표지점이라고 할 수 있다. 마지막 목표에 도달해야 목적을 이룰 수 있다. 목적을 잊은 목표는 의미가 없다.

(3) '목표'는 수단 가치에, '목적'은 더 높은 수준의 목적 가치에 가깝다고 볼 수 있다. 대학에 가고, 취업을 하고, 결혼을 하고, 부모가 되는 것은 인생의 목표이지 그 자체가 궁극적인 목적이 될 수는 없다. '그다음에는?' '그래서?'라는 질문의 끝에 나오는 답이 목적이다.

2) 비전이란 '왜, 무엇을 위해 사느냐?'의 답

(1) 희망사항들을 적어 놓고 이를 하나씩 이루어 나가는 Dream List나 Bucket List라는 것이 있다. 비교적 짧은 기간 내에 하고 싶은 일들을 하나씩 이루면서 보람을 얻는 방식이다. 이런 희망을 '꿈'이라고 한다. 그러나 인생을 전체로 보면 좀 더 장기적인 전략(방향, 목적)이 필요하다.

(2) 그런데 대한민국의 청년들 앞에는 수많은 꿈(목표)이 흩어져 있는 것 같다. 그 꿈들이 어디를 지향하는 목표들인지 분명하지 않다. 게다가 남들이 정해 준 것들이 많다. 그러니 시행착오가 많고 지루할 수밖에.

(3) 한라산에 올라 새벽 안개에 덮인 백록담을 볼 걸 생각한다면, 거기로 향하는 중간 목표들은 모두 의미 있게 느껴지고 그 여정이 지루하지 않을 것이다. 마찬가지로 왜 대학에 가고, 왜 취업을 하고, 왜 결혼을 하고, 왜 부모가 되는지 그 목적을 안다면 인생의 긴 여정도 훨씬 더 재미있고 풍성할 것이다.

(4) '왜 그 일을 하느냐?'의 답이 직업 가치관이라면, '왜, 무엇을 위해 사느냐?'의 답은 비전이라 할 수 있다. 비전이란 꿈을 더 발전시킨 개념으로 볼 수 있다. 비전이란 내 인생을 이끄는 목적이고, 훗날 내가 이루게 될 인생의 큰 그림이며, 미리 끌어당겨 보는 예고편이라 할 수 있다.

그 큰 그림을 향해 방향과 속도를 조절해 가며 작은 목표들을 하나씩 하나씩 이루며 예고편을 구현해 나가는 것이다. 명확한 목적 없이 닥치는 대로 살다 보면 '어쩌다 대학생' '어쩌다 직장인' '어쩌다 부모' '어쩌다 공무원' '어쩌다 교사'가 되기 쉽다.

(5) 그런데 그 그림은 내 가슴을 두근거리게 해 줄 만한 것이어야 한다. 때로는 다른 사람들의 가슴까지도…. 만약 내가 하면 더 잘 할 수 있는 것, 또 내가 하지 않으면 마음이 불편해지는 무언가가 있다면 그것이 바로 당신의 비전이다.

3. 왜 비전이 필요한가[1]

1) 비전은 방향이다.

어느 여행자가 지나가는 마차에 태워 달라고 부탁했다. 마차에 올라탄 그는 여기에서 A도시까지 가려면 얼마나 걸리느냐고 마부에게 물었다. 마부는 30분 정도 걸린다고 했다. 한참을 가다가 여행가가 다시 물었다. A도시까지 얼마나 걸리느냐고. 마부는 1시간 걸린다고 했다. 목적지의 반대 방향으로 가는 마차였다.

 어떤 취객이 늦은 밤 강남대로에서 택시를 잡고 있었다. 목적지를 큰 소리로 외치며 택시를 세웠지만 잠시 멈춰 듣기만 하고 다 그냥 가 버렸다. 한참을 그렇게 하고 있는데 택시 한 대가 멈췄다. 목적지를 말하자 기사가 말했다. "건너가서 타세요!" 비전은 방향이다. 속력보다 방향이 중요하다.

2) 비전은 인생을 준비시켜 준다.

한 달 간 제주도 여행을 가더라도 철저히 계획을 세우고 필요한 물건들을 가방에 넣는다. 100세 시대, 앞으로 남은 80년 동안 나는 무엇을 향해 무엇을 하며 살아갈 것인가? 매우 철저한 계획과 준비가 필요하다. 가장 먼저 준비해야 할 것은 어디로, 왜 가느냐를 정하는 것이다. 비전은 인생의 나침반이다.

---

1 유튜브 이의용TV, '미래의 그림-비전' 참조.

3) 비전이 없는 삶에는 후회가 남는다.

세 친구들이 15층 사무실로 올라가려는데 그만 엘리베이터가 고장이 났다. 그들은 각자 재미있는 이야기 하나씩 하면서 걸어서 15층까지 올라갔다. 그런데 아무도 열쇠를 가져오지 않은 것을 알게 됐다. 얼마나 후회스러웠을까? 청소년기에 희망했던 직업이 아닌 직업에 종사하는 직장인이 66.9%나 된다고 한다. 우리는 때때로 '지금 알고 있는 것을 그때 알았더라면' 하는 후회와 탄식을 하면서 살아간다. 비전이 없는 삶에는 후회가 남는다.

지금 알고 있는 걸 그때도 알았더라면(킴벌리 커버거)

지금 알고 있는 걸 그때도 알았더라면
내 가슴이 말하는 것에 더 자주 귀 기울였으리라.
더 즐겁게 살고, 덜 고민했으리라.
금방 학교를 졸업하고 머지않아 직업을 가져야 한다는 걸 깨달았으리라.
아니, 그런 것들은 잊어버렸으리라.
다른 사람들이 나에 대해 말하는 것에는
신경쓰지 않았으리라.
그 대신 내가 가진 생명력과 단단한 피부를 더 가치 있게 여겼으리라.

더 많이 놀고, 덜 초초해 했으리라.
진정한 아름다움은 자신의 인생을 사랑하는 데 있음을 기억했으리라.
부모가 날 얼마나 사랑하는가를 알고
또한 그들이 내게 최선을 다하고 있음을 믿었으리라.

사랑에 더 열중하고
그 결말에 대해선 덜 걱정했으리라.
설령 그것이 실패로 끝난다 해도
더 좋은 어떤 것이 기다리고 있음을 믿었으리라.

아, 나는 어린아이처럼 행동하는 걸 두려워하지 않았으리라.
더 많은 용기를 가졌으리라.
모든 사람에게서 좋은 면을 발견하고
그것들을 그들과 함께 나눴으리라.

지금 알고 있는 걸 그때도 알았더라면
나는 분명코 춤추는 법을 배웠으리라.
내 육체를 있는 그대로 좋아했으리라.

내가 만나는 사람을 신뢰하고
나 역시 누군가에게 신뢰할 만한 사람이 되었으리라.
입맞춤을 즐겼으리라.
정말로 자주 입을 맞췄으리라.
분명코 더 감사하고,
더 많이 행복해 했으리라.
지금 내가 알고 있는 걸 그때도 알았더라면

4) 비전은 인생의 존재 목적이다.

흔히 인생을 항해에 비유한다. 우리는 바다의 배와 같다. 어선은 고기를 잡고, 군함은 전쟁을 한다. 그러나 황포돛배는 파도와 바람에 따라 바다 위를 이리저리 떠다닌다.

"죽을 지경이었다"

"처음에 나는 대학에 들어가기 위해 고등학교를 마치느라 죽을 지경이었다. 그 후 나는 취직을 하기 위해 대학을 마치느라 죽을 지경이었다. 그 후 나는 결혼을 하고 아이들을 낳아 키우느라 죽을 지경이었다. 그 후 나는 아이들을 학교에 입학시키고 공부를 시키느라 죽을 지경이었다. 그 후 나는 직장에서 퇴직할 때까지 일하느라 죽을 지경이었다. 지금도 나는 죽을 지경이다. 갑작스럽게 왜 사는지 이유를 알 수 없는 처량한 나를 발견한다."

사람의 존재 가치는 비전에 종속된다. 사람은 그 존재 목적을 찾아야 존재 가치가 빛이 난다. 나는 무엇을 위해 이 세상에 왔는가?

5) 비전은 에너지의 근원이다.

(1) 1871년 10월 8일 밤 시카고 뒷골목에서 화재가 일어나 총연장 190km의 시가지를 모두 불태웠다. 300여 명이 사망했고, 9만여 명이 집을 잃었다. 그런데 잿더미가 된 시장의 어느 가게 터에 이런 방이 붙었다. "모든 것이 불탔지만 희망은 아직 타지 않았다. 우린 다시 시작한다." 이런 분위기가 퍼지면서 시카고는 세계 최고의 건축 도시로 발전하였다.

(2) 형광등은 빛을 분산시켜 주지만 레이저는 빛을 한 군데로 집중시켜 준다. 방탄소년단 공연 표를 사기 위해서는 힘든 아르바이트도 즐겁게 하듯, 비전은 우리의 시간(time), 열정(passion), 돈(money)을 한 곳에 집중하게 한다.

(3) 비전은 현재보다 미래의 희망을 보게 한다. 그렇지 않은 사람은 현실만 보며 살기에, 현실이 어려울 때 쉽게 절망한다. 어두운 탄광 갱 안에 빛이 필요하듯이, 비전은 절망적인 상황에 처한 사람에게 더 필요하다. 그래서 희망찬 미래의 그림은 인생에서 에너지의 근원(根源)이 된다. 비전을 보는 사람은 어떠한 현실적 어려움도 능히 이겨낼 수 있다.

6) 비전은 에너지를 쏟을 과녁이다.

(1) 비둘기는 하늘을 날 수 있는 완벽한 신체적인 조건을 갖추고 있다. 그러나 공원의 비둘기들은 날지 못하고 산다. 사람들이 먹을 것을 주기 때문이다. 모양은 비둘기인데 닭처럼 날지 못한다 하여 '닭둘기'라고도 부른다. 목적이 능력이 개발해 준다. 비둘기도 목적이 없으면 날지 못한다. 목적을 잊으면 타고난 잠재 능력도 사라져 버린다.

(2) 뒝벌(Bumblebee)은 몸의 크기에 비해 날개가 너무 작아 도무지 날 수가 없어 보인다. 그러나 뒝벌은 난다. 날아야 할 이유가 분명하기 때문이다. 살기 위해, 날기 위해 1초에 200회의 날갯짓을 한다. 명확한 목적과 목표는 능력을 키워 준다.

(3) 비전은 '본다'는 뜻이다. 언젠가 실현하겠다는 마음의 그림이요, 과녁이다. "나에게는 꿈이 있습니다. 언젠가 나의 어린 네 아이들이 피부색이 아니라 그들의 인격으로 판단되는 나라에서 살 것이라는…. 마틴 루터가 1963년에 품은 이 비전은 노예 폐지 142년만이자, 그가 그 비전을 품은 지 45년 후인 2009년에 흑인 대통령을 탄생시켰다. 설계도가 있어야 집을 짓듯이, 절실하고 명확한 희망이 있어야 현실이 된다.

내게는 왜 비전이 필요한가?

4. 비전의 사람들

1) 우리 주변에는 이처럼 비전을 품고 사는 이들이 적지 않다. 어떤 사람들이 있는지 찾아 동료들과 이야기를 나눠 보자.

[사례 1] 영국 의회에서 노예무역 폐지법안을 통과시킨 윌리엄 윌버포스[2]

18세기는 영국을 비롯한 유럽의 노예무역이 전성기를 이루던 시기. 아메리카 대륙과 서인도제도의 대규모 농장 산업이 발달하고 유럽의 식민지 확대 정책 속에서 아프리카 흑인 노예를 서인도제도에 판매하는 노예무역이 성행했다. 영국의 경우, 1771년 190척의 노예 무역선으로 연간 4만 7천 명을 운반했다고 기록할 정도다. 영국 수입의 3분의 1이 노예무역 수입이었고, 그 수입이 영국을 타락시켰다. 이때 사회정의 실천을 강조하는 기독교 복음주의 운동이 영국의 새로운 신앙운동으로 나타나면서, 인권의 문제와 노예무역에 대한 비판이 일기 시작했다.

좋은 배경에서 태어나 21세에 정치에 입문한 그는 여전히 흥청대는 삶을 살았다. 그러던 그가 1784년 회심을 하게 된다. 그리고 유명한 찬송가 'Amazing Grace'를 지은 존 뉴턴의 영향을 받아 노예무역 폐지에 앞장서게 된다. 존 뉴턴은 노예무역업자였다가 회심하여 성직자가 된 사람이었다.

그러나 당시 분위기에서 노예 폐지 운동은 사실상 불가능했다. 더구나 노예 폐지 운동은 정치인 윌버포스의 장래를 막을 수 있는 위험한 시도였다. 그럼에도 그는 법안을 만들고, 동료의원들을 설득하고, 국민들에게 지지를 호소하며 노예제 폐지운동에 전념했다. 그 바람에 생명의 위협도 받았고, 건강도 악화되고, 가세도 기울어졌다. 1807년 드디어 노예무역 폐지법안이 통과되었다.

건강이 악화된 그는 의원직을 사임하고도 노예제도 자체의 완전폐지에 힘썼다. 마침내 1833년 7월 26일 영국의 모든 노예를 1년 내에 해방한다는 결정이 내려졌다. 윌버포스는 병상에서 이 소식을 들었으며 사흘 뒤 눈을 감았다. 1789년 노예무역 폐지 운동을 시작한 지 44년만이었다.

그가 쓴 1797년에 쓴 「참된 기독교」에는 이런 글이 나온다.

"기독교는 가진 자에게 베풀라고 가르친다. 권력자에게 겸허하게 직책에 맞는 책임을 다하라고 가르친다. 겸허한 마음을 가져 부유함을 자랑하지 말며, 권력을 남용하지 말 것이다. 그러면 불평등으로 사회가 갈등을 겪는 일이 줄어든다. (…) 기독교는 또한 장차 모든 인간은 차별 없이 살아야 한다고 가르친다. (…) 하지만 이름뿐인 기독교는 이런 일을 실현할 수 없다. 참된 기독교만이 그럴 수 있다. 겉보기로의 기독교가 아니라, 속으로의 기독교가 그럴 수 있다. 그러므로 이런 선한 일들이 실현되고, 정치가 부패하지 않게 하려면, 참된 믿음을 배양해야만 한다."

[사례 2] **"환자는 돈 낸 만큼이 아니라, 아픈 만큼 치료받아야 한다."(이국종 의사)**[3]

그의 아버지는 6·25 전쟁에서 한쪽 눈을 잃고 팔다리를 다친 장애 2급 국가 유공자였다. 아버지는 그에게 반갑지 않은 이름이었다. '병신의 아들'이라 놀리는 친구들 때문이었다. 가난은 그림자처럼 그를 둘러쌌다. 아버지는 아들에게 미안한 마음을 표현하고 싶을 때마다 술의 힘을 빌려 말했다. "아들아, 미안하다." 이국종 교수의 이야기다.

그는 한 인터뷰에서 이렇게 말했다. "중학교 때 축농증을 심하게 앓은 적이 있습니다. 치료를 받으려고 병원을 찾았는데 국가 유공자 의료복지카드를 내밀자 간호사들의 반응이 싸늘했습니다. 다른 병원에 가 보라는 말을 들었고 몇몇 병원을 돌았지만, 문전박대를 당했습니다. 이런 일들을 겪으며 이 사회가 장애인과 그 가족들에게 얼마나 냉랭하고 비정한 곳인지 잘 알게 됐던 것 같습니다."

이야기는 거기에서 끝나지 않았다. 자신을 받아 줄 다른 병원을 찾던 중 그는 자기 삶을 바꿀 의사를 만나게 된다. '이학산'이라는 이름의 외과 의사였는데, 그는 어린 이국종이 내민 의료복지카드를 보고는 이렇게 말했다. "아버지가 자랑스럽겠구나." 그는 진료비도 받지 않고 정성껏 치료하고, 마음을 담아 이렇게 격려했다. "열심히 공부해서 꼭 훌륭한 사람이 되어라." 그 한마디가 어린 이국종의 삶을 결정했다.

'의사가 되어 가난한 사람을 돕자, 아픈 사람을 위해 봉사하며 살자'라는 그를 대표하는 삶의 원칙도 그때 탄생했다. "환자는 돈 낸 만큼이 아니라, 아픈 만큼 치료받아야 한다." 어린 이국종이 내민 의료복지카드를 보며, "아버지가 자랑스럽겠구나."라는 말을 한 의사가 없었다면, 그는 우리가 아는 이국종이 될 수 없었을지도 모른다. 부끄럽다고 생각한 의료복지카드를 자랑스럽게 만들어 준, 근사한 한마디가 세상을 아름답게 했다.

누군가 자신의 꿈을 말할 때, 당신은 뭐라고 답해 주는가? "다 좋은데, 그게 돈이 되겠니?" "너 그거 하려고 대학 나왔니?" "그거 아무도 알아주지 않는 일이야!" 그런 말은 상대의 마음을 아프게 할 뿐이다. 이렇게 따뜻한 마음을 담아 호응하면 어떨까? "네 꿈 참 근사하다." "참 멋진 꿈을 가졌구나!" "그런 꿈을 가진 네가 나는 참 자랑스럽다."

한 사람의 꿈은 그것을 지지하는 다른 한 사람에 의해 더 커지고 강해진다. 그 사람을 사랑한다면 그대가 그 한 사람이 돼라. "한마디만 달리 말해도, 한 사람의 삶을 바꿀 수 있다."

[사례 3] **억울하게 옥살이 하는 이들을 돕는 재심전문 박준영 변호사**[4]

지방대 중퇴자이자 무명의 박준영 변호사는 돈과 힘이 없어 억울하게 옥살이를 하는 이들을 구조하는 일에 모든 걸 쏟고 있다. 그는 약촌 5거리 택시기사 사건, 수원 노숙소녀 살인 사건, 삼례 나라슈퍼 3인조 강도 사건 등 오심을 바로잡아 모두 석방시켰다.

영화 <재심>, SBS TV 드라마 <날아라 개천용>의 실제 주인공이다. JTBC <차이나는 클라스>와 <말하는 대로>, 오마이뉴스 등의 인터뷰 내용을 통해 그의 비전과 가치관을 구체적으로 살펴볼 수 있다.

---

3 작가 김종원
4 JTBC <차이나는 클라스>, <말하는 대로>, 오마이뉴스

2) 비전을 품고 사는 사람들의 공통점을 키워드로 적어 보자.

5. 내가 원하는 삶을 스스로 설계하라!

(1) "나는 40대까지는 개로 살았다. 옆집 개가 짖으면 나도 짖고, 앞집 개가 짖으면 나도 짖었다" 중국의 철학자 이탁오는 자기의 목적 없이 남 따라서 사는 삶을 이렇게 비판했다.

(2) "다 모르겠고, 잘 먹고 잘 사는 게 꿈이다. 난 현실적이다." 이런 꿈은 소나 돼지 같은 가축도 꿀 수 있는 것이다. 인간이라면 좀 더 나은 꿈을 꾸어야 하지 않을까?

(3) '레밍'은 소형 쥐이다. 북극과 가까운 툰드라 지역에 주로 서식하는데 개체 수가 늘면 새로운 터전을 찾아 집단으로 이동한다. 그런데 이 레밍에게는 묘한 습성이 있다. 노르웨이 레밍의 경우, 집단으로 이동할 때 맹목적으로 선두를 따라가다가 많은 레밍이 바다나 호수에 빠져 죽는다. 남이 만든 목표를 맹목적으로 따르기 때문에 이런 일이 생긴다.

(4) 진도대교에 가면 다리 양방향에 이순신 장군 동상이 있다. 한쪽 동상은 용감하게 해전을 지휘하는 모습이다. 다른 한쪽은 평상복 차림으로 지도를 들고 앞바다를 바라보는 모습이다. 지도와 지형을 보며 전략을 짜는 모습이다. 80만 시간이 넘는 인생을 전략 없이 그냥 살아갈 것인가? 인생에도 내비게이션이 필요하다. 막히면 돌아가더라도 남의 뒤를 따라가지 말고, 나침반을 들고 내가 원하는 삶을 스스로 설계하라. 지금 바로! "내 인생은 내가 설계하고 내가 주도한다!"

6. '비전'을 말한다.

- 믿음은 바라는 것들의 실상이요, 보이지 않는 것들의 증거니. -신약성서

- 인생은 계산하는 것이 아니라 그림 그리는 것이다. -올리버 웬델 홈즈

- 인생은 백지에 그림을 그리는 것이 아니라, 먹지에 그림을 그리는 것이다.

- 호스의 물줄기가 약할 땐 호스 구멍을 좁혀야 멀리 세게 나간다.

- 사람은 실패를 계획하지 않는다. 다만 계획을 세우는 일에 실패할 뿐이다. - 존 버클리

- 내일의 모든 꽃은 오늘의 씨앗에 근거한 것이다. -중국 속담

- 내일 지구가 멸망하더라도 나는 오늘의 사과나무를 심겠다. -스피노자

- 꿈을 품어라. 누구의 허락도 필요 없고, 돈도 들지 않는 일이다. -미상

- 그대의 꿈이 한 번도 실현되지 않았다고 해서 가엾게 생각해서는 안 된다. 정말 가엾은 이는 한 번도 꿈을 꿔보지 않았던 사람들이다. -에센바흐

- 나이를 먹은 것만으로는 늙지 않는다. 이상을 잃었을 때 비로소 노화되는 것이다. -사무엘 울만

- 승자의 주머니 속에는 꿈이 있고, 패자의 주머니 속에는 욕심이 있다. -탈무드

- 한 번도 해보지 않은 일에 세 번 도전하라. 한 번은 두려움을 이겨내기 위해서, 한번은 방법을 터득하기 위해서, 마지막은 자신이 이 일을 좋아하는지 알기 위해서다. -버질 톰슨

- 젊음은 꿈을 위해 무언가 저지르는 것이다. -앨빈 토플러

- 비전이 인생에서 이루고 싶은 그림이라면, 미션(직업)은 그것을 이뤄나가는 도구(과정)라 할 수 있다. -저자

- 무엇이 되는 것보다 중요한 것은, 무엇을 하려고 그것이 되려 하는가다. -저자

- 속력에 방향이 더해져야 비로소 속도가 된다. -저자

- 반대 방향에서 버스를 타면 목적지와 점점 더 멀어진다. -저자

Landing

● 오늘 수업 한 줄 소감

_____

_____

_____

미래 만들기

Take-off

● 구호	"내 인생은 내가 설계하고 내가 주도한다!"
● 탑승 확인	Q. 앞으로 내 인생의 전성기는 몇 년도라고 생각하는가?
	A.
● 좋아 박수	"나는 내가 정말 좋아!"
● 칭찬 샤워(조별로)	
● 나의 One Change 점검 (조별로)	목표
	진행 상황 (10점 척도)

1. 10년 후 오늘 내 모습 그리기

※ 언제, 어디서, 누구와, 무엇을, 왜, 어떻게, 어떤 기분으로…?

95

2. 미래 이력서 쓰기[1]

1) 10년 후 내가 쓰게 될 나의 이력서를 미리 써 보자. 학교, 직장, 가정, 사회에서 나와 다른
   사람들에게 의미 있는 일들을 상상해서 적어 보자.

> 예 ○○ 동아리 회장, 장학금, 3개월간 아르바이트, 백두대간 종주, 하프마라톤대회 완주, ○○○와 연애
> ○○○와 결혼, 2개월간 배낭여행, ○○회사에 인턴 실습, ○○○ 공모전 입상, 대학 졸업
> 원하는 직장에 취업, 직장에서 최우수 사원 표창, 해외연수, 저서 출간, 유튜브 개설, 결혼, 출산
> 부모님 해외여행, 아이 유치원 입학, ○○ 자격증 획득, 특허 출원, 창업 시작, 내 집 마련 등

때	내용

---

1 유튜브 이의용TV, '미리 쓰는 이력서' 참조.

2) 이력서나 자기 소개서는 글솜씨로 쓰는 것이 아니다. 쓸 거리가 있어야 쓸 수 있다.

10년 후 이력서에 쓸 가장 최근의 일은, 과거인 오늘 보면 가장 먼 미래의 일이 된다. 그 일을 지금 해야 그때 이력서에 쓸 수 있다. 미래 이력서에 쓸 거리를 지금부터 삶으로 써 나가야 한다. 예를 들면, 부산역에 3시에 도착하려면 이를 역산(逆算)하여 출발 시각을 정해야 한다. 이렇게 거꾸로 계산해 오는 것을 역산(Backward Scheduling)이라 한다.

3. 내 비전 만들기[2]

1) '나는 왜 이 일을 하는가?'에 대한 대답이 직업 가치관이다. '나는 왜, 무엇을 위해 살아가는가?'에 대한 대답이 바로 비전이다.

(1) 비전을 가리키는 말은 여러 가지다. '내가 원하는 삶' '내가 살아갈 방향' '나의 존재 목적' '나의 모든 에너지를 끌어당기는 일' '내 모든 에너지를 쏟아 부어야 하는 일' 등

(2) 직업 가치관은 비전의 한 부분이지만 비전과 맥을 같이 한다. 비전은 '내가 원하는 세상, 내가 원하는 삶' 이런 것이다. 이것을 이루어 나가는 데 직업은 매우 중요한 수단이 될 수밖에 없다. 사람은 누구나 가장 많은 에너지를 직업에 쏟아 부으며 살아가고 있고, 그렇게 얻은 돈으로 원하는 것을 구하기 때문이다.

(3) 가장 하고 싶은 일을 월급 받으며 하는 것, 자신이 추구하는 방향과 목적이 같은 직장에서 일하는 것보다 더 만족스러운 경우가 있을까? 예를 들어, 환경 보호로 아름다운 세상을 만드는 것이 비전이라면, 환경경찰이 되어 월급을 받으며 그 일을 한다면 얼마나 행복할까?

2) 그러나 다음과 같은 것들은 비전으로는 적합하지 않다고 본다.

(1) '○○이 되겠다.'는 희망이나 '정직하게 산다.' 좌우명 같은 것은 목표에 가깝다. '○○이 되어서 무엇을 하겠다.' '무엇을 위해서 ○○을 하겠다.'가 더 낫지 않을까?

(2) 자기 자신만을 위한 목표도 비전으로는 적합하지 않다. "저 푸른 초원 위에 그림 같은 집을 짓고 사랑하는 우리 님과 한백년 살고 싶네." 이런 개인적인 비전은 다른 사람을 감동시키기 어렵다. 따라서 다른 사람들의 도움을 얻기 힘들다.

---

2 유튜브 이의용TV, '비전을 기록하라' 참조.

3) 비전 문구는 짧고 감동적이어야 한다.

MBC 라디오 방송에 <싱글벙글쇼>라는 장수 프로그램이 있다. 이 프로의 캐치 프레이즈 '온 국민이 싱글벙글 하는 그날까지!'가 좋은 비전 문구라고 생각한다. 코카콜라의 '물을 이긴다' '도서관 없는 마을에 작은 도서관 100곳을 세워 주는 것', 빌게이츠의 'A Personal computer on every desk in every home.' 같은 것은 어떤가.

리콴유 전 싱가포르 총리의 비전도 그 당시 국민의 가슴을 설레게 했을 것 같다. "나는 싱가포르를 1, 2, 3, 4, 5의 나라로 만들겠다. 1명의 아내, 2명의 자녀, 3개의 침실, 4대의 자동차, 주당 5백 달러의 1인당 국민소득을 실현하는 나라" 모세가 이스라엘 백성들을 이끈 '젖과 꿀이 흐르는 땅'도 좋은 비전 캐치 프레이즈다. 비전은 이처럼 짧아야 하고 시각적이며 자신과 다른 사람을 감동시켜야 한다.

4) 비전은 내가 결정하는 것이다.

레이건 대통령이 어린 시절 부모와 구두를 맞추러 갔다. 그런데 소년 레이건은 구두 끝을 뾰족하게 할 것인지, 둥글게 할 것인지를 결정하지 못했다. 그런 그를 보고 제화공이 한 주일 후에 다시 오라고 했다. 한 주일 후 레이건이 가보니, 구두 한 짝은 앞이 뾰족하고, 다른 한 짝은 앞이 둥그런 게 아닌가. 이를 지켜본 아버지는 "네 일은 반드시 네가 결정해야 한다."고 가르쳐 주었다.

훗날 대통령이 된 레이건은 결정장애가 있는 관리들에게 이 일을 들려주곤 했다. "지금 내가 결정해야 할 일을 하지 않으면 누군가가 엉뚱한 결정을 내릴 수도 있음을 알아야 한다."라고 말이다.

비전은 내가 정해야 한다. 내가 결정하지 못하고 다른 사람의 결정에 의존하니까 인생에 재미와 생명력이 부족한 것이다. 가슴이 두근거리지 않는다. "나무를 심어야 할 가장 좋은 시기는 20년 전이었다. 그다음으로 좋은 시기는 바로 지금이다."라는 아프리카 속담이 있다. 늦었다고 깨닫는 시각이 가장 빠른 시각이다. 무엇을 위해, 무엇을 하며 살아갈 것인지 스스로 결정하라, 지금 당장!

4. VM카드 만들기

1) 비전을 기록하라

(1) 폴 마이어 박사는 하버드대 MBA 졸업생을 대상으로 10년간 비전과 성공에 대해 연구한 적이 있다. 이미 오래된 연구(1979년)이지만 몇 가지 좋은 인사이트를 준다. 당시 미국은 13%가 27%를 먹여 살리는 시대였다. 60%는 자급자족을 했다.

(2) 그런데 27%와 60%는 명확한 비전 없이 그냥 살아가는 사람들이었다. 반면, 13%는 명확한 비전을 품고 사는 사람들이었다. 이 13%의 수입은 나머지 사람들의 2배나 됐다. 명확한 비전만 가져도 남을 도우며 살 수 있게 된다는 얘기다.

(3) 또 하나, 10%에 해당되는 중산층은 비전을 마음속에 기억하고 살았지만, 3%는 비전을 기록해서 소지하고 살았다는 것이다. 그런데 3% 사람들의 수입이, 나머지 97%의 수입 모두를 합친 것의 무려 10배나 됐다고 한다. 비전을 기록해서 항상 소지하는 사람들이 그 공동체 다른 사람들을 먹여 살린다는 얘기다. 비전을 기록하는 일이 얼마나 중요한가. 기록된 비전을 늘 생각하며 살아가는 것이 얼마나 중요한가.

2) VM카드 문안 만들기

(1) 비전을 기록한 카드를 비전 카드라고 하자. 직업 가치관을 적은 카드는 미션 카드라고 하자. 비전 카드는 매우 개인적인 특성이나 상황을 고려해야 한다. 따라서 여기서는 두 가지를 결합한 '비전-미션 카드(Vision-Mission Card)'를 만들어 보려고 한다.

(2) 비전과 미션을 결합하는 방법은 2가지가 있다. 즉, 무엇이 되어 어떤 일을 하는 방법과 어떤 일을 하기 위해 무엇이 되는 방법이 있다.

  ① 첫 번째는 내 직업을 먼저 정한 후 그 직업을 통해 높은 가치(비전)를 이뤄나가는 것이다. 많은 이들이 이 방법을 택하는 것 같다. 그 어떤 일이든 그 일을 통해 더 높은 가치를 추구하면 된다.

  ② 두 번째는 높은 차원의 가치(비전)를 먼저 정한 후, 거기에 맞는 직업을 찾는 것이다. 이 방법은 첫 번째 방법에 비해 선택의 여지가 좁은 편이다. 이미 전공을 선택하여 공부하고 있는 대학생들에게는 전자가 현실적이라고 생각한다.

3) VM카드 만들기

(1) 제8장에서 나에게 가장 적합한 직업 3가지를 정하고 이를 통해 이루려는 목적 가치를 정리한 바 있다. 그걸 다시 한 번 다음에 옮겨 적어 보자.

나의 직업 후보	수단 가치(하는 일)	그 직업을 통해 이루고 싶은 높은 차원의 목적 가치(왜)

(2) 이 중 하나를 선택하여 다음 형식에 맞춰 작성해 보자.

○○○의 VM카드	
나 (○○○)에게는 꿈이 있습니다. 그것은 (어떠한) (직업인)이 되어 (무엇을 어떻게 / 어떤 세상을) 이루는(하는) 것입니다.	

예 1: 이영실의 VM카드	
나 이영실에게는 꿈이 있습니다. 그것은 정직하고 친절한 세무공무원이 되어 국가의 세무 법규를 공정하게 정비하여 국민들이 기쁜 마음으로 세금을 내도록 하는 것입니다.	

예 2: 최철호의 VM카드	
나 최철호에게는 꿈이 있습니다. 그것은 생명을 사랑하는 간호사가 되어 환자들이 아프지 않은 세상을 만드는 것입니다.	

(3) 위 내용을 명함 크기의 카드 용지에 적어 VM카드를 완성하자. 3매를 만들어 1매는 이 워크북 속표지에 붙이고, 나머지는 지갑 등에 넣어 항상 소지하자.

(4) VM카드와 앞으로 작성할 미래 명함을 비전캡슐에 넣어 캠퍼스에 매설하면 더 효과가 있을 것이다.

Landing

● 오늘 수업 한 줄 소감

_____

_____

_____

Take-off

● 구호	"내 인생은 내가 설계하고 내가 주도한다!"		
● 탑승 확인	Q. 지금 내 머릿속을 채우고 있는 생각(단어) 하나는?		
	A.		
● 좋아 박수	"나는 내가 정말 좋아!"		
● 칭찬 샤워(조별로)			
● 나의 One Change 점검 (조별로)	목표		
	진행 상황 (10점 척도)		

1. 대학생이 취업하고 싶은 기업

자료 1

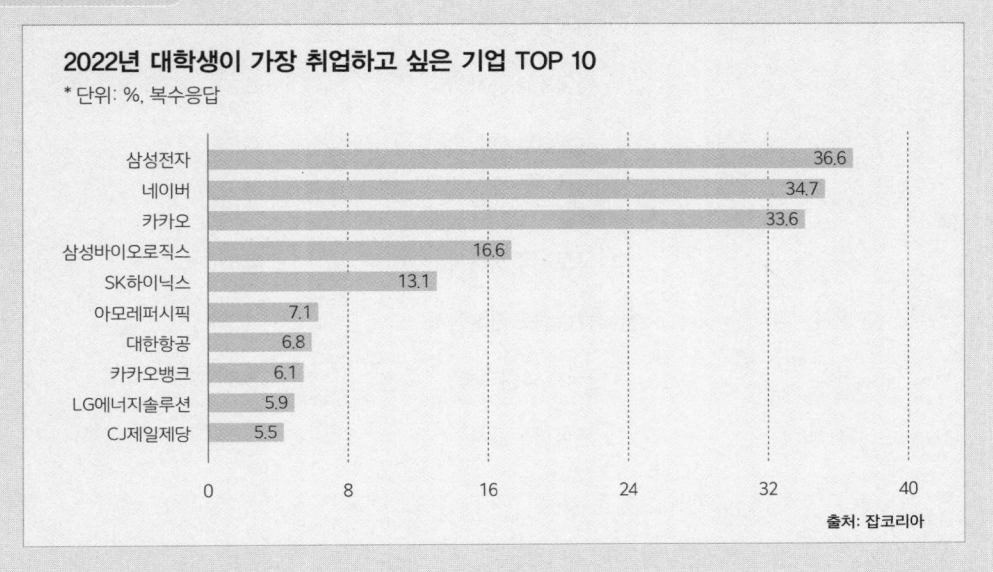

2022년 대학생이 가장 취업하고 싶은 기업 TOP 10
* 단위: %, 복수응답

기업	%
삼성전자	36.6
네이버	34.7
카카오	33.6
삼성바이오로직스	16.6
SK하이닉스	13.1
아모레퍼시픽	7.1
대한항공	6.8
카카오뱅크	6.1
LG에너지솔루션	5.9
CJ제일제당	5.5

출처: 잡코리아

자료 2

2021 대학생이 가장 일하고 싶은 공기업 TOP 10

조사대상: 대학생 1,079명	조사기준: 알리오 공시 공기업 34곳	조사기간: '21.06.21.~07.08.

순위	기업	%
1위	인천국제공항공사	17.9%
2위	한국전력공사	11.8%
3위	한국조폐공사	5.6%
4위	한국가스공사	5.1%
5위	(주)강원랜드	4.8%
6위	한국공항공사	4.5%
7위	한국도로공사	4.0%
공동 8위	한국방송광고진흥공사	3.9%
공동 8위	한국토지주택공사	3.9%
10위	한국철도공사	3.8%

올해 대학생 공기업 선호도 조사 결과

전년 대비 공기업 순위 변동이 많았다.
이유는
"코로나19와 기업 이슈"

출처: 인크루트 X 알바콜

자료 3

2022 대학생이 뽑은 가장 일하고 싶은 공기업 TOP 10

순위	기업	비율
1위	인천국제공항공사	17.0%
2위	한국전력공사	10.3%
3위	한국공항공사	6.5%
4위	한국조폐공사	6.2%
5위	한국마사회	4.9%
공동6위	한국수자원공사	4.8%
공공6위	한곡토지주택공사	4.8%
8위	한국방송광고진흥공사	4.3%
9위	한국수력원자력	3.8%
10위	한국철도공사	3.6%

올해 조사에서 이탈, 진입 등 순위 다수 변동(2021년 동일 조사와 비교)

▽ Out
한국가스공사
(주)강원랜드
한국도로공사

▲ In
한국마사회
한국수자원공사
한국수력원자력

자료 4

취업 선호 기업 선택에 영향을 준 요인들

- 연봉수준
- 복지제도와 근무환경
- 직무 적정성
- 기업 대표의 이미지
- 산업 분야 선도 기업
- 기업의 제품 · 서비스 체험

2. 내가 원하는 직장

1) 내가 원하는 직장의 조건

나를 100% 만족시켜 줄 직장은 없다. 내가 어떤 직장을 원하는지 조건부터 명확히 정하라. 다음 표의 빈칸에 내가 원하는 직장의 조건을 추가해 보자. 그런 후 내가 가장 중요하게 여기는 것에 별표를 해 보자. 별표가 많은 항목이 내가 원하는 직장이다.

원하는 직장의 조건	중요도
연봉이 많다.	
고용이 안정적이다.	
복리 후생이 잘 돼 있다.	
워라벨이 보장된다.	
회사의 비전과 나의 비전을 맞출 수 있을 것 같다.	
네 전공과 역량을 잘 발휘할 수 있다.	
경영이 투명하고 공정하다.	
기업문화가 좋다.	
조직 내 의사소통이 잘 된다.	
작업 환경이 좋다.	
이미지가 좋다.	
출퇴근하기가 편하다.	

2) 직장 선택을 위한 어드바이스

필요한 인재를 찾는 기업의 입장에서 '채용'이라면, 일자리를 찾는 구직자 입장에서는 '취업 (구직)'이라 할 수 있다. 일자리가 풍성했던 시대에는 기업들이 유능한 인재를 확보하기 위해 여러 대학을 찾아다니면서 좋은 조건을 내세우며 인재 유치 경쟁을 벌이곤 했다. 그러나 일자리가 부족해진 요즘에는 구직자가 기업을 찾아다니며 취업 활동을 하게 되었다.

(1) 직장 선택의 주도권을 놓지 마라.

요즘 구직자 자신이나 부모들 중에는 주위 사람들의 시선을 지나치게 의식하며 직장을 선택하는 경우가 적지 않다. 구직자는 직장 선택의 주도권을 놓지 말아야 한다. 남에게 맞는 옷이 나에게도 어울리는 건 아니다. 남의 시선 의식하지 말고 내게 맞는, 내게 어울리는, 내가 필요로 하는 직장을 선택하라. 눈높이를 조금 낮추면 선택의 공간이 넓어진다. 기업은 대학이 아니다. 취업은 입시가 아니다. 증권시장에서 주가가 변하는 걸 보라. 기업의 가치는 계속 바뀐다.

(2) '충동 취업' '묻지 마 취업'을 피하라.

일자리가 부족하다 보니 일단 아무 직장에나 지원을 하는 일이 많아졌다. 그러다보니 입사한 지 얼마 되지 않아 "여기가 아닌가벼." 하며 그만두는 일이 늘어나고 있다. 취업자 4명 중 1명이 1년 이내에 퇴직, 2년 내에 또 1명이 퇴직할 정도다. 공무원도 마찬가지다. 9급 공무원 중 임용 1년도 되지 않아 퇴직한 경우는 26.5%나 된다. 구직자나 채용자 모두에게 손실이 아닐 수 없다.

구매 리스트 없이 쇼핑을 하다 보면 충동 구매를 하기 쉽다. 실제로 '충동 취업' '묻지 마 취업'이 적지 않다. 상대방이 누군지 알아보지도 않고 결혼하는 것과 비슷하다. 취업은 구직자와 채용자가 서로 '궁합'이 맞아야 한다. 취업하려는 기업에 대해 보다 철저히 알아보고 지원하는 것이 중요하다.

(3) 직장을 잘못 선택하면?

    (1) 경영 부실 등으로 인해 일자리를 잃을 수 있다.

    (2) 업무나 경영문화, 인간관계에 적응하기 힘들어 고통을 겪게 된다. 결국 자의든 타의든 직장을 떠나게 된다.

    (3) 같은 업종의 다른 회사보다 대우가 좋지 않을 경우, 일하는 보람을 찾기 어려워진다.

(4) 철저히 살펴봐라.

    내가 원하는 직장 조건에 부합하는지 말고도, 다음 몇 가지를 철저히 살펴봐야 한다. 이러한 정보들은 홈페이지를 통해서, 또는 그 기업에 다니는 선배들에게 물어보면 알 수 있다.

- 해당 업종의 상황
- 해당 기업의 최근 경영 실적
- 근무 조건, 근무 여건, 임금, 지리적 위치
- 구직자가 특별히 갖춰야 할 것

3) 내가 취업하고 싶은 직장

앞의 여러 조건들을 참고하여 내가 취업하고 싶은 후보 직장을 정해 보자.

우선순위	직장 이름	직무 분야(직종)
1		
2		
3		

4) 미래의 내 명함 만들기

  (1) 내가 가장 취업하고 싶은 기업을 하나 고르자.

  (2) 그 기업에서 근무할 미래를 상상해 보자.

  (3) 그때의 내 명함을 실제 명함과 비슷하게 만들어 보자. 명함 용지에 부서명, 직급명, 연락
     처 등도 넣어 보자.

  (4) 여러 장을 만들어 1장은 속표지 VM카드 아래 붙이고, 나머지는 VM카드와 함께 지갑이
     나 수첩에 보관하자.

  (5) VM카드와 미래 명함을 비전캡슐에 넣어 캠퍼스에 매설하는 것도 효과적이다.

● 오늘 수업 한 줄 소감

_____

_____

_____

● 오늘 수업 한 줄 소감

Landing

제12장 ●

인재와 역량 1

Take-off

● 구호	"내 인생은 내가 설계하고 내가 주도한다!"
● 탑승 확인	Q. 나는 몇 년도에 부모가 될까? A.
● 좋아 박수	"나는 내가 정말 좋아!"
● 칭찬 샤워(조별로)	

| ● 나의 One Change 점검
(조별로) | 목표 | |
| | 진행 상황
(10점 척도) | |

Flying

1. 다음 직업인은 누굴까요?

> - 그는 밤늦게까지 일한다.
> - 그는 자신이 목표한 일을 하룻밤에 끝내지 못하면 다음날 밤에 또다시 도전한다.
> - 그는 함께 일하는 동료의 모든 행동을 자기 자신의 일처럼 느낀다.
> - 그는 적은 소득에도 목숨을 건다.
> - 그는 값진 물건도 집착하지 않고 몇 푼의 돈과 바꿀 줄 안다.
> - 그는 시련과 위기를 잘 견뎌낸다.
> - 이런 것은 그에게 아무 것도 아니다. 그는 자신이 하는 일에 최선을 다하며 자기가 지금 무슨 일을 하고 있는가를 잘 안다.

➡ **이 직업인에게는 어떤 역량이 필요할까요?**

2. 역량이란?

◎ 역량이란 어떤 일을 해낼 수 있는 힘이나 기량을 말한다. OECD DeSeCo 프로젝트는 현대 사회를 살아가는 데 꼭 필요한 핵심역량으로 다음 세 가지를 제시한 바 있다.[1]

범주	선정 이유	핵심 역량
(1) 자율적으로 행동하기 -자율적 행동 (acting autonomously)	• 복잡한 세계에서 자신의 정체성과 목표를 실현할 필요성 • 권리를 행사하고 책임을 다할 필요성 • 자신의 환경과 그 기능을 이해할 필요성	1-1 넓은 시각(big picture)에서 행동하는 능력 1-2 인생의 계획과 개인적인 과제를 설정하고 실행하는 능력 1-3 자신의 권리, 관심, 한계, 욕구를 옹호하고 주장하는 능력
(2) 도구를 상호작용으로 활용하는 능력 -지적 도구 활용 (using Tools interactively)	• 새로운 기술을 가져야 할 필요성 • 도구를 자신의 목적에 맞게 선택할 필요성 • 세계와 적극적으로 대화할 필요성	2-1 언어, 상징, 텍스트를 상호 작용하도록 활용하는 능력 2-2 지식과 정보를 상호작용하도록 활용하는 능력 2-3 기술을 상호작용하도록 사용하는 능력
(3) 사회적 이질 집단에서 상호작용하기 -사회적 상호작용 (interacting in heterogeneous groups)	• 다원화 사회에서 다양성을 다룰 필요성 • 공감의 중요성 • 사회적 자본의 중요성	3-1 다른 사람들과의 관계를 잘 하는 능력 3-2 협동하는 능력 3-3 갈등을 관리하고 해결하는 능력

---

1 OECD는 1997년 21세기 급변하는 사회에서 인재에게 요구되는 생애 역량에 주목하고 이에 대한 논의를 거쳐, 2005년 DeSeCo(Definition and Selection of Key Competencies) 프로젝트를 통해 현대사회의 학습자들에게 필요한 핵심 역량을 발표했다.
이 논의에서는 제시한 역량은 세 가지로, 첫째, 급변하는 사회 환경에서 실제로 문제를 해결할 수 있는 수행 능력. 둘째, 표면적으로 드러나는 지식뿐 아니라 태도, 기술, 동기, 의지 등을 포괄하는 총체적인 능력. 셋째, 개인을 둘러싸고 있는 대상, 타자, 사회와의 관계 속에서 급변하는 상황 맥락에 적절하게 대처하면서도 문제를 해결하는 인지적, 정의적, 사회적 차원의 수행 능력이다.
우리나라도 이에 따라 2015년 개정 교육과정에 자기관리 역량, 지식정보 처리 역량, 창의적 사고 역량, 심미적 감성 역량, 의사소통 역량, 공동체 역량의 6가지 역량을 제시하였다(참조: <EBS다큐> 시험5부-누가 1등인가).

3. 직업 역량

◎ 직업 현장에서 일을 하는 데 필요한 지식, 기술, 태도를 직업 역량(Vocational Competency)이라고 한다. 직업 역량은 직업기초능력과 직무수행능력으로 나뉜다.

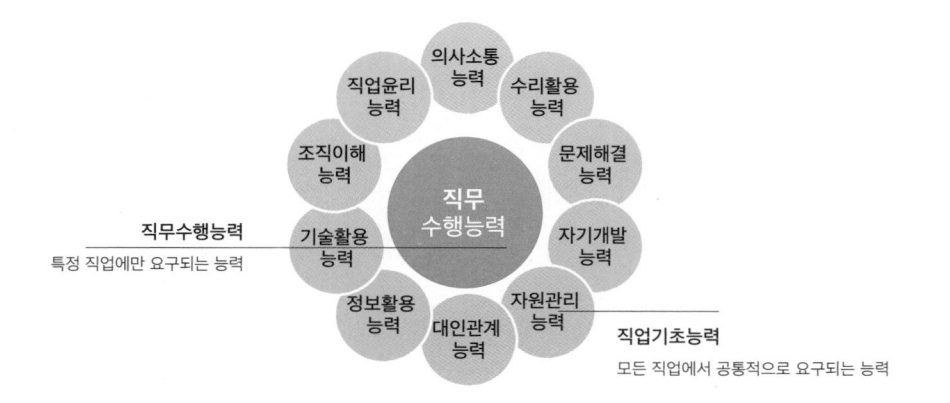

1) 직무수행능력

특정한 직무에서 요구되는 능력을 말한다. 주로 전공이 여기에 해당된다. 직무수행능력에서는 각 전공 교과 과정을 참고하기 바란다.

2) 직업기초능력

(1) 직종이나 직위에 상관없이 모든 직종에서 직무를 성공적으로 수행하는 데 공통적으로 요구되는 기본적인 지식이나 기술, 태도 등을 말한다. 의사소통능력, 수리능력, 문제해결능력, 자기개발능력, 자원관리능력, 대인관계능력, 정보능력, 기술능력, 조직이해능력, 직업윤리 같은 것들이다.

(2) 다음 역량표를 이용하여 현재 나의 역량을 평가해 보자(100점 만점). 비고란에는 내가 희망하는 직업에 가장 관련이 있는 역량 3~5개를 표시해 보자.

(3) 직업의 수명이 짧아지고 소멸과 생성이 반복되면서 평생직업의 시대는 지나가고 있다. 또한 인간의 수명이 길어지면서 다양한 직업기초능력의 필요성이 점점 더 커지고 있다.

직업기초역량	하위 능력	자기 평가 (100점 만점)	비고
1. 의사소통능력	• 문서이해능력 • 문서작성능력 • 경청능력 • 의사표현능력 • 기초외국어능력		
2. 수리활용능력	• 기초연산능력 • 기초통계능력 • 도표분석능력 • 도표작성능력		
3. 문제해결능력	• 사고력문제 • 처리능력		
4. 자기개발능력	• 자아인식능력 • 자기관리능력 • 경력개발능력		
5. 자원관리능력	• 시간관리능력 • 예산관리능력 • 물적자원관리능력 • 인적자원관리능력		
6. 대인관계능력	• 팀워크능력 • 리더십능력 • 갈등관리능력 • 협상능력 • 고객서비스능력		
7. 정보활용능력	• 컴퓨터활용능력 • 정보처리능력		
8. 기술활용능력	• 기술이해능력 • 기술선택능력 • 기술적용능력		
9. 조직이해능력	• 경영이해능력 • 체제이해능력 • 업무이해능력 • 국제감각		
10. 직업윤리능력	• 근로 윤리 • 공동체 윤리		
	합계		

4. 직업 세계의 여러 인재 유형

◎ 직업 현장에는 다양한 인재들이 있다. 이러한 인재들은 관점에 따라 여러 유형으로 나뉜다. 그 중 몇 가지를 소개한다.

1) 난 사람인가, 된 사람인가?

(1) 일도 잘하고 인성도 좋은 인재

(2) 일은 잘하는데 인성에 문제가 있는 인재

(3) 일은 못하지만 인성은 좋은 인재

(4) 일도 못하고 인성도 문제 있는 인재

2) 능동적으로 일하는가?

(1) 노예형: 시키는 일만 하는 인재

(2) 자유인형: 스스로 일을 찾아서 하는 인재

(3) 창조인형: 새로운 일을 만드는 인재

3) 조직에 기여하는가?

(1) 人在: 자리만 지키는 인재

(2) 人力: 머리는 쓰지 않고 몸과 힘으로 일을 하려는 인재.

(3) 人材: 아직 다듬어지지 않은 원목과 같은 인재

(4) 人財: 성과를 이뤄내는 인재

(5) 人災: 조직에 누를 끼치는 인재

5. 기업이 원하는 인재

1) 맥가이버형

2) 21세기에 가장 필요한 역량(4C; 미국경영연합회)

(1) 비판적 사고(Critical Thinking)

(2) 창의력(Creativity)

(3) 소통(Communication)

(4) 협력(Collaboration)

3) STEAM형 인재

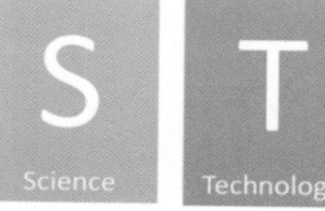

★ STEAM은 융합인재교육을 말한다. 과학가술에 대한 학생의 흥미와 이해를 높이고, 실생활 문제 해결력을 배양하는 교육이다.

4) ESG형 인재

★ 환경(Environment), 사회(Social), 지배구조(Governance)

5. 기업이 본 신입사원

1) 신입사원 만족도 60점, '책임감 부족하다'

> 취업포털 사람인이 2020년 11월 392개 기업을 대상으로 '요즘 세대 신입사원'에 대해 조사한 결과에 따르면, Z세대 신입사원에 대한 만족도 점수는 평균 '60점'으로 집계됐다. 또 과거 신입사원과 비교해 Z세대 신입사원에 대해 '불만족한다'가 42.6%, '비슷하다'가 39.5%, '만족한다'는 17.9%로 나타났다.
>
> 조직 적응력도 이전 신입사원에 비해 '낮아졌다'(54.1%)는 응답이 과반을 넘었다. 이전 세대 신입사원보다 부족한 것으로는 '책임감'(41.6%, 복수응답), '배려 및 희생정신'(36.2%), '근성·인내력·강한 소신·추진력'(34.9%), '기업문화 적응력'(23.2%), '협업 능력'(22.2%), '대인관계 구축 능력'(21.9%) 등의 순서였다.
>
> 반면, 강점으로는 '디지털 신기술 활용 능력'(43.6%, 복수응답), '빠른 이해와 판단'(33.9%), '다양한 활동 경험'(29.1%), '외국어 등 글로벌 역량(20.2%), '의사소통능력'(8.2%), '긍정적인 사고방식'(5.9%) 등을 들었다.

2) '인성 좋은 인재를 보내 달라'

(1) 대학의 취업 관련 담당자가 기업으로부터 인재 추천 요청을 받으면서 자주 듣게 되는 말이 있다고 한다. "일은 좀 못해도 좋으니 인성이 좋은 인재를 보내 달라. 일은 들어와서 배우면 된다."

(2) 기업이 말하는 '인성(人性·personality)'은 무엇일까? 인성은 사전적 의미로는 '인간의 성질'이지만, 학문적으로는 '인간의 본성' '성격' '인격'과 비슷한 의미로 사용되기도 한다. 또 지(知)·정(情)·의(意)를 모두 갖춘 전인(全人, whole person)의 특성을 의미하기도 한다. 다른 사람들과 구분되는 지속적이고 일관된 독특한 심리 및 행동 양식으로 보기도 한다.

(3) 「인성교육진흥법」에서는 인성을 '예(禮), 효(孝), 정직, 책임, 존중, 배려, 소통, 협동 등의 마음가짐이나 사람됨과 관련되는 핵심적인 가치 또는 덕목'이라고 정의한다. 그러나 기업이 말하는 '인성이 좋은 인재'란 '사회성이 좋은 인재' '성격이 좋은 인재'를 의미하지 않나 생각한다. 기업은 '함께 일하기에 편하고 업무에 도움이 되는 사람'을 '인성이 좋은 인재'로 보는 것 같다.

3) 요즘 신입사원들의 특징[2]

(1) 관점: 자기 중심적이다.

자기 삶의 목표를 조직의 비전과 조정하지 못하고 개인적인 성공에만 치우쳐 있다. 자기애가 강하고 독립적이다. Work & Balance를 중시한다. 직장을 자기 발전을 위한 수단으로만 여긴다.

(2) 태도: 끼와 잠재력은 많으나 깨지기 쉬운 유리병이다.

기성세대보다 변화를 즐기고 환경 변화에 걸맞은 끼와 잠재력을 갖고 있으나, 혼자 독립적으로 일을 하는 것을 불안해하고 사소한 말 한마디에도 쉽게 상처를 받는다.

(3) 역량: 주어진 과제는 잘 해결하지만, 전체적인 맥락을 파악하지 못한다.

정형화되지 않은 이슈에 대한 근본 원인을 탐색하고 발굴하는 생각의 힘이 부족하다. 마치 사육된 인형 같다.

(4) 그밖에
- 인성이 부족하다.
- 틀에 박힌 일, 밑바닥 일을 싫어한다.
- 일 중심이다. 대인관계에 관심이 부족하다.
- 동기를 부여해 줘야 일을 한다.
- 자기 생각이 없고 표현을 하지 못한다.
- 말귀를 못 알아듣고, 분위기 파악을 못한다.
- 예의가 부족하다.
- 팀워크, 협력을 못한다.
- 도전의식, 열정이 부족하다.
- 책임감, 문제 해결력이 부족하다.
- 쉽게 포기한다.
- 삶에 목적과 목표가 부족해 보인다.

---

2 이웅배 박사 자료

6. 기업이 원하는 인재상[3]

★ 참고자료

100대 기업 인재상…"창의력 · 전문성보다 책임의식 · 도전정신"

기업 인재상이 5년 전 소통·협력과 전문성에서 올해는 책임의식과 도전정신을 강조하는 방향으로 변화했다.

대한상공회의소는 국내 매출액 상위 100대 기업이 홈페이지 등에 공개한 인재상을 분석한 결과를 30일 발표했다.

기업이 요구하는 3대 인재상은 책임의식(67곳), 도전정신(66곳), 소통·협력(64곳)으로 나타났다.

이어 창의성(54곳), 원칙·신뢰(53곳), 전문성(45곳), 열정(44곳), 글로벌 역량(26곳), 실행력(23곳), 사회공헌(14곳) 순이었다.

5년마다 하는 이 조사에서 2018년에 5위였던 책임의식이 1위로 부상했고, 2위였던 전문성은 6위로 내려갔다.

이런 결과를 두고 대한상의는 "기업은 인력의 핵심으로 떠오르는 Z세대 요구에 맞게 수평적 조직, 공정한 보상, 불합리한 관행 제거 등 노력을 하는 한편, Z세대에도 그에 상응하는 조직과 업무에 대한 책임의식을 요구하는 것"이라고 해석했다.

아울러 "직무중심채용과 수시채용 확산으로 대졸 취업자들의 직무 관련 경험과 지식이 상향 평준화됐고, 이들이 일정 수준 이상 전문성을 갖추고 지원해 인재상으로 강조할 필요성이 낮아졌다"고 풀이했다.

〈인재상 순위 변화 추이〉

구분	2008년	2013년	2018년	2023년
1위	창의성	도전정신	소통·협력	**책임의식**
2위	전문성	**책임의식**	전문성	도전정신
3위	도전정신	전문성	원칙·신뢰	소통·협력
4위	원칙·신뢰	창의성	도전정신	창의성
5위	소통·협력	원칙·신뢰	**책임의식**	원칙·신뢰
6위	글로벌역량	열정	창의성	전문성
7위	열정	소통·협력	열정	열정
8위	**책임의식**	글로벌역량	글로벌역량	글로벌역량
9위	실행력	실행력	실행력	실행력
10위	-	-	-	사회공헌

자료: 대한상공회의소 제공

또 15년 전인 2008년 인재상과 비교하면 창의성이 1위에서 4위로, 글로벌 역량이 6위에서 8위로 각각 밀려났다.

기후 환경과 책임 경영이 중요해지면서 그동안 조사에서 포함되지 않았던 사회공헌은 새로운 인재상(10위)으로 등장했다.

인재상은 업종별로 다소 차이를 보였다.

제조업은 글로벌 공급망 재편 등 불확실성 증대를 반영해 도전정신을 갖춘 인재를 원했다. 반면 직원의 횡령·배임이 잇따라 발생한 금융·보험업은 원칙·신뢰를 최우선 역량으로 내세웠다.

고객 만족을 추구하는 도·소매업, 기타서비스업, 무역운수업 등은 책임의식을, 현장에서 다양한 관계자와 소통이 중요한 건설업은 소통·협력을 중시했다.

유일호 대한상공회의소 고용노동정책팀장은 "1990년대생의 본격적인 경제활동 참여에 맞춰 기업도 조직 문화를 개선하는 한편, Z세대에도 기존에 정립된 문화와 조화를 추구하기를 바라고 있다"고 말했다.

아울러 "올해 취업한파가 예상되는 만큼 변화한 기업의 인재상을 꼼꼼히 파악하고 이에 맞춰 본인의 강점을 드러내는 것이 중요하다"고 덧붙였다.

〈업종별 인재상 순위〉

구분	제조업	금융 · 보험업	무역 · 운수업	건설업	도소매업	기타서비스업
1위	도전정신	원칙신뢰	책임의식	소통 · 협력	책임의식	책임의식
2위	책임의식	도전정신	도전정신	도전정신	소통·협력	소통·협력
3위	소통·협력	책임의식	소통·협력	원칙·신뢰	전문성	창의성
4위	창의성	소통·협력	창의성	책임의식	열정	열정
5위	열정	창의성	전문성	창의성	도전정신	사회공헌
6위	원칙·신뢰	전문성	열정	전문성	원칙·신뢰	원칙·신뢰
7위	전문성	열정	글로벌역량	글로벌역량	실행력	글로벌역량
8위	실행력	글로벌역량	원칙 · 신뢰	열정	창의성	전문성
9위	글로벌역량	사회공헌	실행력	실행력	사회공헌	도전정신
10위	사회공헌	실행력	사회공헌	사회공헌	글로벌역량	실행력

---

3 연합뉴스, 2023. 1. 30.

7. 내 비전-미션에 필요한 핵심 역량은?

1) 다음에 앞 장에서 작성한 VM카드 문안을 옮겨 적어 보자.(p. 101)

2) 앞으로 나의 비전과 미션을 구현하는 데 가장 필요한 핵심 역량은 무엇인가? 또 내가 원하는 직업 세계에서 내게 필요로 하는 역량은 무엇인가? 앞서 살펴본 여러 역량들을 참고하여 내가 가장 시급하고 중요한 나의 핵심 역량들을 적어 보자.

가장 시급하고 중요한 역량	중요한 역량		

Landing

● 오늘 수업 한 줄 소감

제13장 •

인재와 역량 2

Take-off

● 구호	"내 인생은 내가 설계하고 내가 주도한다!"
● 탑승 확인	Q. 나의 가장 뛰어난 역량은? A.
● 좋아 박수	"나는 내가 정말 좋아!"
● 칭찬 샤워(조별로)	

● 나의 One Change 점검 (조별로)	목표		
	진행 상황 (10점 척도)		

1. 역량 다면체 만들기

1) 다면체형 인재

모든 것이 첨단화하고 융합, 복합화하는 21세기의 직업 현장에서는 단순히 학력이나 경력이 긴 '길이형 인재'는 설 자리가 좁아진다. 이것저것 깊이 없이 넓게만 하는 '넓이형 인재'도 한계가 있다. 다양한 분야에 걸쳐 입체적인 지식, 안목, 역량, 그리고 훌륭한 성품을 갖춘 '다면체형(슈바이처형) 인재'를 필요로 한다.

M형
(길이형)

M²형
(넓이형)

M³형
(다면체형)

2) 역량 다면체 만들기

(1) 앞 장에서 나의 비전과 미션을 구현하는 데 가장 필요한 역량을 적어 보았다. 이에 적합한 전개도(부록 3 참조)를 고른다. (역량 수＝전개도의 면 수)

(2) 한 면에 한 가지 역량씩 적는다. (잘 보이게 크고 명확한 글씨로)

(3) 전개도를 가위로 오려서 풀로 붙여 다면체를 만들어 보관하자.

2. 나의 핵심 역량 개발 프로젝트[1]

◎ 앞 장에서 나의 비전과 미션을 구현하는 데 가장 필요한 핵심 역량은 무엇인지, 또 내가 원하는 직업 세계에서 내게 필요로 하는 역량은 무엇인지 찾아보았다. 이제 그중 가장 시급하고 중요한 역량 3가지를 어떻게 개발할 것인지 구체적인 실행 계획을 세워 보자.

1) 실행 계획을 세우는 방법으로 SMART 법칙이 있다.

SMART 법칙이란 S(Specific: 구체적으로), M(Measurable: 측정할 수 있게), A(Achievable: 달성 가능하게), R(Realistic: 현실적인 것으로), T(Time-limited: 원하는 기간)을 정하는 것이다. 3W2H 방식도 좋다. 무엇을(What), 언제(When), 어떤 방법으로(How), 언제까지(When), 얼마만큼(How much).

2) 역량 개발을 위해서는 다양한 활동을 하는 것이 좋다.

학교에 마련되어 있는 정규 교과목, 비정규 프로그램(자격증, 어학 등), 동아리 활동 등을 우선적으로 활용하는 게 좋다. 아울러 학교 바깥의 프로그램, 활동도 유용하다. 역량 개발에 적합한 아르바이트를 경험해 볼 수도 있다.

3) 역량 개발의 성패는 시간표 짜기에 달렸다.

가장 많은 시간을 오래 투입해야 하는 프로젝트부터 시작하는 게 좋다. 시간표는 너무 빡빡하지 않게 짜야 한다. 지치면 쉽게 포기하기 때문이다. 모든 계획은 실현이 가능하게 짜되, 필요한 만큼 땀과 시간을 투자해야 현실이 된다.

---

1 유튜브 이의용TV, '내게 필요한 직업역량' 참조.

4) 다음 표에 제12장에서 작성한 역량을 개발할 프로젝트를 짜서 실천해 보자.[2]

■ 내게 필요한 핵심 역량 개발 프로젝트 ■

핵심 역량 이름	정규 교과목 학습	비정규 프로그램, 동아리 활동, 교외 활동 등
	무엇을(What), 언제(When), 어떤 방법으로(How), 언제까지(When), 얼마만큼(How much) 등 구체적으로!	

※ 3가지 핵심 역량 외에도 시급하고 중요한 역량을 추가하여 위와 같은 방식으로 실행 계획을 짜 보자.

---

2 유튜브 이의용TV, '역량 개발' 참조.

3. 아는 것이 힘이 아니라, (   ) 것이 힘!

◎ 자동차 기어를 중립에 놓으면 액셀러레이터를 아무리 세게 밟아도 차는 나가지 않는다. 역량 개발에는 실천의 힘이 필요하다. 그리고 실천을 위해서 연습의 힘이 뒷받침되어야 한다. 아는 것이 힘이 아니라, 하는 것이 힘이다. 계획+(   )=현실

연습의 힘(정진홍)[3]

지난 2일 밤 서울 예술의전당 콘서트홀은 자정이 훨씬 넘도록 북적거렸다. 서른여덟 살 나이에 이미 '피아노의 전설'이 돼 버린 예프게니 키신의 피아노 리사이틀이 서른 번이 훨씬 넘는 커튼콜과 열 번의 앙코르 연주를 소화하느라 자정이 다 돼 끝났기 때문이다. 이날 키신의 피아노 연주는 한마디로 징글징글했다. 도저히 사람의 연주라는 생각이 안 들 정도였다. 오직 피아노가 삶의 전부인 것 같은 사내가 사랑하는 여인을 온갖 손길로 다루듯 건반을 두드렸다. 그는 연주 내내 별반 표정의 변화도 없이 오직 무아지경의 타건만을 계속했다. 그의 무표정한 얼굴이 엷은 미소를 띤 것은 연주를 모두 마치고 나서였다.

키신이 프로코피예프 소나타 8번을 연주할 때는 마치 피아노로 철학을 하는 구도자 같았다. 게다가 쇼팽의 에튀드(연습곡)들을 연주할 때는 그의 탄탄한 기본기를 뚜렷하게 확인할 수 있었다. 자고로 실력은 어렵고 잘 연주되지 않는 곡에서 드러나기보다 피아노를 접해 본 사람이라면 자신도 쳐봤음 직한 연습곡을 "저렇게 칠 수도 있구나."라는 대목에서 판가름이 나는 법이다.

키신은 흔히 천재로 불린다. 이미 두 살 때 귀로 듣기만 한 것을 그대로 피아노로 연주할 정도였으니 말이다. 하지만 어느새 마흔을 바라보는 나이가 된 키신은 자신의 천재성으로 승부하지 않았다. 그는 연주여행 중에도 예외 없이 하루 6~7시간을 꼬박 피아노에 몰입하는 지독한 연습과 그것으로 다져진 기본기로 승부했다. 키신은 그 흔한 쇼맨십도 없이 오직 자신의 연습의 힘에 바탕한 기량만으로 4시간 가깝게 사람들을 꼼짝 못하게 움켜쥐고 있었다. 연습의 힘이 그날의 마법 같은 콘서트를 가능하게 했던 것이다.

최초의 흑인 홈런왕 행크 에런은 이렇게 말했다. "매일 정신이 아득할 정도로 많은 시간을 연습에 쏟고 나면 이상한 능력이 생긴다. 다른 선수들에게는 없는 능력이 생기는 것이다. 예를 들면, 투수가 공을 던지기 전부터 그 공이 커브냐, 직구냐를 알 수 있게 된다. 그리고 날아오는 공이 수박덩어리처럼 크게 보인다." 결국 연습의 힘은 마법을 만든다. 아니 세상의 모든 기적과 마법의 진짜 비밀은 연습에 있다.

---

3 중앙일보, 2009. 4. 4. 정진홍의 소프트 파워

영화 '바람의 파이터'의 실제 인물이자 '극진(極眞) 가라테'의 창시자인 최배달은 생전에 이렇게 말했다. "일천 일의 연습을 '단(鍛)'이라 하고, 일만 일의 연습을 '연(鍊)'이라 한다. 그런 혹독한 단련이 있고 나서야 비로소 승리를 기대할 수 있다." 그렇다. 승리는 끊임없는 연습과 단련의 결과일 뿐이다.

김연아는 '잠자는 시간을 빼놓고는 연습'이라 할 만큼 지독한 연습벌레다. 그 덕분에 열아홉 살 어린 나이에 은반의 여제가 됐다. 프로골퍼 최경주는 하루 8시간씩 4000번 이상 공을 쳐내는 피나는 연습 끝에 세계 무대에 우뚝 섰다. '슈투트가르트의 강철나비'라 불리는 발레리나 강수진은 올해 마흔두 살이란 나이에도 아랑곳하지 않고 한 시즌에 토슈즈를 수십 켤레씩 버릴 만큼 연습에 연습을 거듭하며 무대에 오른다. 그녀는 말한다. "더 못한다고, 이 정도면 됐다고 생각할 때 그 사람의 예술 인생은 거기서 끝나는 것"이라고.

예술과 운동만이 아니다. 천재로 불린 레오나르도 다빈치도 말했다. "세상에는 고군분투 대신 나태와 오만함에 몸을 맡겨 버리는 천재들로 넘쳐난다. 그들은 한때 면도날이었을지 모르지만 결국 번쩍임과 예리함을 잃어버린 채 아무 의미도 소용도 없는 쇠붙이로만 살아가야 하리라." 그렇다. 타고난 재능만 믿고 게으른 자는 결국 쇠붙이로 녹슨다. 하지만 끊임없이, 우직하게 연습하고 단련하는 이는 날 선 면도칼이 될 수 있다. 날 선 면도날이 될 것인가, 녹슨 쇠붙이로 남을 것인가? 그 선택과 결단 앞에 우리는 예외 없이 서 있는 것이다.

Landing

● 오늘 수업 한 줄 소감

회원의 혜택

Take-off

● 구호	"내 인생은 내가 설계하고 내가 주도한다!"
● 탑승 확인	Q. 지금 내 머릿속을 채우고 있는 생각(단어) 하나는? A.
● 좋아 박수	"나는 내가 정말 좋아!"
● 칭찬 샤워(조별로)	
● 나의 One Change 점검 (조별로)	목표
	진행 상황 (10점 척도)

Flying

자료 1

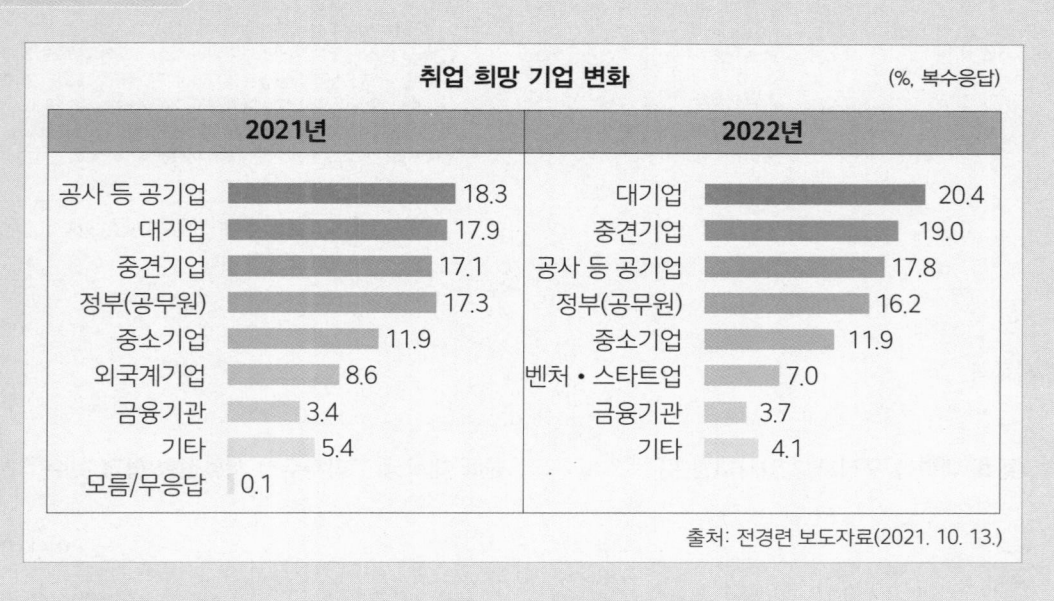

취업 희망 기업 변화
(%, 복수응답)

2021년		2022년	
공사 등 공기업	18.3	대기업	20.4
대기업	17.9	중견기업	19.0
중견기업	17.1	공사 등 공기업	17.8
정부(공무원)	17.3	정부(공무원)	16.2
중소기업	11.9	중소기업	11.9
외국계기업	8.6	벤처•스타트업	7.0
금융기관	3.4	금융기관	3.7
기타	5.4	기타	4.1
모름/무응답	0.1		

출처: 전경련 보도자료(2021. 10. 13.)

자료 2

4학년 이상 또는 졸업(예정) 대학생 구직활동 실태(%)

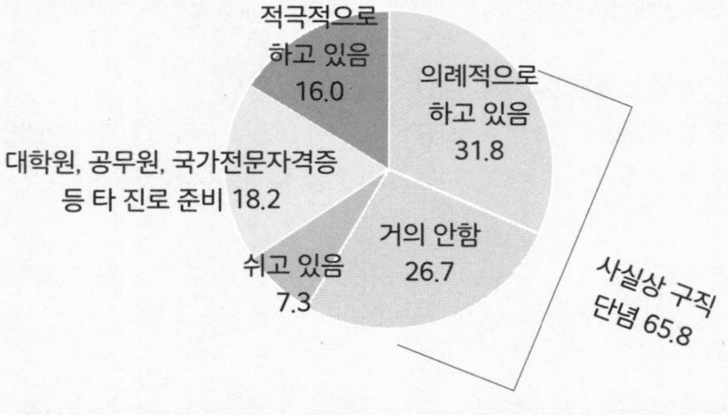

적극적으로 하고 있음 16.0

의례적으로 하고 있음 31.8

대학원, 공무원, 국가전문자격증 등 타 진로 준비 18.2

쉬고 있음 7.3

거의 안함 26.7

사실상 구직 단념 65.8

적극적 구직활동 안 하는 이유(%)

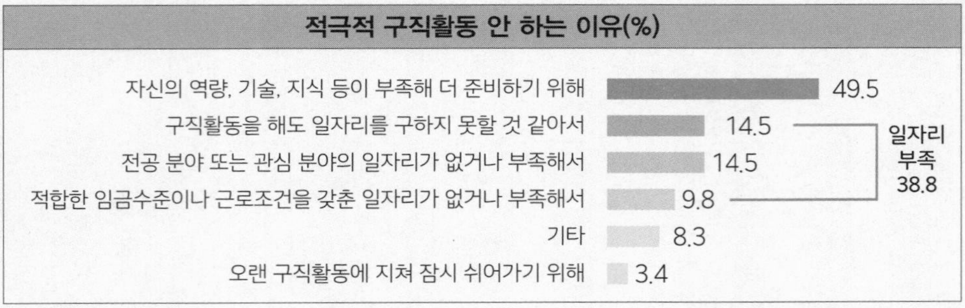

자신의 역량, 기술, 지식 등이 부족해 더 준비하기 위해	49.5
구직활동을 해도 일자리를 구하지 못할 것 같아서	14.5
전공 분야 또는 관심 분야의 일자리가 없거나 부족해서	14.5
적합한 임금수준이나 근로조건을 갖춘 일자리가 없거나 부족해서	9.8
기타	8.3
오랜 구직활동에 지쳐 잠시 쉬어가기 위해	3.4

일자리 부족 38.8

출처: 전경련 보도자료(2021. 10. 13.)

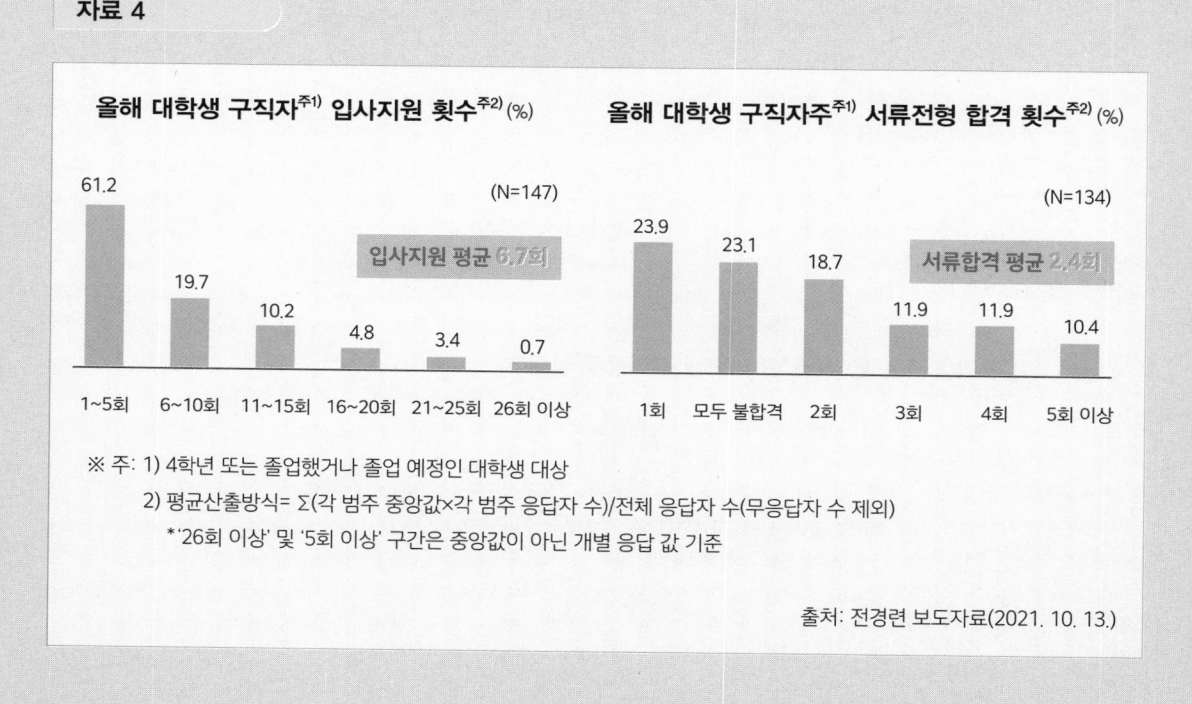

예상 취업준비기간 (%, 지난 취업준비기간 포함)

6개월 미만
33.7%

6개월 이상
66.3%

6개월 이상 1년 미만 **29.9**
1년 이상 2년 미만 **23.7**
2년 이상 **12.7**

1년 이상 36.4

취업준비 과정 어려움 (%, 복수응답)

경력직 선호 등에 따른 신입채용 기회 감소 **28.2**
원하는 근로조건에 맞는 좋은 일자리 부족 **26.0**
체험형 인턴 등 실무경험 기회 확보 어려움 **19.9**
물가 급등에 따른 취업 준비 비용 부담 증가 **13.9**
수시채용 확산 등으로 취업준비 계획의 어려움 **10.2**
기타 **1.8**

출처: 전경련 보도자료(2021. 10. 13.)

자료 4

올해 대학생 구직자^{주1)} 입사지원 횟수^{주2)} (%)

61.2

(N=147)

입사지원 평균 6.7회

19.7
10.2
4.8
3.4
0.7

1~5회 6~10회 11~15회 16~20회 21~25회 26회 이상

올해 대학생 구직자^{주1)} 서류전형 합격 횟수^{주2)} (%)

(N=134)

23.9
23.1
18.7

서류합격 평균 2.4회

11.9 11.9 10.4

1회 모두 불합격 2회 3회 4회 5회 이상

※ 주: 1) 4학년 또는 졸업했거나 졸업 예정인 대학생 대상
　　　 2) 평균산출방식= Σ(각 범주 중앙값×각 범주 응답자 수)/전체 응답자 수(무응답자 수 제외)
　　　 *'26회 이상' 및 '5회 이상' 구간은 중앙값이 아닌 개별 응답 값 기준

출처: 전경련 보도자료(2021. 10. 13.)

취업자 수 증가 전망

단위: 만 명. 월별 증감(전년 동월 대비 평균

*1~9월 기준

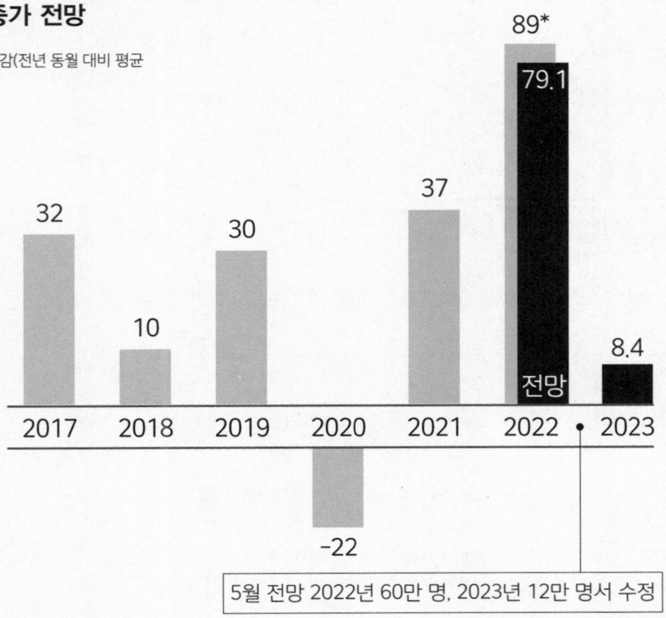

2017	2018	2019	2020	2021	2022	2023
32	10	30	−22	37	89* 79.1 전망	8.4

5월 전망 2022년 60만 명, 2023년 12만 명서 수정

출처: 경향신문(2022. 11. 3.)

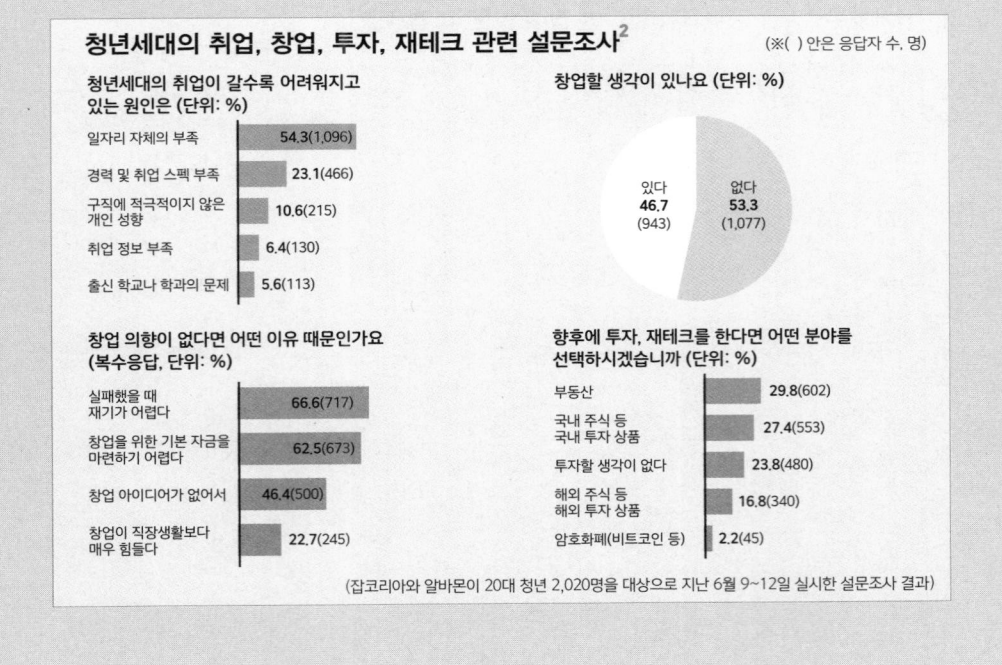

청년세대의 취업, 창업, 투자, 재테크 관련 설문조사[2]

(※( ) 안은 응답자 수. 명)

청년세대의 취업이 갈수록 어려워지고 있는 원인은 (단위: %)

- 일자리 자체의 부족 **54.3(1,096)**
- 경력 및 취업 스펙 부족 **23.1(466)**
- 구직에 적극적이지 않은 개인 성향 **10.6(215)**
- 취업 정보 부족 **6.4(130)**
- 출신 학교나 학과의 문제 **5.6(113)**

창업할 생각이 있나요 (단위: %)

- 있다 **46.7** (943)
- 없다 **53.3** (1,077)

창업 의향이 없다면 어떤 이유 때문인가요 (복수응답, 단위: %)

- 실패했을 때 재기가 어렵다 **66.6(717)**
- 창업을 위한 기본 자금을 마련하기 어렵다 **62.5(673)**
- 창업 아이디어가 없어서 **46.4(500)**
- 창업이 직장생활보다 매우 힘들다 **22.7(245)**

향후에 투자, 재테크를 한다면 어떤 분야를 선택하시겠습니까 (단위: %)

- 부동산 **29.8(602)**
- 국내 주식 등 국내 투자 상품 **27.4(553)**
- 투자할 생각이 없다 **23.8(480)**
- 해외 주식 등 해외 투자 상품 **16.8(340)**
- 암호화폐(비트코인 등) **2.2(45)**

(잡코리아와 알바몬이 20대 청년 2,020명을 대상으로 지난 6월 9~12일 실시한 설문조사 결과)

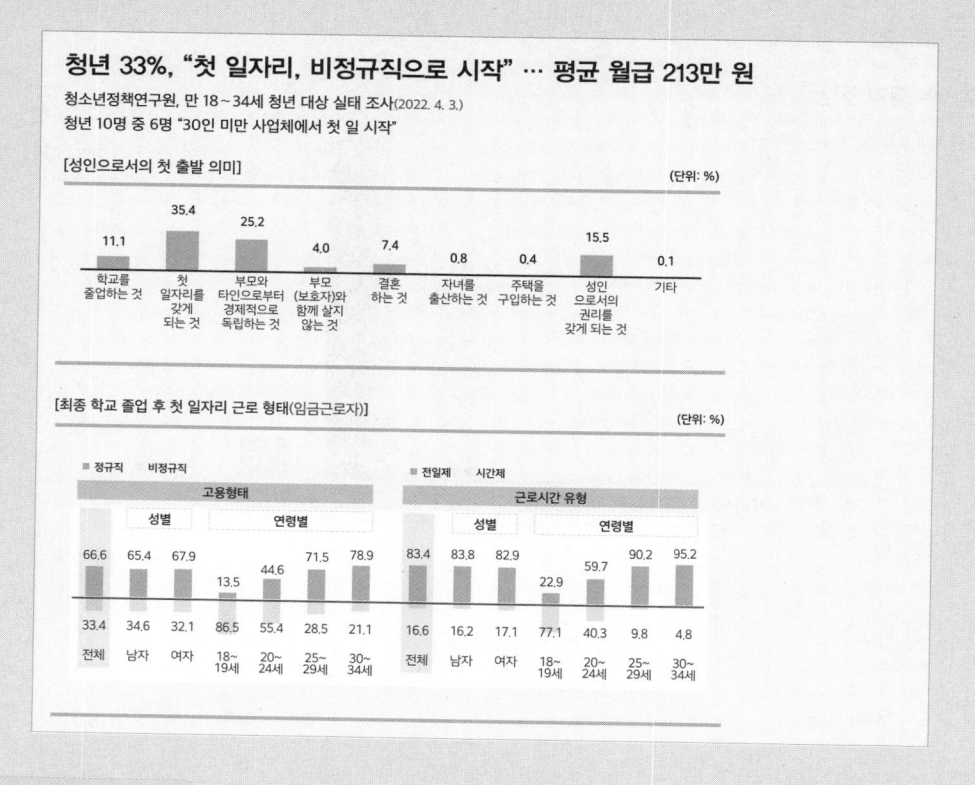

청년 33%, "첫 일자리, 비정규직으로 시작" … 평균 월급 213만 원

청소년정책연구원, 만 18~34세 청년 대상 실태 조사(2022. 4. 3.)
청년 10명 중 6명 "30인 미만 사업체에서 첫 일 시작"

[성인으로서의 첫 출발 의미] (단위: %)

11.1 / 35.4 / 25.2 / 4.0 / 7.4 / 0.8 / 0.4 / 15.5 / 0.1

학교를 졸업하는 것 / 첫 일자리를 갖게 되는 것 / 부모와 타인으로부터 경제적으로 독립하는 것 / 부모(보호자)와 함께 살지 않는 것 / 결혼하는 것 / 자녀를 출산하는 것 / 주택을 구입하는 것 / 성인으로서의 권리를 갖게 되는 것 / 기타

[최종 학교 졸업 후 첫 일자리 근로 형태(임금근로자)] (단위: %)

■ 정규직 비정규직 / ■ 전일제 시간제

고용형태 / 근로시간 유형
성별 / 연령별 / 성별 / 연령별

66.6 / 65.4 / 67.9 / 13.5 / 44.6 / 71.5 / 78.9 / 83.4 / 83.8 / 82.9 / 22.9 / 59.7 / 90.2 / 95.2

33.4 / 34.6 / 32.1 / 86.5 / 55.4 / 28.5 / 21.1 / 16.6 / 16.2 / 17.1 / 77.1 / 40.3 / 9.8 / 4.8

전체 / 남자 / 여자 / 18~19세 / 20~24세 / 25~29세 / 30~34세 / 전체 / 남자 / 여자 / 18~19세 / 20~24세 / 25~29세 / 30~34세

2022년 국가공무원 7급 공채시험 분야별 접수 인원 및 경쟁률

구분	선발예정인원	접수 인원	경쟁률
합계	785	33,527	42.7:1
행정직	579	27,693	47.8:1
기술직	206	5,834	28.3:1

출처: 인사혁신처

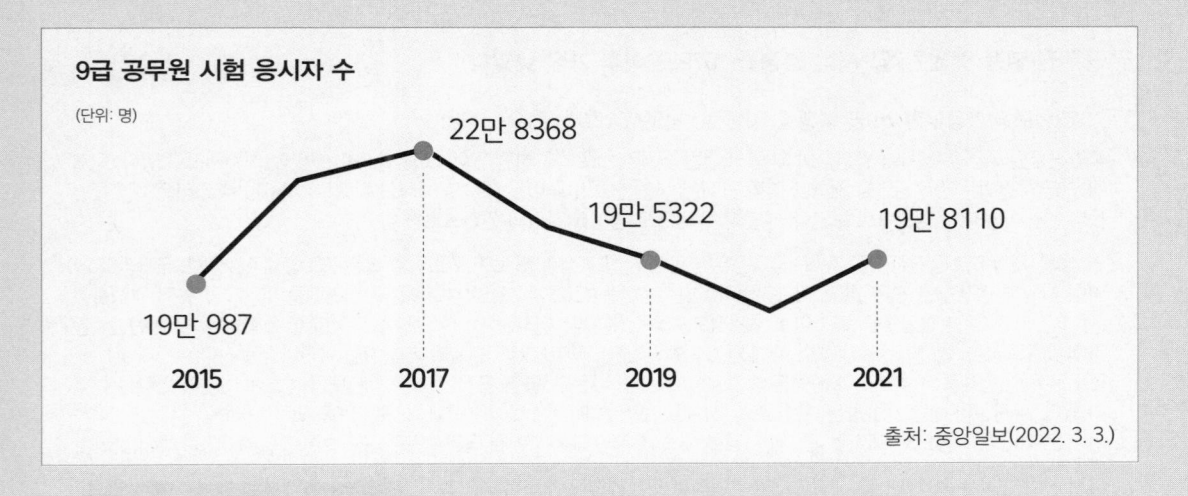

9급 공무원 시험 응시자 수

(단위: 명)

22만 8368

19만 5322

19만 8110

19만 987

2015   2017   2019   2021

출처: 중앙일보(2022. 3. 3.)

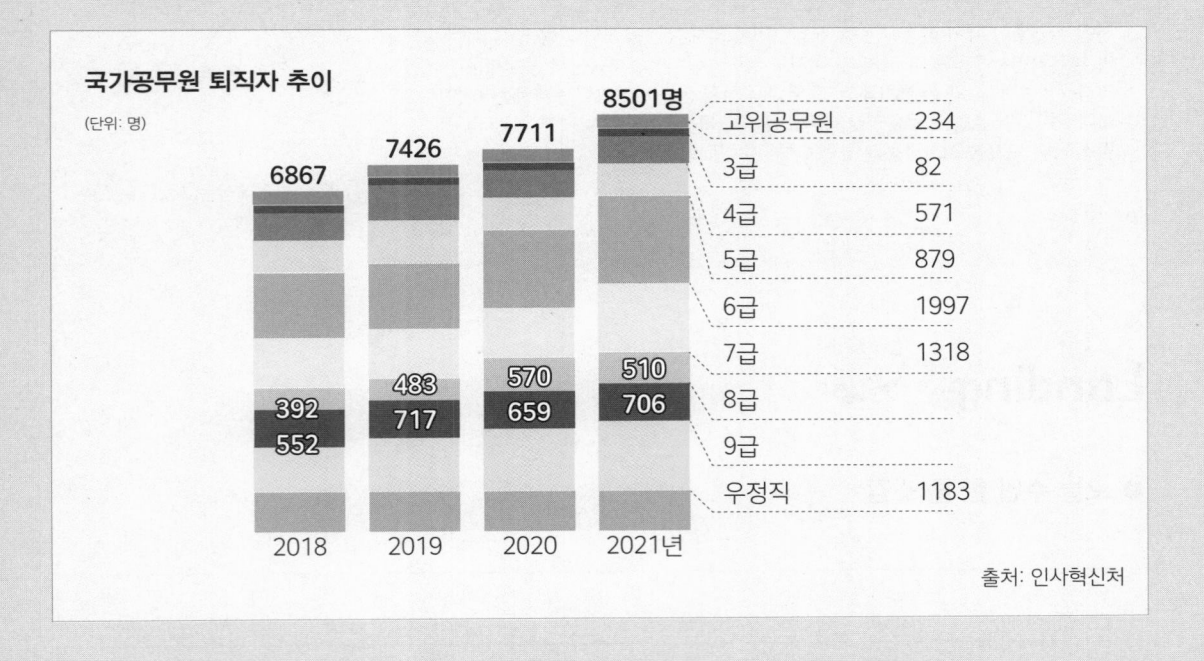

국가공무원 퇴직자 추이

(단위: 명)

8501명

6867   7426   7711

고위공무원	234
3급	82
4급	571
5급	879
6급	1997
7급	1318
8급	
9급	
우정직	1183

392   483   570   510
552   717   659   706
      659   706

2018   2019   2020   2021년

출처: 인사혁신처

자료 11

공무원 열풍 옛말? 7급 시험 경쟁률 1979년 이후 가장 낮았다

2022년도 국가공무원 7·9급 경쟁률, 지난 30~43년간 최저

국가공무원 7급 공채 시험 경쟁률이 최근 10년간 추세적으로 하락하던 끝에 올해에는 43년 만에 최저치를 보였다. 퇴직 뒤 연금을 줄이는 공무원연금 개혁에 따라 공직에 대한 선호가 줄어든 데다 상대적으로 정보기술(IT) 쪽 스타트업에 청년들의 관심이 늘어난 영향으로 보인다. 청년 인구 감소도 경쟁률 하락의 원인으로 꼽힌다.

인사혁신처가 8일 공개한 '2022년도 국가공무원 공채 시험 경쟁률'을 보면, 785명을 뽑는 7급 공채 시험에 모두 3만3527명이 지원해 경쟁률은 평균 42.7 대 1이었다. 이는 1979년(23.5 대 1) 이후 가장 낮은 경쟁률이다. 7급 공채 경쟁률은 2011년에 122.7의 경쟁률을 보인 이후 추세적으로 하락해 왔다. 9급 공채 시험 경쟁률도 비슷한 흐름이다. 올해 경쟁률은 29.2 대 1로 1992년(19.3 대 1) 이후 30년 만에 가장 낮았다. 2016년(53.8 대 1) 이후 하향 곡선이 뚜렷하다.

공무원 시험 경쟁률의 추세적인 하락을 놓고 여러 해석이 나온다. 일단 공직에 대한 청년들의 선호에 변화가 있다는 분석이 있다. 통계청이 매년 진행하는 '사회 조사' 자료를 보면, '청년이 선호하는 직장'으로 2009~2019년 줄곧 1위였던 '국가기관'은 지난해 처음으로 '대기업'에 1위 자리를 내줬다. 지난해 조사에서 국가기관은 공기업에도 밀려 3위로 주저앉았다.

이런 선호 변화는 2017년 '더 내고 덜 받는' 형태로 공무원연금 개혁이 이뤄진 데다 최근 2~3년 동안 정보기술(IT) 분야 대기업의 임금 수준이 급등하고 창업 열풍이 거세게 부는 등 고용 시장 변화가 복합적으로 작용한 것으로 풀이된다. 다만 1980년대 중반 이후 본격화된 출생률 하락에 따라 청년(20·30) 인구 자체가 줄어든 것도 공직 경쟁률 하락에 영향을 줬을 가능성이 있어 청년들 사이의 '공직 열풍'이 식었다고 단정하기는 어렵다.

청년 실업률이 다시 상승하는 등 취업난이 심각해지면 공직의 고용 안정 매력이 부각되면서 경쟁률이 다시 뛸 여지도 있다. 온준환 인사혁신처 공개채용 1과장은 <한겨레>와 한 통화에서 "공무원 공채 경쟁률이 낮아지는 추세는 확실하다"며 "그 배경엔 공무원연금 혜택이 줄고 공직 선호도가 낮아진 점과 인구 감소 등이 복합적으로 작용한 것으로 보인다"고 말했다.

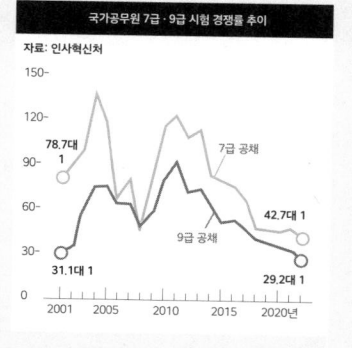

국가공무원 7급·9급 시험 경쟁률 추이
자료: 인사혁신처

출처: 한겨레신문(2022. 6. 8.)

Landing

● 오늘 수업 한 줄 소감

제15장 ●
채용의 현장

Take-off

● 구호	"내 인생은 내가 설계하고 내가 주도한다!"	
● 탑승 확인	Q. 지금 1시간 내로 동원할 수 있는 현금은 얼마인가?	
	A.	
● 좋아 박수	"나는 내가 정말 좋아!"	
● 칭찬 샤워(조별로)		
● 나의 One Change 점검 (조별로)	목표	
	진행 상황 (10점 척도)	

Flying

1. 기업은 창업력을 갖춘 인재를 찾고 있다

1) 창업이란?

창업은 내가 만든(Start) 뗏목을 타고 바다로 나아가 나의 꿈을 이루어나가는(Up) 일이다. 그래서 스타트업(Start Up)이라 한다. 반면, 취업이란 누군가가 만든(Start) 큰 배에 올라타서 누군가의 꿈을 함께 이루어나가는(Up) 것이다. 앞서 우리가 살펴본 취업하고 싶은 기업들도 한 때는 스타트업으로 시작했다.

2) 이제 창업은 선택이 아니라 필수가 되고 있다. 왜 그럴까?

(1) 취업 기회가 줄어들고 있다.

(2) 취업을 해도 평생 직장이 될 수 없다.

(3) 인간의 수명이 점점 길어져 정년 퇴직 후 뭔가를 하지 않으면 안 되게 되었다.

(4) 직업의 수명도 짧아지고 있다. 과학기술의 발달 등으로 직업이 계속 생성하고 소멸한다.

(5) 안정된 대기업이나 공기업도 지속적인 내부 혁신과 창업을 해야 살아남을 수 있다. 창업 능력자를 선호할 수밖에 없다.

> 김용학 전 연세대 총장은 이렇게 말한다. "앞으로 취업률을 높인다는 말은 웃기는 이야기다.
> 줄 서봤자 대기업 유람선은 안 온다. 네가 창업 뗏목 만들어 세계로 나가라."

3) 그럼, 무엇을 준비해야 하나?

(1) 기업가 정신을 체득해야 한다.
즉, 새로운 가치를 창출하려는 동기, 도전정신 같은 것들을 익혀야 한다. 특히 전공을 초월하여 다른 전공과 융합하고 복합하여 문제를 해결하고 새로운 가치를 창출할 수 있어야 한다.

(2) 창업 프로세스를 이해해야 한다.
창업의 성공률은 매우 낮다. 하나의 업(業)을 성공시키기 위해서는 수많은 아이디어와 준비, 정보가 필요하다. 문제와 필요 발견하기, 창의적인 해결방안 찾기, 아이디어 현실화하기 등 다양한 프로세스와 방법을 체계적으로 훈련받아야 시행착오를 줄일 수 있다

(3) 지적재산권을 이해해야 한다.

지적재산권(intellectual property)이란, "인간의 지적 창작물 중 보호할 가치가 있는 것에 대하여 법이 부여하는 권리"다. 지적재산권에는 산업 재산권과 저작권, 신지식재산권이 있다. 산업재산권은 특허, 실용신안, 상표, 디자인을 말한다. 저작권에는 저작인격권, 저작재산권이 있다. 신지식재산권에는 영업비밀, 부정경쟁방지, 반도체집적회로 등이 있다.

정보사회에서 토지, 건물, 설비 등 유형자산의 비중은 20%, 무형자산(지적재산권, 연구역량 등)의 비중은 80%로 바뀌어 가고 있다(미국 S&P 500 기업들의 시장 가치). 삼성과 애플 특허분쟁에서 보듯이 지재권이 경쟁의 강력한 무기로 작용한다. 정보사회에서 창업이란 지적재산을 만드는 일이다. 지적재산권을 확실히 알아둬야 내 지적 재산권도 보호하고, 남들과의 분쟁을 예방할 수 있다.

2. 달라지고 있는 채용 현장

1) 채용 현장이 달라지고 있다.

(1) 평생 직업에서 평생 취업으로 바뀌고 있다. 한 가지만 잘하는 전공 바보는 실업자가 되기 쉽다.

(2) 1인 1업(業)에서 1인 다업(多業)으로 여러 직종에서 일하게 된다.

(3) 안정적인 정규직은 줄어들고, 도전적인 전문직이 늘어난다. 한시적 프로젝트별로 비정규직을 채용한다.

(4) 채용 후 교육이 필요한 신입사원보다는 채용 즉시 현장 투입이 가능한 경력사원을 선호한다.

(5) 채용 규모가 줄어든다. 기존 인력의 정체, 인공지능 대체 직종의 증가, 경제 정장율의 낮아짐 때문이다. (예: 은행)

(6) 정기 채용보다는 필요시 사업부 별로 수시채용을 한다.

(7) 입사 연령이 높아지고 있다. 1998년 이후 20년 간 5.8세 많아졌다. 취업난, 스펙 쌓는 기간, 중고 신입, 높아진 눈높이, 휴학 등이 주원인이다. 기업은 사회 경험이 많은 고연령을 선호한다.

(8) 자동화, 업종별 전망의 변화, 경기침체로 채용 인원수가 급감하고 있다.

2) 현대·기아차 대규모 정기 공채 폐지[1]

(1) 현대·기아차가 연 2회 실시하던 대졸 정기 공채를 폐지하기로 결정했다.

대신 해당 직무별 적합 인물을 뽑기 위한 상시채용 방식을 도입할 예정이다. 재계 10대 그룹 가운데 공채를 폐지한 것은 현대·기아차가 처음이다. 그룹 전체 공채, 계열사별 공채, 일부 경력직 상시 공채 도입 등 기존의 공채 방식의 일부 수정은 있었지만 대졸 공채의 전면 폐지는 60년 넘게 이어져 온 한국식 대졸자 채용 방식의 일대 전환점일 될 것으로 보인다.

(2) 현대·기아차의 결정, 왜?

회사 측은 수시채용 방식으로의 변화에 대해 "기존의 정기 공채로는 시시각각 변화하는 시대 변화, 미래 산업 환경에 적합하게 대응할 수 없다는 판단이 있었다."라고 설명한다. 1년에 2번 신입사원을 뽑아 계열사별 집합 교육을 시행하고, 본부별 교육, 부서별 교육을 마친 뒤 실제 회사 차원에서 적합한 사원이 되기 위해서는 수개월이 소요되는 게 일반적이다. 현장에서는 농담으로 "신입사원이 복사 하나 해 오는 데만 몇 개월"이라는 말도 나온다. 이런 대졸자 정기 공채가 이제는 득보다 실이 많다는 게 현대·기아차의 분석이다. 자동차 산업이 기존처럼 잘 굴러가는 차만 잘 만들면 되는 게 아니라, IT 기술을 접목한 자율주행차 등 4차 산업혁명에 빠르게 대응하길 요구하기에 수개월의 신입사원 교육 기간이 오히려 해가 된다고 한다.

(3) 공채 시스템이 필요했던 시대

기존의 정기 공채는 분명 현장의 필요로 지금까지도 이어져 왔다. 그룹, 계열사 차원에서 사회생활을 처음 시작하는 대졸자를 뽑아 회사의 '사람'으로 키워내는 방식은 구성원들의 소속감, 협업, 애사심을 높이는 데 초점을 맞췄다. 구성원이 곧 회사이며, 회사가 곧 구성원이라는 인식이 있다. '직원이 회사의 주인이다'는 구호는 과거 비약적인 산업화 시기에는 회사의 성장과 그룹의 외형적 발전을 이끌었다. 수백, 수천 명의 신입사원은 '인정'받는 대기업에서 '인재'로 성장해 '임원'이 되고, '은퇴' 후에는 계열사 사장까지 지내는 '이상적' 직장인의 삶을 꿈꿨다. 이런 시스템 속에서 정기 공채 방식은 그 채용 시기가 명확히 정해져 있어 채용에 들어가는 시간과 비용도 효율적으로 활용할 수 있었다.

---

1 kbs, 2019. 2. 15.

(4) 공채 시스템의 탄생 배경

우리나라의 공채 시스템은 과거 우리가 경제적으로 따라가려 했던 일본에서 비롯된다. 일본은 이미 1920년대 대졸 정기 공채 시스템을 도입했다. 서구식 기업이 생겨났지만 사원을 어떻게 뽑아 교육해야 할지 혼란이 있었던 시기, 사회적 합의를 통해 각 기업이 대졸자들을 정기 공개채용 방식으로 뽑기로 결정했다. 우리 대기업은 이 같은 일본의 영향으로 한국전쟁 이후 급속한 외적 성장과 함께 정기 공채를 시행한다. 그 시작은 삼성그룹으로 1957년 최초의 그룹 공채 당시 1천여 명이 지원했고, 총 27명이 합격해 삼성물산, 제일모직, 제일제당에서 직장생활을 시작했다. 이후 다른 그룹들도 대졸 정기 공채 방식을 도입했으며 '공채 출신'이어야만 회사의 '적자(嫡子)'로 대접받는 회사 내 분위기까지 나타났다.

수십 년간 이어져 온 공채 방식은 그간 적지 않은 변화 또한 있었다. 필기시험 폐지, 그룹별 입사 시험 개발, 서류 전형 폐지, 토론 또는 PR 면접, 블라인드 면접, 인턴 채용 확대 등 사회, 경제적 요구에 기업이 일정 부분 호응하는 방식으로 달라졌다. 그리고 현재 '서류전형 → 직무적성검사 → 1, 2차 면접'으로 이어지는 공채 방식은 기업마다 차이는 있지만 비슷하게 유지된다.

(5) 대졸자 채용, 어떻게 변하나?

앞으로의 대졸자 채용 방식을 예견하기 위해 현대·기아차의 행보에 주목할 만하다. 핵심은 '직무 중심 선발'로 해당 업무에 적합한 사람을 언제든 뽑아 현장에 바로 배치하겠다는 구상이다. 취업 준비생은 업무에 필요한 능력을 갖추는 데 집중하고, 회사는 그 능력 중심으로 사람을 뽑는 데 초점을 맞추겠다고 한다. 취업 희망자들이 힘들게 갖은 자격증을 따고, 영어 점수를 높이고, 그럴싸한 인턴 경력을 채우기보다는 본인이 희망하는 업무와 관련된 역량을 기르는 데 주력하는 방향으로 구직 시스템이 옮겨 가야 한다는 것이다. 즉, 모든 일을 잘하는 '제너럴리스트'가 아닌 기본 이상의 '스페셜리스트'가 4차 산업 시대가 취업 적합 인물로 평가받는 시대가 오고 있다는 해석이다.

(6) 해외 기업에서는 수시채용이 일반적

대기업 정기 공채는 우리 기업들의 오랜 관행으로 자리 잡았지만 해외 기업을 보면 수시 채용이 일반적이다. 심층 면접을 통한 직무 능력 평가, 적재적소 배치, 탄력적 인력 수급이 그 특징이다. 다국적 기업의 채용이 이러한 방식을 취하고 있어 국내 외국계 기업 비슷한 채용 과정을 거친다.

채용을 알리는 자사 광고 없이 홈페이지에 특정 능력의 인력이 필요한 때에만 채용 공고를 올린다. 해당 기업에 관심이 있는 업무 적합 구직자는 홈페이지를 통해 이력서나 자기 소개서 등을 제출한다. 해당 기업으로부터 연락을 받으면 먼저 전화나 화상 면접 등을 통해 1차 면접이 진행되고, 이를 통과하면 수차례 지속적으로 기업의 인사를 만나 업무 적합도, 성장 가능성, 팀워크 능력 등 다방면의 평가를 받는다. 규모가 큰 기업은 이런 채용 과정이 1년 가까이도 이뤄지기도 해 많은 취업 준비생은 작은 회사라도 일단 첫발을 들이고 일을 하면서 이직을 하는 경우가 많다.

이외 링크인(Linkedin)과 같이 개인이 채용 관련 사이트에 업무 관련 능력, 경력 등 본인의 정보를 상세히 올리는 사이트도 기업 채용의 한 축을 맡고 있다. 개인은 업무 중심의 자기의 장점을 알리고, 기업은 이에 기초해 적합한 사람을 찾는 방식이다.

(7) 직무별로 연봉 격차 생길 수도

현대·기아차가 밝혔듯 '직무 중심 선발'이 이뤄질 경우 현재의 공채 시스템과 다른 또 다른 현상이 나타날 가능성도 크다. 바로 직무별 연봉 격차인데, 현재의 공채 시스템은 직무가 달라도 그룹, 계열사 차원의 연봉 형평성을 무시하지 못한다. 하지만 직무별 인력을 따로 선발하게 되면 해당 업무에 따른 연봉이 각각 책정돼 같은 신입사원이라도 받는 연봉에서 차이를 보일 수 있다.

미국 대졸자들을 보면, 일반적으로 과학, 기술, 엔지니어링, 수학 등 소위 STEM(Science, Technology, Engineering and Math) 분야를 전공한 학생들의 취업이 상대적으로 쉬우며 연봉도 높은 경향이 나타난다. 미 인사 컨설팅 회사인 콘페리(Korn Ferry)는 2018년 미국 대졸자 평균 연봉을 분석했는데, 직종별 연봉은 2배 가량이나 차이를 보인다. 우리도 미국과 같은 상시채용, 직무별 채용이 일반화되면 이러한 현상이 나타날 가능성을 배제할 수 없으며, 이는 또 다른 사회적 논란을 불러일으킬지 모른다.

(8) 작은 기업에서라도 직무 경험 쌓은 사람이 취업 유리해져

현대·기아차가 채용 방식을 바꾼다는 소식에 구직자들은 "그럼 경력자만 뽑는 것 아니냐?"고 먼저 질문한다. 전문가들은 장기적으로는 경력자 채용 방식이 주가 되리라 예측하지만, 지금 현시점에 대해서는 각기 다른 대답을 내놓는다. 몇몇 학과를 제외하면 대학을 졸업해도 전문성에 큰 차이가 없는 현 취업 준비생들을 볼 때, 갑작스러운 경력 상시 채용으로의 이동은 어렵다는 반응이 하나이다. 반면, 곧바로 대학을 졸업한 구직자보다 작은 기업에서라도 전문성을 익힌, 수년의 해당 직무 경력이 있는 사람이어야만 대기업 취업이 가능한 시기가 곧 올 것으로 보는 전문가들이 있다.

(9) 다른 대기업도 상시채용 도입할 듯

국내 한 대기업의 상시채용으로의 전환은 앞으로 타 대기업들의 채용 방식에도 영향을 미칠 예정이다. 현대·기아차는 정기 공채 폐지 발표와 함께 채용 규모에 대해선 현 규모를 유지하겠다고 밝혔다. 하지만 1만 명의 신규 채용 중 경력자 선발 수가 늘어나는 건 예정된 수순으로 보인다. 대학을 갓 졸업한 취업 준비생들의 대기업 입사 문이 좁아지리라는 사실은 쉽게 예견 가능하다.

문제는 대기업과 중소기업의 차이, 특히 연봉뿐 아니라 복지 혜택 등 대기업과 중소기업의 격차가 큰 우리나라 기업 구조상 이와 같은 변화는 또 다른 경쟁을 불러일으킬 수 있다는 점이다. 선진국식 사회 안전망이 확고히 갖춰지지 않은 이 땅의 젊은이들이 대학 입학 경쟁 이후의 취업 경쟁, 그리고 여기에 더해 대기업 경력 입사까지 끝없는 '전쟁'만 이어가야 할지 모른다는 우려가 나오는 이유이다.

3. 채용 과정[2, 3]

◎ 기업의 채용은 대략 '서류 전형 → 필기시험 → 면접'의 3단계로 진행된다. 그러나 경우에 따라 각 단계는 세분화되기도 하고, 생략되기도 한다. 여기서는 1단계와 3단계에 대해 살펴보자.

1단계	2단계	3단계
지원서, 이력서, 자기 소개서	필기시험(인적성검사 등)	면접

---

2 유튜브 이의용 TV, '이력서와 자기 소개서' 참조.
3 유튜브 이의용 TV, '면접' 참조.

1) 1단계는 걸러내는 과정

지원서, 이력서, 자기 소개서는 채용자가 지원자를 직접 만나기 전에 알아보고 싶은 것을 서류를 통해 알아보는 과정이다. 그래서 지원서나 이력서는 양식이 통일되어 있다. 채용자가 알고 싶은 것만 적을 수밖에 없다. 출신학교, 성적, 자격증만 살펴보고 1차적으로 추려내겠다는 것이다. 체로 걸러서 자격자만 남기겠다는 것이다. 말하자면 지원자가 많으니 기준 미달인 지원자를 미리 탈락시키는 과정이다. 그러니 1단계에서 선택되려면 평소에 '쓸 거리'를 잘 준비해 놓아야 한다.

2) 자기 소개서: "나는 귀사에 꼭 필요한 사람입니다."

(1) 자기 소개서는 지원자가 보다 적극적으로, 주관적으로 자기 자신을 홍보할 수 있다. 이력서에 다 쓰지 못한 내용을 표현할 수 있는 좋은 기회다. 그러나 이 역시 서류여서 표현에 한계가 있다.

(2) 지원자가 많을 경우에는 심사위원이 서류를 충분히 살펴보기가 어려울 수 있다. 따라서 여러 정보를 나열하지 말고, 그 기업이 내게 알고 싶어 하는 점을 집중적으로 어필하는 것이 좋다. 가급적 읽기 편하게 작성하는 게 좋다(correct, easy, simple). 채용자 입장에서 나를 소개해야 한다. "나는 이런 사람입니다."가 아니라 "나는 귀사에 꼭 필요한 사람입니다."라고 소개해야 심사위원의 머리에 남는다.

(3) 자기 소개서를 잘 쓰려면 '나'에 대해 잘 알아야 한다. 그리고 취업(채용)하려는 회사에 대해 잘 알아야 한다. 평소 자기 소개서 매뉴얼을 작성해놓는 게 좋다.

3) 면접: "나는 함께 일할 만한 사람입니다."

(1) 면접은 말 그대로 채용자가 지원자를 직접 만나서 채용 여부를 결정하는 과정이다. 면접에서는 서류가 아닌 사람을 직접 본다. 자기 소개서의 내용도 확인해 보고, 여러 질문을 통해 서류로는 확인하기 어려운 태도 가치관 등을 알아본다. 서류 전형과정이 'The best one'을 찾기 위해 탈락자를 골라내는 과정이라면, 면접 과정은 함께 일할 'The right one'을 찾는 과정이다. 다시 말해, 가장 우수한 사람이 아니라 함께 일하기에 적합한 사람을 찾는 과정이다. 그러니까 어떤 질문에도 "나는 함께 일할 만한 사람"임을 강조해야 한다.

(2) 면접에서는 실제 직장생활에서 중시되는 첫 인상, 태도, 소통, 문제해결력 등 직업기초 능력이 중요하다. 평소 좋은 생활 태도를 습관화하는 게 중요하다. 또 사회생활에서 당면하게 되는 다양한 이슈나 상황에 대해 평소 합리적으로 사고하는 것이 중요하다.

(3) 면접에서는 말을 막힘 없이 잘한다고 해서 점수를 주지 않는다. 면접관들에게는 몇 마디의 질문만으로도 지원자의 보이지 않는 부분까지 읽어내는 기술이 있다. 면접관 앞에서는 진실해야 한다. 그렇지 못할 경우 떨게 된다. 떨면 지고 설레면 이긴다. 명심하라. 면접은 '이 사람이 함께 일할 만한 사람인가?'를 보는 과정이다.

채용담당자가 뽑은 자기 소개서 및 면접용 답안 최악 vs. 최고

Worst(복수응답)

1	"엄격하신 아버지와 자상한 어머니 사이에서 태어나~"	71.1%
2	"~(뽑아/시켜)만 주신다면 무슨 일이든 하겠습니다."	48.0%
3	"귀사가~ 귀사에 항상 관심이 있었습니다." ('귀사' 반복 문장)	35.9%
4	"솔직히 말씀드리면~"	31.7%
5	"나는~ 저는 약속드립니다." ('저는/나는'으로 시작되는 문장 반복)	27.4%
6	"학창시절 결석 한 번 없이 성실하게 생활했으며~"	22.1%
7	"귀사를 통해서 발전하도록 하겠습니다."	14.1%

Best(복수응답)

1	"~(이 회사/직무)에 지원하기 위해 ~준비를 했습니다."	48.5%
2	"책임감을 갖고 있기 때문에"	27.1%
3	"~했지만 ~을 통해 극복했습니다."	23.9%
4	"항상 웃음을 잃지 않고 긍정적으로"	22.1%
5	"~년 후 ~분야에서 전문가가 되고 싶습니다."	20.1%
6	"친구가 많고 대인관계가 좋은 편입니다."	18.8%
7	"~한 경험을 통해 ~을 키웠습니다."	17.8%

자료: 취업포털 커리어(www.career.co.kr)

제16장 ●

자기 소개서

Take-off

● 구호	"내 인생은 내가 설계하고 내가 주도한다!"
● 탑승 확인	Q. 내 가슴을 두근거리게 하는 단어 하나는? A.
● 좋아 박수	"나는 내가 정말 좋아!"
● 칭찬 샤워(조별로)	

● 나의 One Change 점검 (조별로)			
	목표		
	진행 상황 (10점 척도)		

Flying

1. 자기 소개서는 이렇게···[1]

1) 자기 소개서 작성 요령

(1) 이력서가 채용 기업이 원하는 틀에 맞춘 간략한 자기 정보라면, 자기 소개서는 좀 더 구체적으로 자기를 홍보하는 글이다. 이를 통해 지원자는 '나'라는 상품이 그 기업에 '쓸모 있는' 상품임을 효과적으로 각인시켜야 한다. 마치 광고 카피처럼 상대방의 기억에 남을 수 있게 작성해야 한다. 인터넷에 떠돌아 다니는 진부한 글을 모방해서는 안 된다.

(2) 가끔 공식, 비공식적인 자리에서 "언제나 다른 사람에게 편안함과 신뢰감을 주는 친절한 남자, 김○○입니다." "한국 최고의 영상 디자이너를 꿈꾸는 이○○입니다."라는 식으로 자기를 소개하는 사람을 볼 수 있다. 이처럼 자기를 소개하기란 결코 쉽지 않은 일이다. 그러나 이러한 '선언'을 계속함으로써 자신도 모르게 그런 사람으로 변해 갈 수 있다. 사회생활을 성공적으로 하려면, 상대방이 자기를 기억할 수 있게 30초 동안 자기를 소개할 수 있어야 한다.

(3) 기업이 지원자의 자기 소개서를 원하는 건 지원자의 인성, 능력 등을 더 구체적으로 파악하기 위해서다. 기업은 지원자의 성격이나 가치관, 지원 동기와 입사 의지를 알아보기 위해 자기 소개서를 요구한다. 기업은 자기 소개서를 통해 지원자의 의사전달능력과 사고능력도 파악할 수 있다.

(4) 자기 소개서의 양식은 기업에 따라 다르지만, 대개 다음과 같다.
    ① 지원동기 및 희망업무, 입사 후 포부
    ② 성장배경 및 가족관계
    ③ 학력(전공) 및 경력사항
    ④ 본인의 장단점
    ⑤ 성격 및 생활신조

---

1 유튜브 이의용TV, '이력서와 자기 소개서' 참조.

2) 자기 소개서 작성 10계명[2]

1. 기업의 속성에 맞춰 자신을 포장하라

자기 소개서를 작성하는 것은 일종의 세일즈다. '나'라는 상품을 제대로 판매하기 위해서는 지원하려는 기업의 구체적인 환경을 파악한 뒤 기업의 속성에 맞춰 자신을 포장해야 한다.

2. 자기 이미지를 만들라

한 가지의 주제에 포커스를 맞춰 자기 자신의 독특한 이미지를 부각시키는 것이 유리하다. 다른 사람과 차별화시킬 만한 시각으로 글을 풀어 나가는 것도 자신만의 이미지를 창조할 수 있다. 예를 들어, 1인칭보다는 3인칭으로 서술한다면 객관적으로 판단할 수 있어 뇌리에 남을 수 있다.

3. 헤드라인을 달라

헤드라인만 봐도 기사 전체 내용을 파악할 수 있다. 신문 기사처럼 자신의 능력과 경력, 자질 등을 인사담당자가 한눈에 파악할 수 있도록 간략한 문장이나 재치 있는 단어를 사용, 자기 소개서 중간 중간에 헤드라인을 다는 것이 효과적이다.

4. 자신이 적임자임을 강조하라

기업은 입사 즉시 업무에 투입시킬 수 있는 인재를 수시로 뽑고 있다. 따라서 인사담당자의 눈에 띄려면 기업에서 채용하려고 하는 해당 업무에 자신이 최적의 사람임을 강조해야 한다.

5. 구체적인 경험을 바탕으로 작성하라

인사담당자가 자기 소개서를 읽고 '이 사람은 이러이러한 사람이구나'라는 느낌을 효과적으로 전달하기 위해서는 자신의 경험을 바탕으로 구체적으로 자신을 묘사해야 한다. 자신을 부각시킬 수 있는 에피소드, 자신의 인생에 있어서 변환점을 가져다 준 계기 등을 구체적으로 작성해야 한다.

---

2 리쿠르트(www.recruit.co.kr)

6. 참신한 문구로 시작하라

첫 문장은 첫 인상과 같은 효과를 발휘한다. 따라서 인사담당자가 끝까지 읽어보고 싶다는 생각이 들 정도로 흥미를 유발시킬 수 있는 멘트나 문구로 첫 문장을 시작해야 한다. 자신의 능력과 특성을 대변할 수 있는 광고성 멘트로 첫 문장을 시작한다면 인사담당자의 시선을 모을 수 있다.

7. 입사 지원동기를 구체적으로 밝히라

자신의 철학, 비전 등을 회사의 경영철학, 인재상, 비전 등과 구체적으로 비교해 입사 지원동기를 밝히는 것이 좋다. 동기가 확실치 않으면 성취 의욕도 적을 수밖에 없기 때문이다. 자신이 장차 추구하고 싶은 것이 무엇인지 등에 대한 자기 연구가 필요하다.

8. 자신의 장점을 최대한 부각시키라

인사담당자는 단점을 많이 가진 사람보다는 장점이 많은 사람을 당연히 선호한다. 자신의 단점은 솔직하되 간단하게 표현한다. 특히 자신의 장단점에 대한 질문은 면접 시에도 자주 나오는 질문이므로 평소 철저히 준비해 두어야 한다.

9. 경력을 강조하라

경력이 없는 신입의 경우 지원한 분야와 관련된 수상 경력 및 자격증에 대해 기술한다면 가산점을 받을 수 있다. 특히 지원한 업무와 관련된 분야의 자격증 등은 적극 강조해야 한다.

10. 자신의 포부와 비전을 제시하라

기업이 자기 소개서를 통해 파악하고 싶어 하는 것 중의 하나가 지원자의 발전 가능성, 잠재력, 장래성 등이다. 지원하는 기업의 업종, 특성을 고려해 자신의 포부와 비전을 명확히 제시하고 입사 후 자신의 꿈을 이루기 위해 어떠한 자세로 임할 것인지 등을 구체적으로 설명하는 것이 좋다.

맞춤법 틀린 자소서[3]

취업 자기 소개서에 맞춤법 실수나 신조어 사용이 평가에 치명적인 영향을 끼치는 것으로 나타났다. 구인구직 매칭플랫폼 사람인이 인사 담당자 225명을 대상으로 '자기소개서 맞춤법 실수에 대한 평가'를 조사한 결과, 10명 중 9명(87.1%)이 '부정적으로 평가'한다고 답했다. 또 이들 중 37.2%는 '맞춤법이 틀린 것만으로 자기 소개서를 탈락시킨 경험이 있다'고도 밝혀 맞춤법 실수가 서류 당락에 적지 않은 영향을 미치고 있었다.

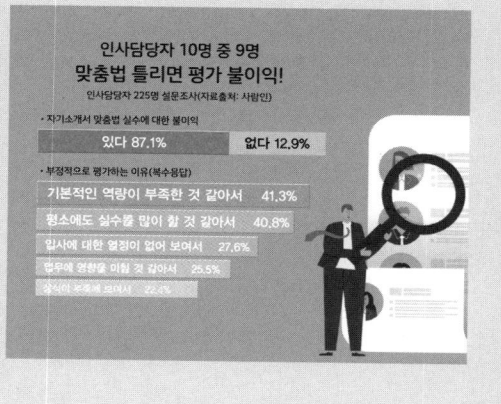

(1) 맞춤법 실수를 부정적으로 평가하는 이유는 다음과 같다.
    ① 기본적인 역량이 부족한 것 같아서 (41.3%, 복수응답)
    ② 평소에도 실수를 많이 할 것 같아서 (40.8%),
    ③ 입사에 대한 열정이 없어 보여서 (27.6%)
    ④ 업무에 영향을 미칠 것 같아서 (25.5%)
    ⑤ 상식이 부족해 보여서'(22.4%)

(2) 맞춤법이 틀린 자기 소개서에 대한 인상은 다음과 같다.
    ① 성의가 없어 보인다 (53.8%, 복수응답)
    ② 부주의해 보인다 (44.9%)
    ③ 신뢰가 가지 않는다 (28.9%)
    ④ 실수를 잘 할 것 같다 (23.1%)
    ⑤ 업무 능력에 의심이 간다 (20.4%)
    ⑥ 입사 의지가 낮아 보인다 (13.3%)

(3) 자기 소개서에 신조어나 줄임말을 사용하는 것에 대해서는 어떻게 평가하고 있을까? 인사담당자들은 신조어나 줄임말을 쓴 자기 소개서에 대해서 다음과 같이 답했다.
    ① 예의가 없어 보인다 (46.9%, 복수응답)
    ② 성의가 없어 보인다 (38.5%)
    ③ 신뢰가 가지 않는다 (29.2%)
    ④ 무슨 말인지 이해가 가지 않는다 (12.5%)
    ⑤ 기발해 보인다'(6.3%)
    ⑥ 트렌디해 보인다 (3.1%)
      (긍정적인 의견은 극소수에 불과했다.)

---

3 파이낸셜뉴스, 2019. 10. 8.

2. 자기 소개서 작성

◎ 앞에서 공부한 자기 소개서 쓰기를 참조하여 내가 취업하고 싶은 기업에 제출할 자기 소개
  서를 써 보자.

자기 소개서 쓰기	
① 지원동기	
② 희망업무, 입사 후 포부	
③ 성장배경 및 가족관계	
④ 학력(전공) 및 경력사항	

⑤ 본인의 장단점		
⑥ 성격 및 생활신조 등		
⑦ 기타		

Landing

● 오늘 수업 한 줄 소감

_____

_____

_____

명품

● 제17장

Take-off

● 구호	"내 인생은 내가 설계하고 내가 주도한다!"		
● 탑승 확인	Q. 취업 면접관에게 묻고 싶은 말은?		
	A.		
● 좋아 박수	"나는 내가 정말 좋아!"		
● 칭찬 샤워(조별로)			
● 나의 One Change 점검 (조별로)	목표		
	진행 상황 (10점 척도)		

1. 면접 준비하기[1]

◎ 면접은 지원자가 그 기업의 조직문화에 적응하며 일할 수 있는 사람인지를 직접 만나서 살펴보는 과정이다. 그래서 면접관은 지원자에게 당황스러운 질문을 하기도 하고, 특정한 상황 속에서 입체적으로 평가하기도 한다.

1) 면접의 종류

(1) 면접에는 한 면접관과 한 지원자, 한 면접관과 여러 지원자, 여러 면접관과 한 지원자, 여러 면접관과 여러 지원자 간에 묻고 답하는 형식이 있다. 또는 지원자 간에 토론을 시킨 후 면접관들이 평가하는 방식도 있다. 모든 지원자에게 동일 질문으로 평가하기(표준면접), 면접관이 지원자에게 시간 제약 없이 자유롭게 질문하기(자유면접), 정해진 항목 외에도 자유롭게 질문하기(혼합면접)도 있다.

또 지원자에게 긴장 상태를 주고 어떤 반응과 행동을 하는지 관찰하기(압박 면접), 술자리 등에서 지원자를 있는 그대로 관찰하기(비정형화 면접)가 있다. 지원자에 대한 아무런 정보 없이 객관적으로 관찰하기(무자료 면접)도 있다.

(2) 심리 테스트를 위한 면접도 있으나 대부분 인성·적성 검사로 대체한다. 기업마다 차이는 있으나 서류전형을 마치면, 면접 전에 인적성 검사를 한다. 인적성 검사는 인성 평가와 언어 평가, 수리 평가, 공간지각력 평가, 상황판단력 평가, 창의력 평가 등으로 구분된다.

인성검사는 짧은 시간에 많은 문항이 주어진다는 특징이 있고, 언어평가는 독해능력과 어휘능력을 중점적으로 점검한다. 이 검사에서 중요한 것은 일관성 있는 답변이다. 이상적인 답을 고르기보다는 솔직하게 답하는 것이 중요하다.

2) 면접 질문

(1) 면접에서는 지원자에 대해 더 알고 싶은 사항, 지원자가 해당 기업에 대해 알고 있는 정도, 지원자의 직무수행능력에 대한 질문이 주어진다.

(2) 면접 시 주어지는 질문은 대개 다음과 같다. ① 자기소개, ② 지원동기, ③ 학창시절, ④ 개인의 인생관 및 가치관 ⑤ 직업관. 이러한 질문들은 자기 소개서 내용과 중복되는 부분이 많다. 따라서 지원자는 자기 소개서의 내용과 일치하게 대답해야 한다. 면접 시

---

1 유튜브 이의용TV, '면접' 참조.

주어지는 단골 질문에 대해서는 평소 정리를 해서 연습을 해 두는 것이 효과적이다. 면접 질문의 유형이나 사례는 취업 관련 포털 사이트나 각 대학의 취업 자료집에 자세히 나와 있다.

(3) 면접 때에는 답변 내용도 중요하지만, 답변하는 방법도 중요하다. 특히 표정과 복장, 음성은 인상을 결정하는 데 결정적인 영향을 끼친다. 이러한 태도는 평소 일상생활 속에서 오랜 시간 익혀 두어야 한다.

3) 면접을 위한 기본 준비[2]

(1) 지원한 회사에 대한 기본 정보

면접전형에서는 최고(best)의 지원자를 선발하는 것이 아니라 최적(right)의 지원자를 선발한다. 따라서 지원자는 자신이 지원한 기업의 기본 정보를 충분히 이해한 후 전형에 임하는 것이 기업 측이나 지원자 측 모두에게 유익하다.

① 회사의 연혁

② 회장 또는 사장 등의 대표 이름, 출신학교, 전공과목

③ 회장 또는 사장 등의 대표가 요구하는 신입사원의 인재상

④ 회사의 사훈, 사시, 경영이념, 창업정신

⑤ 회사의 대표적인 상품, 특색

⑥ 업종별 계열회사, 해외지사, 해외현지법인

⑦ 업종별 시장 점유율

⑧ 신개발품에 대한 기획 여부

⑨ 회사의 잠재적 능력개발에 대한 제언

⑩ 회사의 광고 홍보물에 대한 이해

(2) 면접 전 준비

① 면접 전날 수면을 충분히 취하자.

② 필요한 준비물은 확실하게 챙기자.

③ 집에서 면접장까지의 교통편, 거리, 소요 시간을 알아보자.

④ 만일의 경우에 대비하여 이력서, 자기 소개서 여분을 준비하자.

(3) 면접 시 주의사항

① 지각은 금물: 면접에 지각하는 사람을 고운 시선으로 볼 리가 없다. 사전에 회사의 위치와 면접 장소, 시각을 정확히 파악하고 여유 있게 면접장에 도착하자.

---

2 전미옥, 윤종현, 박하영(2007). **취업면접 마스터하기**. 시스컴출판사

② 대기실 착석: 마음을 가다듬고 예상 질문과 답변을 생각한다. 대기실에 있는 회사 홍보 자료를 보며 회사의 분위기를 파악하자.

③ 입실할 때: 자신을 호명하면 자신 있게 "예!"라고 대답하고 들어간다. 문이 닫혀 있을 때에는 노크를 한 후, 대답을 듣고 나서 들어간다. 문은 조용히 열고 닫고 공손한 자세로 인사를 한 후, 수험번호와 이름을 또렷이 대고 면접관의 지시에 따라 의자에 앉는다.

④ 의자에 앉을 때: 소리 나지 않게 조용히 의자에 앉는다. 의자에 걸터앉지 말고 깊숙이 들여 앉되, 남자는 무릎을 약간 벌리고 여자는 붙인다. 양손은 무릎에 가지런히 얹는 것이 좋다.

⑤ 발랄하고 자신감 있는 태도 유지: 침착하면서도 밝은 표정으로 예의를 지키며 질문에 응한다. 부담스러운 질문을 받더라도 우물거리지 말고 패기 있고 자신감 있게 명확히 행동한다. 자신이 하고 싶은 일을 당당히 말한다.

⑥ 과장과 거짓은 피하라: 질문 사항에 대한 과장이나 거짓 대답은 금물이다. 불필요한 사족을 달거나 수다를 떠는 것도 피해야 한다. 먼저 결론을 말하고 나중에 부수적인 설명을 덧붙이는 것이 좋다. 모르면 모른다고 솔직히 대답한다.

⑦ 암기식 답변은 No: 면접관의 질문은 자기 소개서를 토대로 이뤄진다. 자기 소개서를 암기해서 읽는 건 시간 낭비. 답변은 나를 충분히 알릴 수 있는 좋은 기회다.

⑧ 퇴실할 때: 퇴장 방법도 면접의 대상이다. 면접을 마치면 조용히 일어나 "감사합니다."라고 자신 있게 인사를 한 후 당당한 자세로 문 앞까지 가서 다시 목례를 하고 조용히 문을 닫고 나간다. 면접관은 지원자의 일거수 일투족을 관찰한다.

4) 면접을 위한 Tip!

(1) 면접은 사람과 사람이 직접 만나는 기회이기 때문에, 면접관이 서류 전형에 비해 훨씬 구체적으로 지원자를 관찰할 수 있다. 면접 경험이 많은 면접관은 짧은 시간에도 지원자를 상당히 깊이 파악하는 기술을 갖고 있다. 그래서 어떤 지원자는 면접을 통해 서류전형에서 얻어 놓은 점수를 까먹기도 하고, 어떤 지원자는 서류 전형에서 얻지 못한 점수를 회복하기도 한다. 지원자는 면접관 앞에서 자신을 진실하게, 그러나 당당하게 표현하면 된다. 면접관은 지원자가 완벽한 답을 하는지를 보기보다는 어려운 상황을 어떻게 해결해 나가는지를 보기 때문이다.

(2) 대학에는 면접 잘하는 요령을 가르치는 프로그램들이 많다. 이러한 프로그램을 통해 불안감에서 벗어나 실수하지 않고 자신을 표현하는 방법을 어느 정도 배울 수는 있다. 그러나 자신의 가치를 기대 이상으로 과대 평가받을 수 있는 묘책이란 없다. 평소 명확한 비전과 사명, 그에 기초한 직업관, 직장관을 확립하고, 그것을 성실히 준비한다면 면접에서도 그것이 그대로 드러나게 될 것이다.

(3) 약점이 많을수록, 약점을 감추고 있을수록, 준비가 부족할수록 긴장하고 떨게 된다. 이 워크북을 충실히 작성해 본다면 서류전형이든 면접이든 큰 도움이 될 것이다.

2. 면접에 응하는 방법

(1) MOT(Moment Of Truth), 진실은 첫 만남 10초 이내에 드러난다고 한다. 처음 보여 주는 표정과 외모, 처음 들려주는 목소리에 당신의 모든 것이 드러난다. 밝은 표정과 확신을 주는 목소리로 표현해야 한다. 말의 끝 부분이 흐려지지 않도록 해야 한다. 서류가 아니라 사람을 직접 만나는 이유는 태도를 확인하기 위해서다.

(2) 면접은 대화다. 질문의 핵심에서 벗어나지 말아야 한다. 상대방이 무엇을 알고 싶어 하는지를 빨리 파악하고 그에 맞게 답변을 해야 한다. 왜 그런 질문을 하는지 숨은 의도를 생각하며 들어야 한다. 질문에서 내가 답변할 키워드를 빨리 찾아내야 한다. 동문서답이 되면 안 된다.

(3) 질문에 관한 답이 얼른 생각이 나지 않을 때에는 리핏(Repeat) 화법을 사용하면 좋다. 상대방의 질문 내용을 다시 언급하면서 시간을 버는 방법이다. "예, 대학시절에 제가 생각한 미래의 직업에 대해 물으셨습니다. …"

(4) 어떤 질문에도 답변은 결국 회사가 자신을 선택하는 데 도움이 되는 쪽으로 마무리하는 것이 좋다.

(5) A나 B에서 어느 쪽이냐는 흑백 논리형 질문에는 신중하고도 균형감 있게 절충하며 답하는 것이 좋다.

(6) "휴일에도 출근을 할 수 있나?" "야근을 할 수 있나?"와 같은 질문에 대해서는 특별한 상황에서 어찌할 것인지를 묻는 것인지, 항상 그렇게 할 수 있는 것인지를 묻는 것인지를 구분하고 대답해야 한다. 전자의 경우라면 긍정적으로 대답해야 하지만, 후자의 경우는 실제의 상황일 수 있으므로 신중히 대답해야 한다.

(7) 비굴해질 필요는 없지만, 취업을 향한 간절함은 적극 표현해야 한다. 아니면 말고 식의 답변에는 실패가 돌아온다. 물론 겸손함을 잃어서는 안되겠지만.

(8) 답변에 약간의 실수가 있더라도 당황할 필요는 없다. 아나운서를 뽑는 게 아니니까. 면접관은 실수를 해결하는 방법이나 태도를 본다. 말을 더듬거나, 잠시 중단이 되었다면 바로 잡으면 된다.

(9) 시간에 쫓기지 말고 자신에게 주어진 시간은 최대한 활용해야 한다. 단문단답 식은 자신에게 주어진 시간을 날려버리게 한다. 답변을 너무 일찍 마치면 또 새로운 질문이 들어온다. 나를 알리기에 좋은 질문이라면 붙잡고 늘어져야 한다.

(10) 면접관은 모두 면접자보다 나이가 많다. 심지어 부모 뻘 되는 경우도 있다. 그런데 의사결정은 그분들이 한다. 신세대다운 신선한 답변을 원하는 수도 있지만, 그들의 가치관에 크게 어긋나지 않게 답변을 할 필요도 있다.

(11) 팀플을 해 봤느냐는 질문에는 혼자서 헌신적으로 다 했다고 하기보다는, 모두가 협력해서 잘했다는 점을 강조하는 게 좋다. 여성의 병역 의무 이행 같은 질문에는 창의적이고 합리적인 답변을 찾아야 한다. 예를 들면, 여성은 모병제로 한다든지….

(12) 면접자는 자신이 어떤 장점과 역량이 있고, 회사는 어떤 인재형을 필요로 하는지에 맞춰 면접에 응하면 좋다.

(13) 면접은 말하기 테스트가 아니다. 응시자의 생각과 태도가 자기 회사에 적합한지 알아보는 과정이다. 안 맞으면 헤어지는 것이다. 합격, 불합격을 실력 차이로 받아들여서는 안 된다. "면접에서 떨어졌다."는 말은 틀린 말이다. "면접에서 서로 안 맞았다."가 맞다.

(14) 면접자는 평소에 어떤 질문에 나는 어떻게 답할 것인지 생각을 정리해 놓아야 한다. 면접 때 떨리는 건 남의 생각을 외워서 답하려 하기 때문이다. 또 평소 그 회사에 입사하기 위해 준비해 놓은 무엇인가가 있어야 유리하다.

[읽기 자료] 면접에서의 감점 버릇 1위 '끝말 흐리기'[3]

입사 면접에서 지원자의 무의식적 버릇 중 가장 감점 요인이 되는 것은 '끝말 흐리기'로 나타났다. 취업포털 '사람인'은 기업 인사담당자 417명에게 조사해 보니 응답자의 23.9%가 끝말 흐리기를 감점 요인으로 꼽았다고 4일(2011년) 밝혔다.

다음으로는 △시선 회피(21.6%) △다리 떨기(10.5%) △불필요한 추임새(8.8%) △한숨 쉬기(8.5%) △말더듬기(5.9%)를 주요 감점 요인으로 꼽았다.

기업 인사담당자들이 이런 버릇을 부정적으로 평가하는 이유로는 '주의가 산만해 보여서(45.8%)'를 1위로 꼽았다. 다음으로는 △자신감이 없어 보여서(45.4%) △집중력이 부족해 보여서(39.5%) △면접 준비가 부족해 보여서(25.8%) △신뢰할 수 없을 것 같아서(22.5%) 등을 들었다. 부정적 평가 이유는 복수 응답 결과다.

또 기업 인사담당자들 가운데 74.8%는 무의식적 버릇 때문에 지원자를 탈락시킨 경우가 있다고 대답했다. 지원자의 무의식적 버릇 자체가 감점 요인이 아니라고 대답한 경우는 26.8%에 그쳤다.

-조기원 기자

---

3 한겨레신문, 2011. 4. 4.

3. 온라인 면접은 이렇게…

1) 비대면 문화가 확산되면서 온라인 전형이 늘어나고 있다.

(1) 대학입시 면접, 대학원 면접에 이어 취업 시험과 면접도 비대면 온라인으로 전환되고 있다. 비대면 온라인 면접은 대면 면접에 비해 소통에 많은 한계가 있다. 그러나 시간과 공간의 제약을 벗어날 수 있고, 방역 효과에도 도움이 되는 만큼 앞으로 더 확대될 것으로 보인다.

(2) 온라인 면접은 영상, 방송 경험이 없는 사람에게는 매우 어색하고 힘든 일이다. 온라인 면접은 온라인으로 면접관과 화상 소통을 하는 방식이다. 면접자는 자신의 목소리, 표정, 복장, 자세(모습)을 카메라와 마이크에 담는다. 이때 카메라의 앵글과 거리, 주변 배경과 조명 등이 내 모습을 디자인한다. 이러한 메시지가 온라인으로 면접관에게 실시간으로 전달된다. 면접관도 같은 방식으로 자신의 메시지를 면접자에게 보내준다.

(3) 온라인 면접은 대면 면접과는 달리 소통 단계가 많고, 방식도 달라 자칫 메시지를 왜곡, 축소, 확대할 수 있는 요소가 적지 않다.

나	목소리	카메라, 마이크 ⇒ ⇐ 스피커, 스크린	앵글 (눈높이)	온라인 상태 ⇄	스피커, 스크린 ⇒ ⇐ 카메라, 마이크	면접관
	표정		화면 크기 (거리)			
	복장		배경			
	자세		조명 밝기			

2) 지원자는 다음 몇 가지를 유념하고 온라인 소통에 익숙해지도록 연습을 해 보아야 한다.

(1) 온라인 환경부터 점검하라.

온라인 면접을 준비하기 위해 가장 먼저 준비해야 할 일은 온라인 환경이 정상인지 점검하기다. 기술적인 문제로 면접 기회를 놓칠 수는 없잖은가?

① 온라인 면접에서는 스마트폰보다는 노트북을 사용하는 게 좋다.

② 와이파이 상태가 정상인지 확인하라.

③ 노트북 상태를 점검하라. 전원 상태가 정상인지, 열어 놓은 파일 창은 없는지, 알림 소리 장치는 꺼 놨는지.

④ 송수신 상태가 어떤지 반드시 모의 테스트를 해봐야 한다. 친구의 도움을 얻어 다른 컴퓨터로 온라인 상태가 잘 되는지, 내 모습이 어떻게 비치는지, 소리 등은 적당한지 점검해야 한다. 면접 중 기술적인 문제가 생길 경우 도움을 줄 사람을 확보하는 것도 필요하다.

(2) 카메라와 마이크를 최적의 상태로 세팅하라.

① 카메라의 눈높이

면접관에게 내가 어떻게 보일지를 생각하고 카메라의 눈높이를 맞춰라. 면접관은 내가 그를 내려다보는 것을 좋아할까, 올려다보는 것을 좋아할까? 면접관과 같은 눈높이로 맞추는 것이 좋다. 노트북의 카메라를 높이려면 넓고 두꺼운 책 같은 것으로 안정되게 괴는 것이 좋다.

② 카메라와 나의 거리

카메라와 나의 거리는 화면의 얼굴 크기를 결정한다. 얼굴을 너무 크게 조정해 놓을 경우, 움직일 때 얼굴 일부가 잘려 보일 수 있으므로 적절한 거리를 조정해 놓아야 한다.

③ 깔끔한 배경

화면에 비친 배경은 그 사람의 '배경'을 보여 준다. 단순하고 깔끔하고 정돈된 배경이 좋다. 그래야 면접관이 나에게만 신경을 쓸 수 있다. 정리되지 않은 나의 뒷모습이 비쳐지지 않도록 주의해야 한다. 효과적인 면접을 위해서는 적합한 장소를 확보할 필요가 있다. 간혹 줌(zoom)에서 제공해 주는 배경화면을 이용하는 경우가 있는데 면접에서는 피하는 것이 좋다고 본다. 이 배경은 면접자가 움직일 때마다 화면 일부가 흩어지는 현상이 일어나기도 한다.

④ 밝은 조명

특별한 조명기구가 필요하지는 않다. 그러나 촬영 공간의 밝기가 내 얼굴이 잘 보일 정도는 되어야 한다. 가정의 전등은 대부분 위에서 아래로 비쳐 얼굴이 잘 보이지 않을 수도 있다. 책상 스탠드 등을 보조로 이용하면 어떨까?

(3) 나를 효과적으로 표현(전달)하라

① 목소리: 또박또박 답하라

비대면 온라인 소통에서 가장 믿을 수 있는 것은 음성(말)이다. 대면 소통에 비해 온라인 소통에서는 표정, 몸짓 등의 비언어 수단을 효과적으로 사용하기가 어렵기 때문에 목소리를 통한 음성 소통에 의존해야 한다. 온라인 소통은 불안정한 경우가 적지 않으므로 이를 감안하여 적당한 속도로, 크게, 또박또박 말해야 한다. 마이크의 볼륨은 최대 상태로 맞춰 놓는 게 좋다. 크기는 상대방이 조절할 수 있으니까.

혹시 면접관의 목소리가 잘 들리지 않을 때에는 예의 바르게, 온라인 상태가 좋지 않아 들리지 않는다며 다시 말씀해 달라고 요청하라. 포기해서는 안 된다. 그 사이에 시간을 벌 수도 있다.

② 표정: 밝고 자신있는 표정을 보여라.

온라인 면접에서는 면접관이 내 모습을 어떻게 보고 있는지 알 수가 없다. 아마도 대형 스크린으로 모든 면접관이 내 얼굴을 볼 가능성이 높다. 표정의 미세한 변화 하나 하나가 평가에 영향을 줄 수 있다. 마치 면접관이 바로 내 앞에 있다고 생각하고 밝고 자신감 있게 대하는 것이 좋다.

③ 복장: 단정한 복장을 갖춰라.

복장은 상대방에 대한 예의다. 그래서 대면 면접 때 정장을 입고, 화장도 하고, 머리 손질도 하는 것이다. 온라인 면접에서도 면접관에게 좋은 이미지를 줄 수 있게 최선을 다해야 한다. 간혹 얼굴과 상체만 카메라에 비친다는 생각으로 나머지 복장을 소홀히 하는 경우가 있는데 주의해야 한다. 어떤 상황이 벌어질지 모르기 때문이다.

④ 자세: 자세를 바르게 하라.

비록 카메라에 내 전체의 모습이 비쳐지지는 않지만, 면접관은 일부만 보고도 다른 자세까지 연상해 볼 수 있는 눈을 갖고 있다. 다리를 꼬고 앉거나, 의자를 뒤로 젖혀 앉지 않도록 주의해야 한다. 니은(ㄴ)자 의자가 좋다. 소파나 안락의자는 피하는 게 좋다.

4. 면접 연습하기

1) 진행 방법

(1) 청중은 면접관이 되고, 1명씩 지원자가 되어 앞에 나와 청중의 질문을 받고 답을 한다.

(2) 순서 정하기
    칠판에 써 있는 수험번호(순서)에 이름을 적는다. (선착순)

(3) 평가 용지와 피드백 용지를 받는다.
    ① 다른 사람의 발표를 듣고 평가를 한다.
    ② 아울러 피드백 용지에 발표에 대한 구체적인 조언을 익명으로 적는다. 잘 된 점, 개선
       해야 할 점 등을 적은 후 모아서 개인별로 분류하여 나누어 준다.
    ③ 평가 용지는 담당 교수에게 제출한다. (평가에 반영)
    ④ 스마트폰(카메라)를 동료에게 맡겨, 본인의 발표 장면을 동영상으로 촬영한다.

(4) 진행
    ① 지원자가 인사를 한다. "수험번호 99번 ○○○입니다."
    ② 면접 순서상 다음 사람이 면접관이 되어 예상 문제 중 1~3개를 골라 질문한다. (질문
       카드를 만들어 상자에 넣은 후 면접관이 추첨하여 질문을 할 수도 있다)
    ③ 면접을 마친 후 퇴장을 한다. "면접관님, 고맙습니다. 수험번호 99번 ○○○이었습니
       다." 퇴장하는 매너도 평가에 분명히 영향을 미친다. 얼굴을 찡그리며 도망치듯 면접
       장을 떠나는 표정은 스스로 실패를 인정하는 표현이 될 수도 있다.

2) 평가 체크리스트

(1) 신뢰할 만한 인품, 인성을 갖추고 있는가?
(2) 우리 조직에 필요한 역량을 갖추고 있는가?
(3) 우리 조직에서 다른 사람과 소통하고 협력하며 일할 수 있는가?
(4) 면접에서 자기를 자신 있게, 효과적으로 표현하는가? (어휘, 목소리, 시선과 몸짓, 도구,
    태도 등)

3) 평가표 작성

다음 평가표를 작성한다. 발표자 중 우수자 절반만 골라 O표를 한다. (본인은 제외)

● 모의 면접 발표 평가표(제출용)   평가자:

발표자 이름	가채점(메모)	합격 여부 (O표)	발표자 이름	가채점(메모)	합격 여부 (O표)
1			16		
2			17		
3			18		
4			19		
5			20		
6			21		
7			22		
8			23		
9			24		
10			25		
11			26		
12			27		
13			28		
14			29		
15			30		

4) 예상 문제

모의면접 예상 문제(여럿이 함께 미리 풀어 봅시다)		
대학 시절 어떤 교수님과 어떻게 소통했나요?	요즘 가장 화가 나는 사회적 이슈는 무엇인가요?	자신을 면접관이라 생각하고 자신에게 질문을 하나 하고 답해 보세요.
당신의 이름은 무슨 뜻인가요? 누가 지었나요? 한자로 어떤 뜻인가요?	권력자들의 채용 청탁 비리에 대해 어떻게 생각하나요?	외할아버지나 외할머니의 성함을 아나요?
"이렇게 말해줘서 그때 힘이 났다" 이런 경험이 있다면 소개해 주세요.	앞으로 10년 이내에 없어질 직업 하나, 새로 생겨날 직업 하나를 말해 보세요.	남북이 통일될 경우 긍정적인 점, 부정적인 점 1가지씩만 얘기해 보세요.
최저임금제에 대해 어떻게 생각하세요?	인생에서 가장 중요한 것 세 가지를 말해 보세요.	면접관에게 묻고 싶은 게 있다면 어떤 것인가요?
자기 자랑을 하나 해 보세요.	학생과 직장인의 가장 큰 차이점은 어떤 것이 있을까요?	오늘 개인적으로 굿 뉴스가 있다면 어떤 것인가요?
직업을 통해 추구하려는 게 무엇인가요?	바람직한 직장인 상은 어떤 모습인가요?	최근 신문에서 관심 있게 보거나 인상 깊었던 기사는 무엇인가요?
봉사활동 경험이 있나요? 있다면, 특별히 기억에 남는 것은 무엇인가요?	살아오면서 어떤 일을 열정적으로 성취한 경험이 있습니까?	직장인에게 취미생활이 왜 필요한가요?
가장 감명 깊게 읽은 책, 다른 사람에게 권하고 싶은 책이 있습니까?	남들과는 다른 자신만의 개성은 무엇인가요?	이런 성적으로 우리 회사에 입사할 수 있다고 생각하세요?
직장인의 워라밸에 대해 어떻게 생각하세요?	1분간 자기소개를 해 보세요	어려운 일이 생기면 누구와 상의합니까?
의자의 다리는 왜 4개라고 생각하세요?	인간이 지구상 모든 생물체를 다스리는 가장 큰 힘은 무엇이라고 생각하세요?	어떻게 하면 사과 3개를 맛있게 먹을 수 있을까요?
대인관계에 있어 가장 중요한 것은 무엇이라고 생각합니까?	어떤 때에 스트레스를 느끼며, 어떻게 스트레스를 해소합니까?	자신의 성격은 어떻다고 생각하세요?
당신은 친구들로부터 어떤 평가를 받고 있다고 생각합니까?	당신을 '색'으로 비유한다면 무슨 색입니까? 왜 그렇게 생각하나요?	주위 사람들은 당신을 어떠한 사람이라고 하나요?

최근 화가 났던 일은 어떤 일입니까?	이것만큼은 남에게 질 수 없다고 생각하는 것은 무엇입니까?	일상생활에서 일어나는 어려운 문제는 어떻게 해결하나요?
직장 선택의 첫째 기준은 무엇입니까?	왜 우리 조직(회사)에 취업하려고 합니까?	10년 후 오늘, 당신은 어디서 무슨 일을 하고 있을까요?
친구를 사귈 때 어떤 점을 중요하게 보세요?	대학생활 중 가장 몰두한 일은 무엇입니까?	전공이나 교양 과목 중 특별히 관심을 갖고 공부한 것은 무엇입니까?
이솝 우화 중 당신이 거북이라고 하죠. 어떻게 하면 토끼를 한번 이길 수 있을까요?	학창시절에 어떤 아르바이트를 해 봤습니까?	운전자 없는 자동차가 실용화되면 어떤 직종이 생겨나고 어떤 직종이 사라질까요?
성인지 감수성의 뜻을 아세요?	어떻게 말하는 것이 말을 잘 하는 것이라고 생각하십니까?	요즘 신세대들의 특성에 대한 견해를 말해 보세요.
4차 혁명시대가 당면한다면, 당신의 전공은 어떤 상황에 처할까요?	1만 원을 가장 가치 있게 사용할 수 있는 방법은 무엇입니까?	1시간을 가장 가치 있게 사용할 수 있는 방법은 무엇입니까?
자신의 소지품 중 1가지를 면접관에게 팔아 보세요.	자금을 모은다면 집을 먼저 살 건가요, 차를 먼저 살 건가요?	주량이 얼마나 되나요?
지난 시간에 과제를 내지 못했습니다. 과제를 받아달라고 교수님을 설득해 보세요. 실제 상황처럼 말해 보세요.	교통사고로 친구가 어머니를 잃었습니다. 친구에게 어떻게 위로의 말을 할 겁니까? 실제 상황처럼 말해 보세요.	기차표를 사기 위해 사람들이 길게 줄을 서 있습니다. 상황이 급해 끼어들기를 해야 합니다. 어떻게 양해를 구할 것인지 실제 상황처럼 말해 보세요.
잘 하는 일과 하고 싶어 하는 일 중 어느 것을 선택할 것입니까? 왜 그렇게 생각하세요?	어머니, 배우자, 자식이 물에 빠졌다면 누구를 먼저 구할 겁니까? 왜?	교실에 뱀이 들어왔다면 어떻게 할 겁니까?
주 52시간 근무제가 실시되고 있습니다. 대학시절 학기 중에 1주일에 몇 시간 정도 공부를 하셨나요?	스마트폰이 학습활동에 미치는 좋은 점, 나쁜 점 한 가지씩 들어보세요.	스마트폰이 출현하면서 사라진 직종이 있다면 어떤 것이 있나요?
청중 앞에서 발표할 때 두려움은 왜 생긴다고 생각하나요?	국민 건강 보호를 위해 담뱃값을 현재 3~4배로 인상하는 것을 어떻게 생각하세요?	인생에서 가장 가슴이 뛰던 순간은 언제였나요?

성폭행범을 화학적으로 거세하는 것에 대해 어떻게 생각하십니까?	글로벌화를 위해 영어를 제2국어로 공용화하는 것을 어떻게 생각하세요?	여성도 국방의 의무를 하도록 하는 주장에 대한 의견은 무엇입니까?
무인도에 한 달 간 들어가 산다면, 가져갈 물건 3가지는 무엇인가요?	우리나라 사람들의 행복도는 여러 조사에서 중간 이하로 나타나고 있습니다. 가장 큰 이유 2가지는 무엇인가요?	지금 500만 원과 15일의 휴가가 주어진다면 어떻게 쓸 건가요?
흡연에 대한 생각은 무엇입니까? 찬성이든 반대이든 상대편을 설득해 보세요.	최근 신입사원들의 잦은 이직현상에 대해 어떻게 생각하나요?	코로나19로 우리 업종에 어떤 변화가 있다고 보세요?
대학생활을 하면서 팀플 활동을 할 때 당신은 어느 위치였나요?	다른 회사가 스카웃 제의를 한다면, 어떤 점을 먼저 살펴볼 것인가요?	갑자기 1천만 원이 필요합니다. 언제까지 어떻게 마련할 건가요?
상사가 자신의 신념과 반하는 지시를 한다면 따를 것입니까?	상사가 당신의 아이디어를 가로챈다면 어떤 태도를 취할 겁니까?	인생에서 가장 만족스러웠던 일은 무엇이고, 가장 후회스러웠던 일은 무엇인가요?
함께 일하고 싶지 않은 사람은 어떤 사람인가요? 왜 그런가요?	당신의 적성이 이 일에 어울린다고 생각하나요?	당신 생김새는 우리 회사랑 잘 어울리지 않는데, 어떻게 생각하세요?
우리 회사가 당신을 뽑으면 어떤 유익이 있을까요?	우리 회사의 이 직무를 선택한 이유는 무엇인가요?	야근이 잦을 텐데 그래도 즐겁게 일할 수 있나요?
새벽 3시, 집 앞으로 불러낼 수 있는 친구가 몇 명이나 되나요?	닮고 싶은 멘토가 있다면 누구인가요? 왜?	최근 가장 인상깊게 읽은 책은 무엇이고, 그 메시지는 무엇인가요?
토익 점수가 낮군요. 언제부터 토익공부를 본격적으로 시작했나요?	친구나 동료의 부탁을 적극적으로 도와준 경험이 있나요? 있다면 어떤 것인가요?	남들과는 다른 자신만의 특별한 경험이나 능력이 무엇이며, 이를 입사 후 어떻게 업무에 적용할 건가요?
당신이 우리 회사에서 일하고 싶은 이유에 앞서, 우리가 당신을 뽑아야 하는 이유는 무엇입니까?	직장상사가 당신에게 사적인 부탁을 한다면 어떻게 거절할 것입니까?	75% 확률로 100만 원 당첨 복권, 50% 확률로 300만 원 당첨 복권, 25%의 확률로 1,000만 원 당첨 복권 중 어떤 것을 사겠습니까? 왜?

업무 중 소속 팀에 이득이 되는 일과 회사 전체적으로 이득을 보는 일 중 어느 쪽을 택할 겁니까?	앞으로 우리나라는 일본과 어떻게 관계를 개선해 나갈 수 있을까요?	우리나라는 미국과 중국 사이에서 매우 어려운 입장입니다. 어떻게 해야 한다고 생각하세요? 왜?
남북통일을 찬성하십니까? 찬성한다면, 반대한다면 그 이유는 무엇입니까?	SNS를 하는 이유는 무엇이고, 안 하는 이유는 무엇입니까?	우리 회사 입사 5년 후 당신의 목표를 말해 보세요.
공부하는 것과 일하는 것 중 어느 것이 더 쉬울 거라고 생각하세요?	살아오면서 가장 중요하게 생각하는 가치는 무엇입니까?	최근 우리 사회 이슈 중에 가장 관심이 가는 것은 어떤 것이며, 그에 대한 본인의 생각은 무엇입니까?
당신 인생에서 최고의 사건, 최악의 사건 하나씩 말해 보세요.	오늘 우리 회사에 면접하러 오면서 느낀 점은 무엇입니까?	우리 회사에서 진행 중인 사업 중 개선할 점이 있다면 어떤 것입니까?
대학생활과 직장생활을 비교해 볼 때 인간관계 면에서 어떤 점이 차이가 날 것 같요?	대학생활과 직장생활을 비교해 볼 때 시간관리 면에서 어떤 점이 차이가 날 것 같요?	대학생활과 직장생활을 비교해 볼 때 경제생활 면에서 어떤 점이 차이가 날 것 같요?
가까이 해야 할 사람과 멀리 해야 할 사람의 기준은 무엇인가요?	배상과 보상은 어떻게 다른가요?	남북한이 연합할 경우 일본이 얻을 것, 잃을 것은 무엇인가요?
직장 내 괴롭힘 금지법에 대해 어떻게 생각하세요? 본인이 이런 상황에 처한다면 어떻게 해결할 건가요?	지금 1시간 내에 확보할 수 있는 현금은 얼마나 되나요?	주례 없는 결혼식에 대해 어떻게 생각하나요?

갈등

● 제18장

Take-off

● 구호	"내 인생은 내가 설계하고 내가 주도한다!"
● 탑승 확인	Q. 이번 학기 수업을 통해 가장 가까워진 동료는? A.
● 좋아 박수	"나는 내가 정말 좋아!"
● 칭찬 샤워(조별로)	

● 나의 One Change 점검 (조별로)	목표	
	진행 상황 (10점 척도)	

Flying

1. 진단(posttest)

◎ 수업을 마치는 지금, 내 인생은 어떤 상태인가? 다음 진단을 통해 알아보자. 문항을 자세히 읽고 객관적으로 해당 여부를 점수를 매겨 보자.

(전혀 아니다: 0점 ~ 보통이다: 5점 ~ 매우 그렇다: 10점)

1. 직업 선택	
질문	점수(0~10)
1. 직업의 종류를 50가지 이상 적을 수 있다.	
2. 직업 선택이 왜 인생에서 중요한지 잘 알고 있다.	
3. 어떤 것이 내게 좋은 직업인지 명확한 기준을 갖고 있다.	
4. 내가 희망하는 좋은 직업 후보들이 있다.	
5. 내가 희망하는 직업들은 현재 전공과 연결, 조화시킬 수 있다.	
6. 내가 희망하는 직업을 갖기 위해 착실히 준비하고 있다.	
7. 원래부터 귀한 직업, 천한 직업은 없다고 자신있게 말할 수 있다.	
8. 직업이 단순히 먹고 살기 위한 수단만은 아니라고 생각한다.	
9. 닮고 싶은 기업인, 직장인이 있으며, 이유를 설명할 수 있다.	
10. 어떤 일을 할 때 그 일의 목적을 생각해 보면서 한다.	
계	

2. 미래 직업세계	
질문	점수(0~10)
1. 스마트폰이 나오면서 사라진 직업이나 상품을 20개 정도 말할 수 있다.	
2. 코로나19로 인해 직업의 세계에 어떤 변화가 왔는지 설명할 수 있다.	
3. 4차 산업혁명으로 인해 직업의 세계에 어떤 변화가 왔는지 설명할 수 있다.	
4. 4차 산업혁명을 몰고 온 혁신적인 과학기술이 무엇인지 예를 들어 설명할 수 있다.	
5. 세상의 많은 직업들은 수년 내에 사라질 것이고, 새로운 직업들이 출현할 것이라고 생각한다.	
6. 내가 어떤 직업을 선택하더라도 그것이 오래 가지 않을 것이므로, 그 시대에 맞는 직업을 꾸준히 준비해야 한다.	
7. 앞으로 10년 후 우리의 라이프 스타일이 어떻게 바뀔지 자주 생각해 본다.	
8. 나는 인공지능의 기능을 이미 일상에서 사용하며 살고 있다.	
9. STEAM의 뜻을 설명할 수 있다.	
10. 스마트폰의 기능들을 일상에 충분히 활용하고 있다.	
계	

3. 비전	
질문	점수(0~10)
1. 지금 당장이라도 내가 이루고 싶은 꿈 10개 이상 말할 수 있다.	
2. 나에게는 나의 모든 시간과 돈, 에너지를 집중해서 쏟아 부을 만한 미래의 목적과 목표가 있다.	
3. 어떻게든 내가 원하는 삶을 살아가고 싶다. 그것이 행복이라고 생각한다.	
4. 나는 내 꿈을 기록해 놓고 자주 바라보며 꿈을 이루기 위해 노력한다.	
5. 나는 주변 사람들의 조언은 듣지만, 내 인생은 내가 확실히 주도한다.	
6. 나는 내 나름의 기준을 갖고 어떤 일을 할지 말지 결정한다.	
7. 지난 일에 대해서는 후회를 하지 않는다.	
8. 10년 후 내 모습을 자주 상상해 보곤 한다.	
9. 목적과 목표의 차이점을 설명할 수 있다.	
10. 나는 남의 삶을 그대로 따라 살고 싶지는 않다.	
계	

4. 역량	
질문	점수(0~10)
1. 사회가 나에게 필요로 하는 역량을 갖춰 나가고 있다.	
2. 정보 지식을 다루는 다양한 지적 도구를 사용하며 살아갈 수 있다.	
3. 나와 다른 사람들과 어울려 소통하며 살아갈 수 있다.	
4. 내 전공, 미래의 내 직업에 어떤 역량이 필요한지 안다.	
5. 내 전공, 미래의 내 직업, 취업에 필요한 역량들을 개발할 계획을 세워 놓고 있다.	
6. 수강신청을 할 때 역량개발 계획을 참고한다.	
7. 내 전공, 미래의 내 직업에 필요한 역량 개발 중 이미 성과를 보이는 것들이 있다.	
8. 취업 과정에 자신있게 내놓을 만한 장점, 역량이 있다.	
9. 100세 시대를 살아가려면 당장 취업 말고도 인생에 필요한 다양한 역량을 길러야 한다고 생각한다.	
10. 당장 직무수행에 필요한 역량도 중요하지만 인성은 더 중요하다고 생각한다.	
계	

5. 취업	
질문	점수(0~10)
1. 내가 원하는 직장 조건이 있다.	
2. 꼭 취업하고 싶은 곳이 있다.	
3. 그 회사에 대해 많은 것을 파악하고 있다.	
4. 취업의 과정을 충분히 알고 있다.	
5. 요즘 채용 트렌드를 잘 파악하고 있다.	
6. 미래의 내 명함을 만들 수 있다.	
7. 자기 소개서를 지금 당장이라도 쓸 수 있다.	
8. 취업을 위한 면접에 응할 준비가 되어 있다.	
9. 온라인 면접에 응할 수 있다.	
10. 어떤 회사를 다니느냐보다 어떤 일을 하느냐가 더 중요하다.	
계	

1) 5개 항목 중 점수가 상대적으로 높은 항목은 어느 것인가?

_____

2) 5개 항목 중 점수가 상대적으로 낮은 항목은 어느 것인가?

_____

3) 현재 이 상태로 살아간다면 10년 후 나의 모습은 어떠할 것으로 생각하는가?

_____

_____

2. 수업 전후 진단결과 비교

구분	사전진단(Pretest) 점수	사후진단(Posttest) 점수
1. 직업 선택		
2. 미래 직업세계		
3. 비전		
4. 역량		
5. 취업		

1) 5개 항목 중 점수가 상대적으로 높아진 항목은 어느 것인가?

_____

2) 5개 항목 중 점수가 상대적으로 발전이 부족한 항목은 어느 것인가?

_____

3) 앞으로 스스로 보완해 나가야 할 항목은 어느 것인가?

_____

_____

_____

_____

● 오늘 수업 중 힘이 솟는 순간

Landing

비교 문서 탐지

● 제19장

Take-off

● 구호	"내 인생은 내가 설계하고 내가 주도한다!"
● 탑승 확인	Q. 한 학기를 함께 한 동료들에게 멋지게 인사 한마디!
	A.
● 좋아 박수	"나는 내가 정말 좋아!"
● 칭찬 샤워(조별로)	

● 나의 One Change 점검 (조별로)	목표		
	진행 상황 (10점 척도)		

Flying

1. 비전 콘서트

◎ 비전 콘서트는 한 학기 동안 공부한 것을 총정리하여 동료들에게 발표하는 시간이다. 먼저 다음에 내용을 정리한 후 1인당 3분 정도로 발표한다. (ppt나 동영상도 가능하다)

발표 주제	내용
1) VM카드	
2) 역량 (1) 내게 가장 시급하고 중요한 역량 (2) 그 역량의 개발 계획(구체적으로)	

3) 수업 전후 진단 결과 비교
(1) 발전한 항목은?

(2) 발전이 없는 항목은?

(3) 앞으로 보완해 나갈 항목은?

4) 나의 One Change
(1) 내용은?

(2) 결과는?

(3) 나의 One Change를 통해 얻은
    점은?

5) 수업 내용 중 기억에 남는
    키워드는? (5개)

2. 종강 Happy Anding[1]

순서	내용
(1) '10년 후의 나'에게 보내는 3줄 편지	
(2) '인생은 마라톤 경기가 아니다'[2]	
(3) 격려와 인사, 기념촬영	

---

1 Happy Anding은 '끝'이 아니라 '계속'을 의미한다.
2 유튜브 이의용TV, '인생은 마라톤 경기가 아니다 2' 참조.

3. 워크북 제출

(1) 지금까지 작성한 워크북을 담당 교수님에게 제출하여 평가를 받는다.

(2) 워크북은 지정된 기간에 돌려받는다.

(3) 워크북은 나의 미래 여행기이므로 성실하게 작성하여 소중히 보관한다.

Landing

● 수고하셨어요!

유튜브 ['이의용TV'] 강의 안내

이 책의 주요 내용은 유튜브 '이의용TV'를 통해 시청하실 수 있습니다. '이의용TV'에서 강의 제목이나 재생 목록을 검색하세요.

※ '이의용TV'에는 커뮤니케이션 강좌 '동굴에서 광장으로'도 수록되어 있습니다. 많은 활용을 바랍니다.

1. 제1부 나를 찾아 떠나는 여행

장	주제	강의 제목(유튜브)	재생 목록 찾기
제1장	수업 안내	인생은 마라톤 경기가 아니다(2)	청년 인생 특강
제2장	진단, 동기부여		
제3장	슬기로운 대학생활 1-인생	인생은 마라톤 경기가 아니다(1, 2) 2. 성공의 조건, 행복의 조건 3. 대학생활 패러다임 4. 청년에게 주는 잠언 10	슬기로운 대학생활
제4장	슬기로운 대학생활 2-캠퍼스 생활	나는 왜 대학에 들어왔나?	슬기로운 대학생활
제5장	슬기로운 대학생활 3-우리 대학		
제6장	슬기로운 대학생활 4-시간	5. 시간 사용 설명서 시간 경영 1 시간 경영 2 시간 경영 3	슬기로운 대학생활
제7장	나 알기 1		
제8장	나 알기 2	1-1 나 알기 연습 1-2 나 알기 연습	나를 찾아 떠나는 여행
제9장	나 알기 3		
제10장	긍정적 태도	(제작 중)	
제11장	긍정적 태도 연습	(제작 중)	
제12장	자존감과 열등감		나를 찾아 떠나는 여행
제13장	내 장점 찾기	1. 자존감 회복 프로젝트 2. 자존감 회복 프로젝트 3. 자존감 회복 프로젝트	
제14장	근자감 콘서트		슬기로운 대학생활
제15장	인간관계	6-1 왜 인간관계인가?	슬기로운 대학생활
제16장	인간관계 방법	6-2 인간관계와 거리두기 6-3 인간관계는 어떻게?	
제17장	멘토 인터뷰		
제18장	진단, 나 영상 콘서트 준비		

제19장	나 영상 콘서트 • Happy Anding		
	학습강좌	7-1 시험에 풍덩 빠져라 7-2 시험에 풍덩 빠져라	슬기로운 대학생활
	학습강좌	굿 리포트(1~6)	굿 리포트 만들기

2. 제2부 미래를 향해 떠나는 여행

장	주제	강의 제목(유튜브)	재생 목록 찾기
제1장	수업 안내, 동기부여		
제2장	진단		
제3장	동문선배 초청 특강		
제4장	직업현장 탐방		
제5장	직업 탐색	1. 직업 삼각형 2-1 좋아하는 일과 잘하는 일 2-2 좋아하는 일과 잘하는 일	직업과 비전
제6장	미래의 직업세계 1	4-1 내 직업의 미래	직업과 비전
제7장	미래의 직업세계 2	4-2 내 직업의 미래 5-1 직업 선택	직업과 비전
제8장	직업 가치관	3-1 왜 그 일을 하는가 3-2 왜 그 일을 하는가	직업과 비전
제9장	미래의 그림-비전	5-2 미래의 그림-비전	직업과 비전
제10장	비전 만들기	5-3 비전을 기록하라 5-4 미리 쓰는 이력서	직업과 비전
제11장	직장 선택과 미래 명함	2-1 직장 선택의 기준	취업과 역량
제12장	인재와 역량 1	1-1 내게 필요한 직업역량	취업과 역량
제13장	인재와 역량 2	1-2 역량 개발	취업과 역량
제14장	취업의 현장		
제15장	채용의 현장		
제16장	자기 소개서	2-2- 이력서와 자기 소개서	취업과 역량
제17장	면접	2-3 면접 2-4 신입사원에게 주는 조언	취업과 역량
제18장	진단		
제19장	비전 콘서트		
	학습강좌	4C 스토리 1 4C 스토리 2	청년 인생 특강

부록

[부록 1] 청년이 눈여겨봐야 할 사랑, 결혼, 출산 이야기

"대학생의 진로설계에서 시급한 것은 직업과 취업이다. 그러나 중요한 것은 건강과 재정의 관리, 그리고 사랑과 결혼이다. 수업 시간과 지면의 제한으로 이 과정에서 다루지 못하는 사랑, 결혼, 출산에 관한 자료를 요약하여 부록으로 싣는다. 진로설계에 도움이 되길 바란다."

● 결혼에 대한 태도

결혼에 대해 남성은 53.3%(반드시 해야 한다 12.1%, 하는 편이 좋다 44.2%)가 긍정적인 입장을 보였지만, 여성의 긍정 비율은 35.5%(반드시 해야 한다 4.7%, 하는 편이 좋다 30.8%)에 그쳤다. 결혼을 하지 않는 것이 낫다고 생각하는 비율은 미혼 남성의 경우 2015년 3.9%, 2018년 6.6%, 2021년 6.8%로 상승했다. 미혼 여성은 5.7%→14.3%→10.9%로 등락이 있었으나, 미혼 남성보다는 높은 수준이다.

● 혼인, 이혼, 출산

우리나라 연간 혼인건수는 2021년 기준 19만 3천 건이다. 1980년 40만 건, 1996년 43만 건, 2011년 33만 건과 비교할 때 급격히 감소하고 있다. 2021년 기준으로 전년 대비 9.8% 감소했다. 인구 1천 명당 혼인건수를 '조(組)'혼인율이라고 하는데, 우리나라의 조(組)혼인율은 2021년 기준 3.8건이다. 1980년 10.6건, 1996년 9.4건, 2011년 6.6건과 비교하면 매우 낮은 수준이다. 평균 초혼연령은 남자 33.4세, 여성 31.1세로 계속 상승하고 있다. 이혼건수는 10만 2천 건이며, 조(組)이혼율(1천 명당 이혼건수)은 2.0건이다.

● 자녀의 필요성

자녀의 필요성에 대한 태도는 남성의 71.2%, 여성의 64.2%가 자녀가 있는 것이 나을 것이라고 생각하며, 연령이 낮은 집단일수록 자녀가 '없어도 무관하다'는 동의율이 높게 나타났다. 2015년, 2018년과 비교할 때 미혼 남성(17.5%→28.9%→38.5%), 미혼 여성(29.5%→48.0%→51.1%) 모두 동의율이 급격히 상승했다. 결혼·출산을 결정할 때 중요하게 고려하는 것은 남성과 여성 모두 건강과 경제적 측면, 주거 여건과 배우자의 육아 분담 등이었다. (한국보건사회연구원이 발간한 월간 「보건복지포럼」 2022년 6월호)

● 합계출산율 0.83명

합계출산율(TFR)은 가임 여성(15~49세) 1명이 평생 동안 낳을 것으로 예상되는 평균 출생아 수를 말한다. 우리나라의 합계출산율은 0.83명이다(2021년 기준). 이는 둘이 결혼해 하나도 낳지 못하는 수준으로 세계 최하위다. 합계출산율의 감소는 인구 감소로 이어진다.

● 남편과 아내의 역할에 대한 가치관

'남편은 밖에 나가서 돈을 벌고 아내는 집안일을 해야 한다'는 관념에 동의하는 비율은 남녀 모두 줄어들면서 가치관 변화가 나타나고 있다. '남편이 할 일은 돈을 버는 것이고 아내가 할 일은 가정과 가족을 돌보는 것'이란 문항에 대한 남성 동의율은 27.5%, 여성 동의율은 19.6%였다. (한국보건사회연구원이 발간한 월간 「보건복지포럼」 2022년 6월호)

● 결혼의 긍정적 동기와 부정적 동기

  - 사람은 다음과 같은 긍정적 동기로 결혼을 한다.

사랑의 실현, 성적 욕구 충족, 경제적 안정 유지, 정서적 안정 유지, 자녀 출산의 기회(부모의 역할), 성인으로서의 신분 획득, 사회적 기대에의 부합, 개인적 성취감 등

  - 반면에 다음과 같은 부정적 동기로 결혼을 하기도 하며, 이와 같은 동기로 결혼하는 경우 실패 가능성이 높다.

순간적인 열정, 자아 도피적인 결혼, 외로움을 피하기 위하여, 지위상승의 수단, 혼전 임신 등

● 배우자의 선택

"전쟁 나가기 전에 한 번 기도하라. 바다에 나가기 전에 두 번 기도하라. 결혼하기 전에 세 번 기도하라."는 러시아 속담이 말해 주듯, 결혼은 한 사람의 인생에서 무엇에도 비교할 수 없을 만큼 중요한 일이다. 배우자를 선택하는 일이 얼마나 중요한지는, 결혼생활에 실패한 사람들이 겪는 고통을 보면 안다.

후회 없는 선택을 하려면 선택의 기준을 먼저 정해 놓고 있어야 한다. 자신이 원하는 배우자상 없이 아무나 만난다면 현명한 선택을 기대하기가 힘들 것이다. 이 세상의 모든 이성을 다 만난다 해도 결정하기 어려울 것이다. 스스로 어떤 배우자를 원하는지 가장 중시하는 조건을 정해 놓고, 그에 맞는 이성을 찾아야 한다.

◎ 나는 어떤 배우자를 원하는지 조건 5개 내외를 다음 표에 중요한 순서대로 적어 보자.

내가 원하는 배우자
①
②
③
④
⑤

● 결혼 전 저지르기 쉬운 실수

워렌(Warren)은 배우자 선택 시 저지르기 쉬운 잘못 7가지를 다음과 같이 제시했다.[1]

① 결혼 결정을 너무 빨리 한다.
② 너무 이른 나이에 결혼을 결정한다.
③ 한쪽 혹은 양쪽 모두 너무 열렬히 결혼하고 싶어 한다.
④ 한쪽 혹은 양쪽 모두 다른 누군가를 즐겁게 하기 위해 배우자를 고른다.
⑤ 두 사람이 함께 한 경험의 토대가 너무 약하다.
⑥ 두 사람이 결혼에 대해 비현실적인 기대를 갖고 있다.
⑦ 한쪽이나 양쪽이 중요한 성격적·행동적 문제를 지니고 있는데 이를 간과하고 있다.

● 결혼 전 합의해야 할 것들

스미스(Smith, 2002)는 결혼 전에 자문해 봐야 할 101가지를 제안했다. 그는 함께 할 미래, 가정환경, 대화하는 방법들, 취향과 성격, 가치관과 윤리의식, 일과 직업, 사랑과 성(sex), 돈과 경제력, 태어날 아이, 종교적인 문제, 가족과 친구, 취미생활, 개인적인 습관 등 13가지 분야에 대한 질문 101가지를 제시하였다. 결혼생활을 하기 위해 두 사람이 상대방과 조화하고 일치해야 할 것이 얼마나 많은지를 잘 보여 준다.

---

1 정현숙 외(1999). **결혼학 개론**. 상명대학교출판부

◎ 다음은 스미스의 제안을 참고하여 결혼 전에 두 사람이 합의해야 할 사항을 우리 실정에 맞게 필자가 수정·보완한 것이다. 결혼 후 맞닥뜨릴 수 있는 문제들이다. 여기에 더 필요한 것을 추가하여 결혼 전에 깊이 있게 대화하고 합의를 하는 게 좋다. 일단 결혼 후에는 자칫 갈등의 원인이 될 수 있기 때문이다.

① 새로운 가정을 통해 이루려는 목적이나 비전에 합의하였는가?
② 어떤 고난이 닥쳐도 결혼생활을 지켜낼 자신감이 있는가?
③ 서로의 정신적·육체적 건강 기록을 잘 알고 있는가?
④ 상대방의 단점과 약점을 충분히 알고 있으며, 그것을 수용할 수 있는가?
⑤ 의견이나 입장이 서로 다를 때 상대방의 의견이나 불만을 경청하고, 적절히 조정하고 합의할 수 있는가?
⑥ 아이는 몇 명을 낳을 것인가? 희망 성별과 주어진 성별은 어떻게 조화할 것인가?
⑦ 아이 양육은 어떤 방식으로 할 것인가?
⑧ 자녀 교육의 기준을 어디에 둘 것인가?
⑨ 각자의 수입과 재정을 하나의 계좌로 합칠 것인가, 따로 관리할 것인가?
⑩ 수입과 지출의 관리는 누가 할 것인가?
⑪ 서로의 재정적인 목표나 의무를 명확히 알고 있는가?
⑫ 저축과 내 집 마련 등 미래의 재정 계획에 대해서는 합의하였는가?
⑬ 결혼 후 해결해야 할 밝히지 않은 채무 관계가 있는가?
⑭ 서로의 씀씀이나 저축 습관은 알고 있는가?
⑮ 결혼 후 부모와 함께 살 것인가, 독립할 것인가?
⑯ 양가 부모의 노후 부양은 어떻게 할 것인가?
⑰ 양가 부모에게 용돈 드리기는 어떻게 할 것인가?
⑱ 자신의 가족들이 배우자를 편하게 해 주도록 해 줄 수 있나? 만약 그렇지 못하다면 어떻게 할 것인가?
⑲ 부모가 결혼생활에 간섭하는 것에 대해 어느 정도까지 이해할 수 있는가?
⑳ 결혼생활을 시작해도 포기하지 못할 어떤 것이 있는가? 그렇다면 어떻게 할 것인가?
㉑ 상대방의 직업과 그 직업과 관련한 특수한 생활 스타일에 대해 이해할 수 있는가?
㉒ 직장을 옮겨 다른 곳에서 살게 돼도 괜찮은가?
㉓ 맞벌이의 경우 어느 한쪽의 근무지가 먼 곳으로 바뀔 경우 어떻게 할 것인가?
㉔ 식사 준비, 청소, 설거지, 쓰레기 처리 등 집안 살림은 누가 할 것인가?
㉕ 상대방의 평소 애정 표현에 만족하는가? 그렇지 못하다면 어떤 표현을 원하는가?
㉖ 서로의 성적(性的)인 기호(嗜好)를 자유롭게 표현할 수 있는가? 그렇지 못하다면 어떻게 개선할 수 있는가?
㉗ TV, 컴퓨터를 침실에 놓을 것인가? 그밖에 중요한 가구의 배치는 어떻게 할 것인가?
㉘ 서로의 종교적인 신념이나 행동에 대해 잘 알고 있는가? 그것을 존중해 줄 수 있는가?
㉙ 일요일 또는 휴일 스케줄에 대해 합의하였는가?
㉚ 상대방의 친구들과도 어울릴 수 있는가?
㉛ 상대방의 이성친구 교류를 어느 정도 양해할 것인가?

[부록 2] 2022년 사회조사 결과

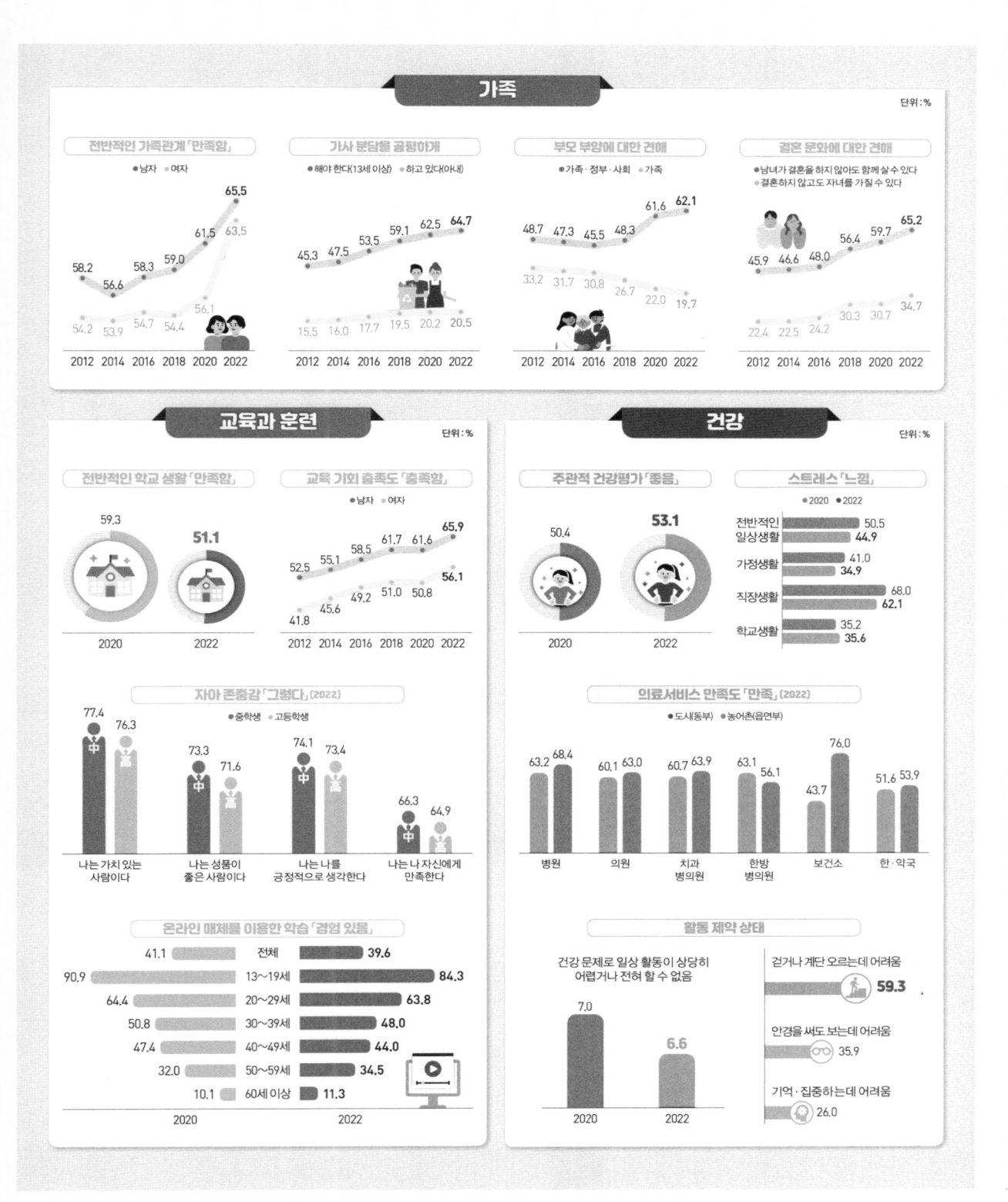

가족
단위 : %

전반적인 가족관계 「만족함」
● 남자 ● 여자

	2012	2014	2016	2018	2020	2022
남자	58.2	56.6	58.3	59.0	61.5	65.5
여자	54.2	53.9	54.7	54.4	56.1	63.5

가사 분담을 공평하게
● 해야 한다(13세 이상) ● 하고 있다(아내)

	2012	2014	2016	2018	2020	2022
해야 한다	45.3	47.5	53.5	59.1	62.5	64.7
하고 있다	15.5	16.0	17.7	19.5	20.2	20.5

부모 부양에 대한 견해
● 가족·정부·사회 ● 가족

	2012	2014	2016	2018	2020	2022
가족·정부·사회	48.7	47.3	45.5	48.3	61.6	62.1
가족	33.2	31.7	30.8	26.7	22.0	19.7

결혼 문화에 대한 견해
● 남녀가 결혼을 하지 않아도 함께 살 수 있다
● 결혼하지 않고도 자녀를 가질 수 있다

	2012	2014	2016	2018	2020	2022
함께 살 수 있다	45.9	46.6	48.0	56.4	59.7	65.2
자녀를 가질 수 있다	22.4	22.5	24.2	30.3	30.7	34.7

교육과 훈련
단위 : %

전반적인 학교 생활 「만족함」
- 2020: 59.3
- 2022: 51.1

교육 기회 충족도 「충족함」
● 남자 ● 여자

	2012	2014	2016	2018	2020	2022
남자	52.5	55.1	58.5	61.7	61.6	65.9
여자	41.8	45.6	49.2	51.0	50.8	56.1

자아 존중감 「그렇다」 (2022)
● 중학생 ● 고등학생

	중학생	고등학생
나는 가치 있는 사람이다	77.4	76.3
나는 성품이 좋은 사람이다	73.3	71.6
나는 나를 긍정적으로 생각한다	74.1	73.4
나는 나 자신에게 만족한다	66.3	64.9

온라인 매체를 이용한 학습 「경험 있음」

	2020	2022
전체	41.1	39.6
13~19세	90.9	84.3
20~29세	64.4	63.8
30~39세	50.8	48.0
40~49세	47.4	44.0
50~59세	32.0	34.5
60세 이상	10.1	11.3

건강
단위 : %

주관적 건강평가 「좋음」
- 2020: 50.4
- 2022: 53.1

스트레스 「느낌」
● 2020 ● 2022

	2020	2022
전반적인 일상생활	50.5	44.9
가정생활	41.0	34.9
직장생활	68.0	62.1
학교생활	35.2	35.6

의료서비스 만족도 「만족」 (2022)
● 도시(동부) ● 농어촌(읍면부)

	도시(동부)	농어촌(읍면부)
병원	63.2	68.4
의원	60.1	63.0
치과 병의원	60.7	63.9
한방 병의원	63.1	56.1
보건소	43.7	76.0
한·약국	51.6	53.9

활동 제약 상태

건강 문제로 일상 활동이 상당히 어렵거나 전혀 할 수 없음
- 2020: 7.0
- 2022: 6.6

- 걷거나 계단 오르는데 어려움: 59.3
- 안경을 써도 보는데 어려움: 35.9
- 기억·집중하는데 어려움: 26.0

전반적인 사회 안전 「안전함」

31.8 2020
33.3 2022

밤에 혼자 걸을때 「불안함」 (2022)

15.1 남자
44.0 여자

사회의 가장 큰 불안 요인

2020		2022
32.8	신종질병	21.0
11.3	국가안보	14.5
13.2	범죄 발생	13.9
14.9	경제적 위험	13.3
7.4	도덕성 부족	9.6
6.6	환경오염	8.4
5.6	인재	8.0
4.8	계층 갈등	7.0
3.3	자연재해	4.0

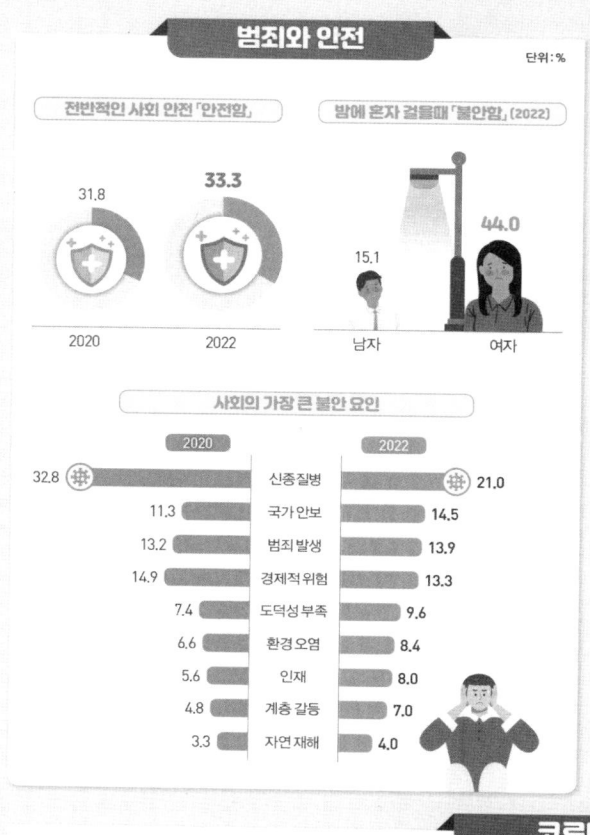

현재 체감 환경 「좋음」

2020 2022

	2020	2022
전반적인 생활환경	45.7	49.7
녹지환경	58.7	59.1
빛 공해 (과도한 인공조명)	45.3	46.8
대기	38.2	42.3

전반적인 환경 문제 「불안함」

2020 2022

	2020	2022
미세먼지	72.9	64.6
기후변화 (폭염, 홍수 등)	45.4	45.9
방사능	47.9	43.4
유해 화학물질 (가습기 살균제 등)	46.0	42.5

환경오염 방지 노력 「노력함」

2020 2022

	2020	2022
재활용품 분리하여 배출하기	93.6	93.3
음식물 쓰레기 줄이기	86.4	85.3
일회용품 사용하지 않기	76.2	73.9
자연보호 및 환경 보전 활동 참여하기	33.4	31.8

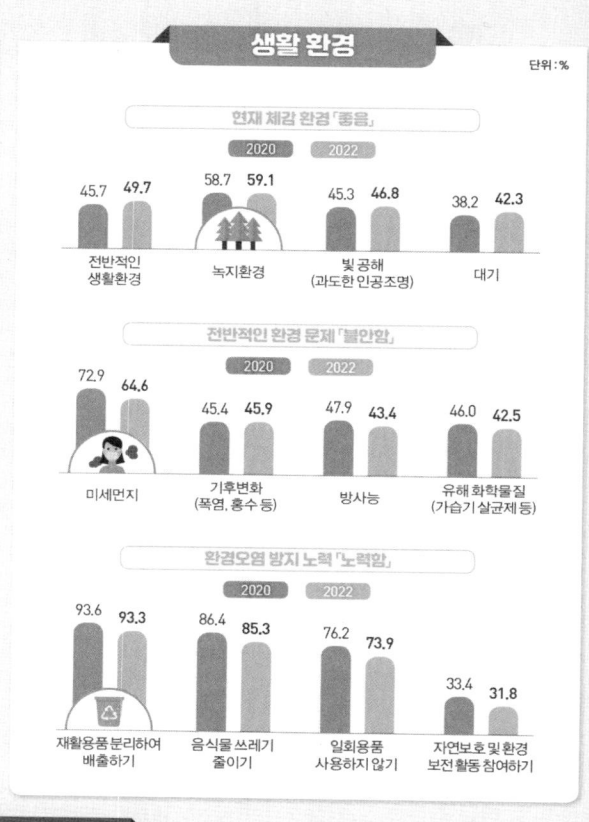

일상생활 우울감 「느낌」

2022	30.3
13~19세	20.0
20~29세	26.8
30~39세	31.8
40~49세	33.7
50~59세	32.5
60세 이상	30.5

원격수업 「참여함」

92.0 2021
88.5 2022

재택근무 「활용함」

16.6 2021
17.7 2022

전문관리	32.8
사무	32.8
서비스판매	9.6
기능노무	5.1
농어업	0.4

일상생활 변화 (2022)

● 코로나19 이전으로 돌아갈 것
● 현재 수준으로 유지될 것
● 변화가 가속화될 것

	돌아갈 것	유지	가속화
방역·위생 활동 강화	27.2	65.7	7.1
재택근무 등의 확산	45.6	40.2	14.2
온라인 학습의 확산	50.6	35.1	14.3
배달·배송을 통한 소비증가	31.1	50.5	18.4
집에서의 여가·취미 문화 발달	38.7	47.0	14.3
직장에서의 단체 회식 감소	52.6	37.4	10.0
친목·사교모임 감소	58.3	32.8	8.9

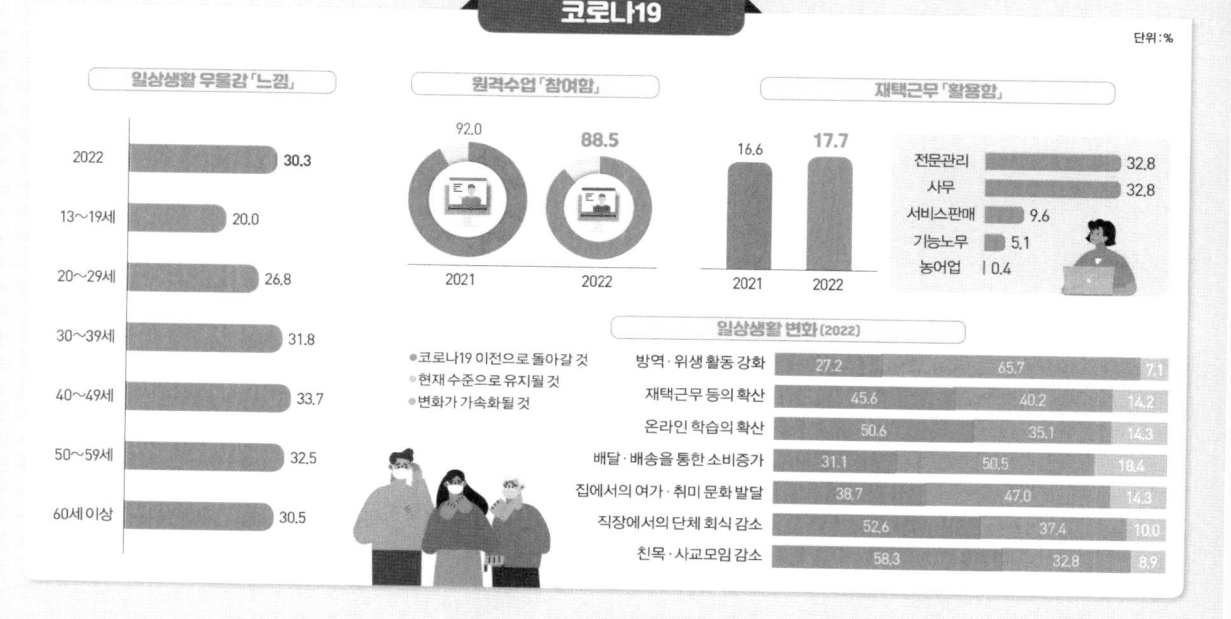

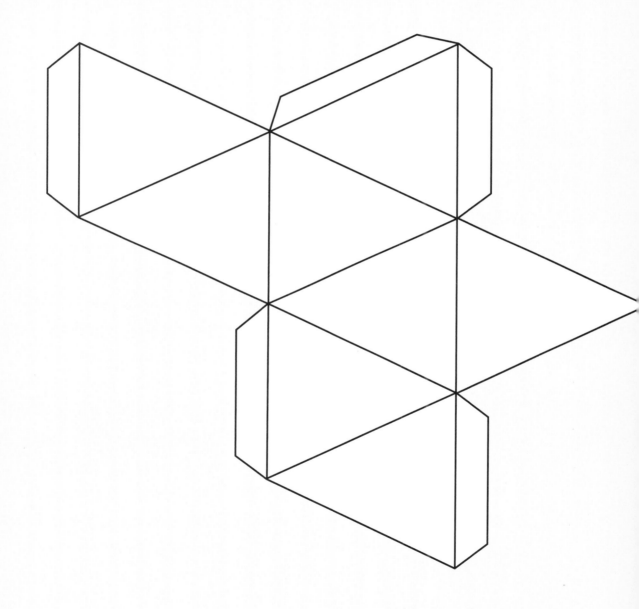

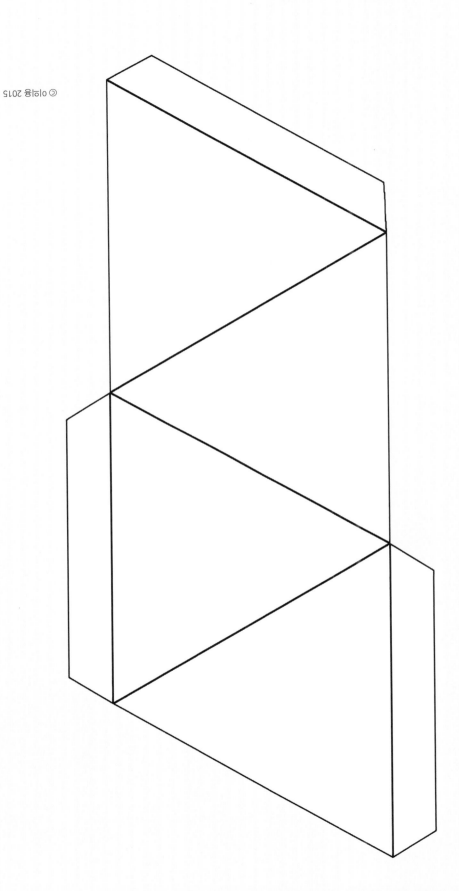

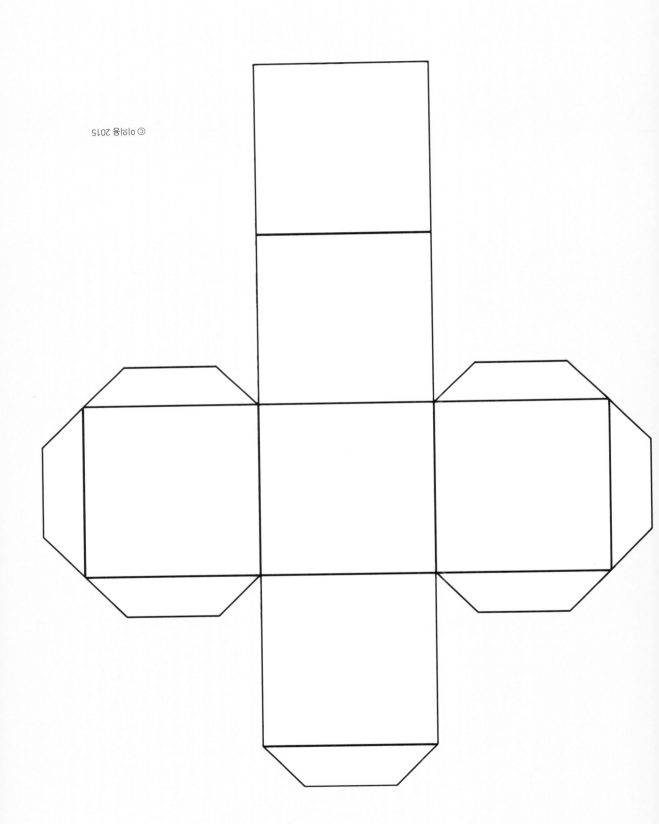